流淌的文化

河北大运河遗产

The Culture of Flowing
Grand Canal Heritage
of Hebei

文物出版社

图书在版编目（CIP）数据

　　流淌的文化：河北大运河遗产 / 河北省文物局，河北省文物与古建筑保护研究所编著；赵玲主编 . -- 北京：文物出版社，2023.3
　　ISBN 978-7-5010-7984-1

　　Ⅰ．①流 … Ⅱ．①河 … ②河 … ③赵 … Ⅲ．①大运河－文化遗产－研究－河北 Ⅳ．① K928.42

　　中国国家版本馆 CIP 数据核字 (2023) 第 028783 号

流淌的文化——河北大运河遗产

编　　著：河北省文物局　河北省文物与古建筑保护研究所
主　　编：赵　玲

责任编辑：李　睿　　吕　游
责任印制：张　丽
封面设计：嘉胜时代＆尽心斋
版式设计：嘉胜时代

出版发行：文物出版社
社　　址：北京市东城区东直门北小街 2 号楼
邮　　编：100007
网　　址：http://www.wenwu.com
经　　销：新华书店
印　　刷：河北雪迎世纪印刷有限公司
开　　本：889mm×1194mm　1/16
印　　张：21.25　　插页 1
版　　次：2023 年 3 月第 1 版
印　　次：2023 年 3 月第 1 次印刷
书　　号：ISBN 978-7-5010-7984-1
定　　价：400.00 元

《流淌的文化——河北大运河遗产》参编单位与人员

主　　编　　赵　玲

参编人员　　张立方　张建勋　刘智敏　赵仓群　贾金标　孙晶昌　王　凯
　　　　　　孙荣芬　次立新　李英第　张　枫　杜云生　雷建红　韩金秋
　　　　　　任雪岩　张洪英　王思琼　曹　勇　翟成钢　冯春生　白素萍
　　　　　　郑志利　王晓岩　李志勇　李恩玮　冀金刚　李　军　张　明
　　　　　　杨　虎　孙海涛　王　晖

编著单位　　河北省文物局
　　　　　　河北省文物与古建筑保护研究院

参编单位　　廊坊市文化广电和旅游局
　　　　　　沧州市文化广电和旅游局
　　　　　　衡水市文化广电和旅游局
　　　　　　邢台市文化广电和旅游局
　　　　　　邯郸市文化广电和旅游局

中国大运河是世界上开凿时间较早、沿用时间最久、规模最大的人工运河，2014年6月被列入世界遗产名录。中国大运河沟通了海河、黄河、淮河、长江、钱塘江五大水系，流经北京、天津、河北、山东、江苏、浙江、河南、安徽等8个省、直辖市。河北大运河是中国大运河体系的重要组成部分，文化遗产类型丰富、数量众多，既具有文化遗产的突出普遍价值，又具有独特性。自公元前486年开凿至今，大运河为中国经济发展、国家统一、社会进步和文化繁荣做出了重要贡献，是中华文明传承发展的历史见证，是中华民族文化基因和中国特色社会主义文化的重要载体。

近年来，习近平总书记多次对大运河保护利用工作作出重要指示批示。2019年2月，中共中央办公厅、国务院办公厅印发了《大运河文化保护传承利用规划纲要》，为大运河的保护、传承和利用提供了根本遵循。从大运河申遗到大运河文化带建设，从顶层设计到项目实施，从基础调研到立法保护，河北省在大运河文化遗产保护传承等方面做了大量工作。2014年，大运河申遗成功，大运河河北段"两点一线"列入世界遗产名录。2017年启动大运河文化带建设，通过专项规划的编制、保护传承项目的实施及立法保护，将大运河文化遗产保护传承利用同河道水系治理管护、生态环境保护修复、历史文化名城名镇名村保护相结合，融入美丽乡村建设，促进乡村全面振兴，促进文化和旅游融合发展。

河北省文物与古建筑保护研究院作为文物与古建筑保护研究的省级综合科研机构，由原河北省古代建筑保护研究所与河北省文物保护中心合并组建，多年来致力于文物调查、保护、研究和利用工作，承担了大运河文物资源调查、大运河遗产保护规划和设计方案编制、保护维修项目实施等相关工作。在工作过程中收集整理了大量的历史文献和资料，对运河沿线各类文化遗产资源做了翔实的调研。基于大运河遗产的基础研究及保护传承工作的实践，整理完成《流淌的文化——河北大运河遗产》一书。本书主要作者赵玲同志长期从事大运河遗产调查及保护研究工作，在大运河遗产保护传承方面积累了丰富的实践经验。在大运河申遗阶段，作为项目负责人主持完成了河北省大运河遗产的省级保护规划及多项大运河遗产保护修缮设计项目，并作为主要成员参与编制大运河遗产保护与管理总体规划。在推进大运河文化带建设过程中，主持完成了大运河文化遗产保护传承专项规划，并参与了河北省大运河文化遗产保护利用条例的立法工作。

《流淌的文化——河北大运河遗产》一书，全面系统地阐述了河北大运河的历史变迁，系统梳理了河北大运河遗产资源构成，并对河北省级大运河物质文化遗产和代表性非物质文化遗产进行详细介绍，阐释了河北大运河遗产的价值特色，对河北大运河遗产保护传承工作进行了总结和思考。希望能够以此书出版为契机，推动大运河遗产保护及大运河文化的深入探讨，深化公众对大运河遗产的认知，了解中华民族的悠久历史和灿烂文化，更加珍惜这份珍贵的历史文化遗产，传承弘扬中华优秀传统文化，增强中华文化的传播力、影响力。

张立方

2022 年 9 月 29 日

目录

Contents

01

第一章
中国大运河
概述

Outline of
the Grand Canal

第一节
中国大运河的概念和范畴

—

"中国大运河"这一概念是随着大运河申遗工作的进展而逐步形成的。1985年，中国加入《保护世界文

图1-1 捷地闸所现存关于京杭大运河保护与申遗的政协提案碑记

化和自然遗产公约》，1986年开始启动申报世界遗产，其间专家们就提出了大运河申遗的建议，但是由于当时对线性遗产的认识尚存很大的局限、大运河涉及行政区域大、管理使用单位众多、保存状况地域差异明显等诸多原因，大运河申遗这一建议被搁置。

2005年末，在纪念我国加入《保护世界文化和自然遗产公约》20周年和2006年新年到来之际，郑孝燮、罗哲文、朱炳仁三位著名专家联合给大运河流经的18个市区的市长写信，呼吁沿线所有城市一起加入大运河申遗行动中。

2006年3月全国两会期间，58名政协委员联合向政协会议提交了一份提案（图1-1），呼吁对京杭大运河进行抢救性保护工作，并在适当时候申报世界文化遗产。同年5月12日起，全国政协考察团对京杭大运河进行了全线考察，5月23日，京杭大运河保护与申遗研讨会在杭州召开，200余位政协委员、专家学者、运河沿线21个城市领导汇聚一堂，围绕大运河保护和申报世界文化遗产等问题进行研讨，会议发布了《京杭大运河保护与申遗杭州宣言》。同年，京杭大运河被公布为全国重点文物保护单位，并列入中国世界文化遗产预备名单。这一时期，大运河的各项工作基本都使用了"京杭大运河"这一名称。

随着大运河申遗工作的推进，专家发现用"京杭大运河"这一名称不能涵盖大运河的构成和内涵，进而提出了"中国大运河"的概念。2008年3月24到25日，国家文物局联合运河沿线8省33市在扬州组织召开了大运河申报世界遗产工作会议暨大运河保护规划编制要求研讨会，会议发表了加强运河遗产保护联合申遗的《扬州共识》，制定了运河申遗的计划和时间表，决定分步骤编制大运河遗产保护规划。运河沿线33市包含着京杭大运河和隋唐大运河流经的城市，大运河的范围已经从京杭大运河拓展到了隋唐大运河。在规划编制过程中，于2009年提出将浙东运河列入中国大运河，中国

大运河的范畴进一步拓展，形成了相对完整的概念。2013年，包括京杭大运河、隋唐大运河及浙东运河沿线的95处遗产点段被列入第七批全国重点文物保护单位，与第六批京杭大运河合并，名称为"大运河"。2014年，中国大运河被公布为世界文化遗产，其范围包括了京杭大运河、隋唐大运河及浙东运河中最具代表性的遗产点段，共计27段河道和58个遗产点，其中包括河北的南运河河道1段和遗产点2处，遗产段河道长度94千米。所以，今天我们探讨的中国大运河已经不仅仅局限于京杭大运河，而是拓展到了更广义的范畴，包括京杭大运河、隋唐大运河及浙东运河。

第二节
中国大运河发展简史

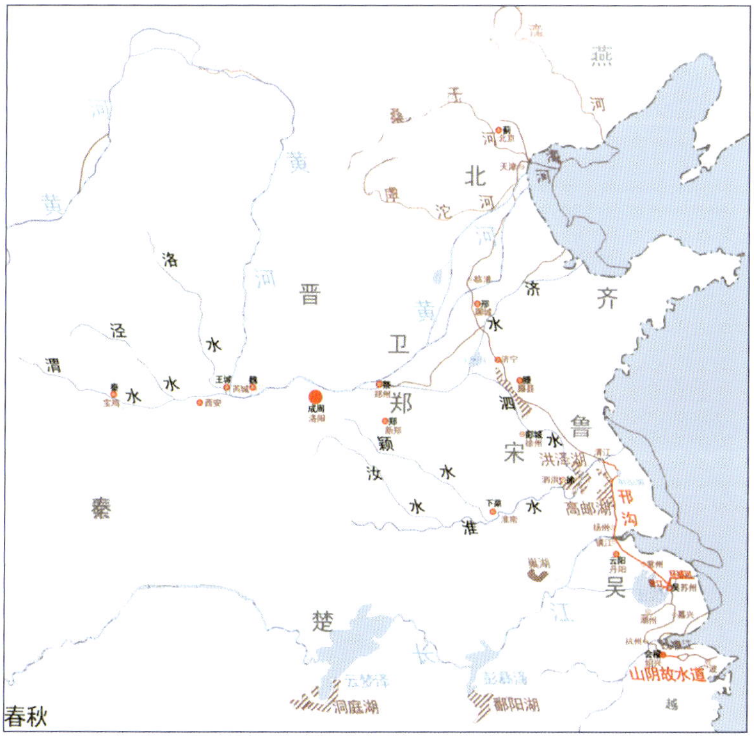

11

中国大运河的开凿始于春秋战国时代。公元前486年，吴王为北上争霸，开凿了邗沟，邗沟沟通了长江和淮河水系，是目前中国大运河体系中第一条记载有确切开凿年代的运河。战国中期，魏国于公元前361年前后开始挖掘改造鸿沟，北接黄河，南边沟通了淮河北岸的几条主要支流，构成了黄、淮之间的水路交通网络（图1-2）。

图1-2 春秋时期中国大运河示意图
（《大运河遗产保护与管理总体规划》，作者参编）

图 1-3 东汉时期中国大运河示意图
(《大运河遗产保护与管理总体规划》，作者参编)

　　东汉定都洛阳，开凿阳渠以通洛水与黄河，洛阳成为全国最大的漕粮集中地。当时，由京城洛阳入汴渠（鸿沟主水道），至徐州入泗水，由泗水入淮水，再转经邗沟可达于江南。东汉末年，为征战北方，曹操主持开凿了白沟、平虏渠等运河，并与自然河道连通，形成了北方地区的水运网络，使运河向黄河以北延伸，抵达今河北省东部地区。此后

的东晋南北朝时期，南方统治阶层着力开凿修治浙东运河，自杭州东渡钱塘江至萧山县的西兴镇，再由西兴镇东通至宁波，沟通了姚江、甬江、钱塘江、曹娥江等自然河流。到隋统一中国之前，贯通东西南北的中国大运河体系已具雏形（图 1-3）。

　　隋大业元年（605 年），为加强都城洛阳与南方经济发达地区的联系，保证南

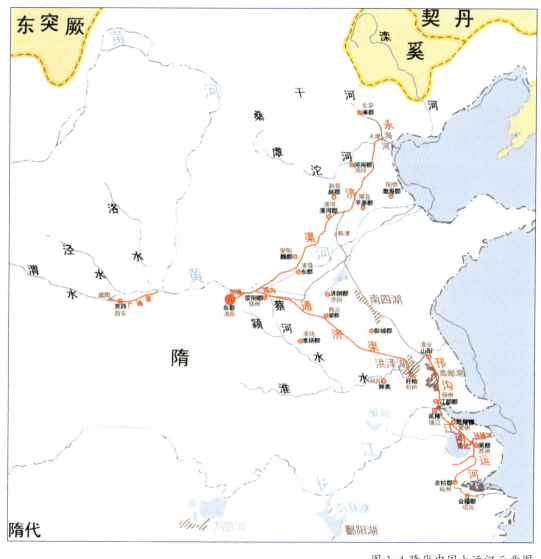

图 1-4 隋代中国大运河示意图
（《大运河遗产保护与管理总体规划》，作者参编）

方的赋税和物资运往北方，隋炀帝在前代汴渠的基础上下令开凿通济渠，沟通黄河与淮河。同时，下令重新疏浚邗沟，疏凿长江以南的江南运河，整治浙东运河。隋大业四年（608 年），为了开展对北方的军事行动，隋炀帝以曹魏时期开凿的原有运道为基础，在黄河以北开凿永济渠，直抵涿郡（今北京南郊），从而完成了以洛阳为中心，东北方向到达涿郡，东南方向

延伸至江南的一条"Y"字形运河，在中国历史上第一次建成了贯通南北的内陆水运交通动脉（图 1-4）。

唐宋时期，运河各段的名称多有变化，但大运河的主要河段、格局和走向基本没有变化（图 1-5）。统治阶级致力于航道维护、河道疏浚及航道的局部改建，同时建立粮食仓储、转运等运河配套设施，并逐步完善运河维护和运输的

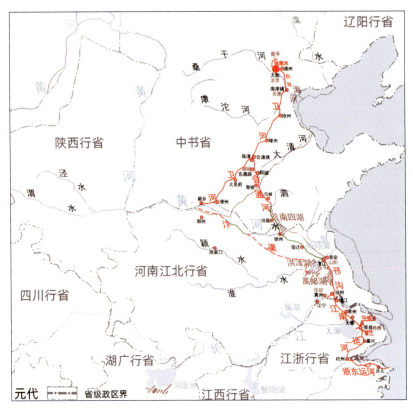

图1-5 唐代中国大运河示意图
(《大运河遗产保护与管理总体规划》，作者参编)

图1-6 元代中国大运河示意图
(《大运河遗产保护与管理总体规划》，作者参编)

管理体系。北宋晚期以后，战乱不断，运河航道维护逐渐松弛，航道不断淤积，航运逐渐中断。期间黄河数次泛滥，淮河以北的大运河河道大多被黄河堵塞，以洛阳为中心的大运河体系逐渐宣告结束。

元朝统一中国并建都大都（今北京）后，从南方经济中心供给北方政治中心的需求再一次被提上议事日程。至元二十六年（1289年），元朝政府组织开凿了会通河，北通御河，南接泗水、黄河，大运河形成了南北直行的走向，缩短航程千余里。至元三十年（1293年），沟通大都城内与城东通州的通惠河建成，来自南方的漕粮可直接抵达城内的积水潭，实现了中国大运河的第二次大沟通（图1-6）。

明永乐十九年（1421年），明成祖朱棣迁都北京，其后直至清朝灭亡的五百年间，北京一直是全国的政治经济中心。为了保障漕运的持续畅通，明政府在元代大运河的基础上进行整治修葺，基本延续了元代的运河路线（图1-7）。清代，为了减少清口以北借黄河行船所带来的危险，清政府于康熙年间（1686年～1688年）在宿迁与淮安之间黄河故道东侧开凿了与之平行的中河，中河的建成标志着大运河彻底脱离了部分段落需借自然河道行运的状况，实现了完全人工化（图1-8）。

清末，由于内忧外患，清政权无力顾及运河之事，逐渐放弃了修复运河的计划，宣布各省漕粮全部改折银两交纳，运河及漕运管理机构也陆续裁撤。同时，随着铁路运输和轮船海运的发展，对内河运输造成一定冲击，沟通南北的大运河逐渐中断，变为多条局部通航的区间运河，除江南、淮扬、浙东、鲁南及南北运河等段落外，其他河段逐渐淤废。民国时期，运河的治理只限于局部的零星工程。虽然曾有过整体重开运河的计划，但由于连年的军阀混战，国家动荡不安，运河的整理计划仅限于纸上谈兵，并未付诸实施。

中华人民共和国成立后，一直对大运河进行着修复和整治工作。经过数十年的现代化治理，大运河北方段部分恢复航运，山东济宁以南的河段一直保持畅通，成为连接山东、江苏、浙江三省，沟通淮河、长江、太湖和钱塘江水系，纵贯中国东部沿海地区的水运主通道，也是世界上最繁忙的运输航道之一。此外，大运河还发挥着巨大的防洪、排涝、输水、灌溉、沿河城镇建设及环境生态等综合功能。

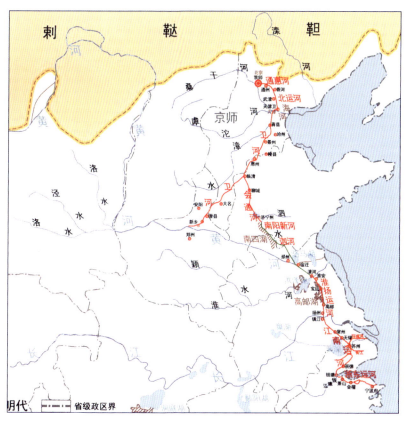

图 1-7 明代中国大运河示意图
（《大运河遗产保护与管理总体规划》，作者参编）

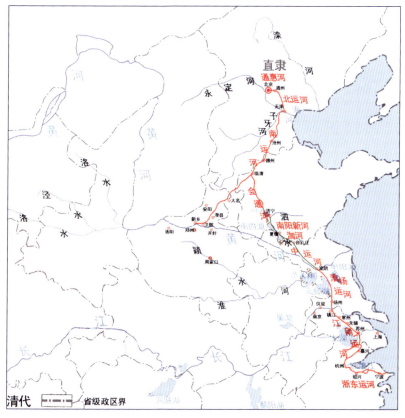

图 1-8 清代中国大运河示意图
（《大运河遗产保护与管理总体规划》，作者参编）

第三节
中国大运河的体系构成

一、分布范围

中国大运河位于中国中东部，是世界上开凿时间最早、沿用时间最久、规模最大的一条人工运河。中国大运河沟通了海河、黄河、淮河、长江、钱塘江五大水系，流经北京、天津、河北、山东、江苏、浙江、河南、安徽8个省、直辖市。中国大运河南北向北至北京、南至浙江杭州，纬度30° 12′ ~ 40° 00′，东西向运河西至河南洛阳、东至浙江宁波，经度112° 25′ ~ 121° 45′，总长度近3200千米，其中主线长度约2670千米，世界文化遗产段总长度1011千米。

二、构成河段

中国大运河在两千多年的形成和发展过程中，历史变迁极为复杂，历史上不同时期的运河河段均有不同的名称，甚至同一时期的名称亦有多种，在大运河申遗阶段遗产保护规划的编制过程中，依据大运河各河段在不同历史时期的地位、现有的研究成果以及各河段至今沿用的名称等综合因素考虑，经过多轮专家论证，最终确定了中国大运河整体上由京杭大运河、隋唐大运河及浙东运河的10个河段构成（图1-9），每个河段包含一条或多条河道。

在中国大运河构成河段中，京杭大运河纵贯南北，包括7个河段，从北到南依次为：通惠河段，自北京昆明湖至通州北关闸，总长度约29千米，其中主线长度约20千米；北运河段，自通州北关闸至天津三岔河口，总长度约148千米，全部为运河主线；南运河段，自天津三岔河口至山东临清会通河入卫处，总长度约458千米，全部为运河主线；会通河段，自山东临清会通河入卫处至微山县夏镇街道，总长度约450千米，其中主线长度约368千米；中河段，自山东微山县夏镇街道至江苏淮安清口枢纽，总长度约483千米，其中主线长度约246千米；淮扬运河段，自江苏淮安清口枢纽至长江，总长度约241千米，其中主线长度约188千米；江南运河段，自长江至钱塘江北岸，总长度约468千米，其中主线长度约421千米。隋唐大运河向西延伸，包括2个河段：卫河（永济渠）段，自河南焦作小丹河渠首九道堰至山东临清会通河入卫处，总长度约462千米，其中主线长度约428千米；通济渠段，自河南洛阳隋唐洛阳城遗址至江苏洪泽湖，总长度约236千米，其中主线长度约212千米。浙东运河向东延伸，包括1个河段即浙东运河段，自浙江杭州西兴镇至宁波三江口，总长度约225千米，其中主线长度约180千米。

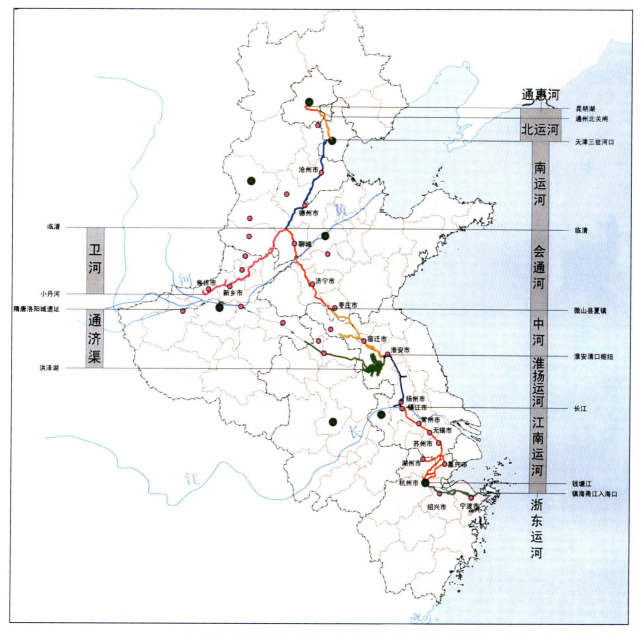

图 1-9 中国大运河分段示意图 (《大运河遗产保护与管理总体规划》, 作者参编)

02

第二章

河北大运河历史研究

Historical Research on
the Grand Canal
in Hebei

第一节
河北大运河概况

河北大运河位于河北省东部平原，流经廊坊、沧州、衡水、邢台、邯郸五市，上连京津，下接鲁豫，是连接雄安新区、承载京津冀协同发展的核心区域。河北大运河肇始于东汉末年，隋代开凿的永济渠是今天河北大运河的基础河段，元代京杭大运河正式形成，历代均进行了系统的疏浚、整治，至新中国初期，仍具有较强的通航能力。后因修建水库，引走水源，水量枯缺，致使航运衰退，至20世纪70年代全线断航。河北大运河在其历史发展过程中，不仅发挥着航运、防洪、灌溉、供水、旅游等多种经济效益和社会效益，而且产生了博大精深、灿烂辉煌的运河文化。

河北大运河包括京杭大运河和隋唐大运河两部分，由北运河、南运河、卫运河、卫河及永济渠遗址构成，境内总长度约530多千米。河北境内京杭大运河北起廊坊香河县与北京交汇处——杨洼闸，由零点界碑处进入河北，流经天津境内，向南流经沧州市的青县、沧县、新华区、运河区、南皮、泊头、东光、吴桥，衡水市的阜城、景县、故城，邢台市的清河、临西两县，至邢台市临西县教场村，京杭大运河由河北进入山东境内。隋唐大运河一段则向西南进入邯郸，依次流经邯郸的馆陶、大名、魏县，从魏县北善村出河北境进入河南境内。

河北省境内大运河分属于海河流域的漳卫南运河系和北运河系。漳卫南运河系是海河流域五大水系之一，由漳河、卫河、卫运河、南运河及漳卫新河组成，以其中浊漳南源为源，至南运河天津市静海县十一堡闸，河道全长932千米。该河系发源于太行山脉，河系总的走向为从西南向东北流入渤海。北运河水系是海河流域五大支流之一，流域上游为山区及丘陵地区，属燕山山脉，中下游平原大部分是易涝地区，间有封闭式的低洼盐碱地区。河北大运河处于海河流域的中下游华北平原地区，华北平原地势低平，由黄河、海河、淮河、滦河等所带的大量泥沙沉积所致，是典型的冲积平原，是旱涝、盐碱、风沙等自然灾害频发的地区。

海河流域属于温带东亚季风气候区。冬季受西伯利亚大陆性气团控制，寒冷少雪；春季受蒙古大陆性气团影响，气温回升快，风速大，气候干燥，蒸发量大，往往形成干旱天气；夏季受海洋性气团影响，比较湿润，气温高，降雨量多，且多暴雨，但因历年夏季太平洋副热带高压的进退时间、强度、影响范围等很不一致，致使降雨量的变差很大，旱涝时有发生；秋季为夏冬的过渡季节，一般年份秋高气爽，降雨量较少。

河北大运河特有的地理、气候及水利条件是运河开凿修治的主要考虑要素，历史上河北大运河的开凿修治主要围绕解决水源、防洪防汛及防淤治淤等关键方面进行。

第二节
河北大运河历史变迁

一、东汉末年至南北朝

河北大运河的历史可追溯到东汉末年曹操开凿的白沟，在曹操之前，河北境内虽然有人工开凿渠道，但大都用于灌溉，河北平原的航运多利用自然河流进行，因自然河流多不相通，所以内河航运的活动范围受到了很大局限。东汉末年，汉王朝分崩离析，名存实亡，各地形成了大大小小的诸侯割据势力，华北平原是各路诸侯争战的主要战场。他们在争战中，往往需要利用水道来运输兵员和物资。在诸侯争战之中，袁绍和曹操逐渐成为黄河下游两大主要势力，分别占有黄河南北两侧。

东汉建安五年（200 年），曹操与袁绍的军队相峙于官渡，在此展开了战略决战，即历史上著名的"官渡之战"。同年十月，曹操大败袁绍，袁绍败退邺城。建安七年（202 年），袁绍因兵败抑郁而死，袁绍的两个儿子袁谭和袁尚内讧争权，袁尚取胜。建安八年（203 年），曹操渡河攻下黎阳（今浚县附近），北征邺城（今河北临漳县西南四十里）袁尚。曹操进攻邺城首先面临的便是军队和军粮的运输问题，于是在建安九年（204

年）开凿了白沟水运工程，"九年春正月，济河，遏淇水入白沟以通粮道"[1]。《水经注》中记载了更为详细的工程措施："魏武王于水口下大枋木以成堰，遏淇水东入白沟以通漕运，故时人号其处为枋头，是以卢谌《征艰赋》曰'后背洪枋巨堰，深渠高堤者也'……其堰悉铁柱木石参用。其故渎南迳枋城西又南分为二水……一水流迳枋城南东与菀口合，菀水上承淇水于元甫城西北，自石堰东菀城西屈迳其城南又东南流，历士军东北……淇水右合宿胥故渎，渎受河于顿邱县遮害亭东，黎山西北。会淇水处立石堰，遏水令更东北注，魏武开白沟，因宿胥故渎而加其功也。"[2]由此可见，枋头是一项规模很大的水利枢纽工程，主要包括三项工程措施：一是在淇水入黄河的地方，用大枋木筑成堰，阻止淇水流入黄河，并且自淇水口开渠引淇水向东北流入白沟；二是在元甫城（今淇县北）西北菀水与淇水连接的地方修筑石堰，使淇水在枯水时期不致因分流入菀水而影响白沟通航；三是在淇水与宿胥故渎连接处修筑石堰，使淇水全部向东北流入白沟，不致南出宿胥口进入黄河。通过这三项工程措施有效解决了运河的水源问题，保证了白沟的顺利通航。

---

1 （西晋）陈寿撰，《三国志·魏志·武帝纪》，收录于《四库全书荟要》卷 3964。
2 （北魏）郦道元，《水经注》卷九，收录于《四库全书荟要》卷 7620。

据《水经注》载："淇水又东北流，谓之白沟……（淇水）东过内黄县南为白沟……（白沟）又东北过广宗县东为清河。"[3]《辞海》中相关释义："白沟，原为大河故道，在今河南浚县西，由菀水分部分淇水为源，东北流下接内黄以下的古清河……此后上起枋堰，下包今河北威县以南的清河，皆被称为白沟。"[4]可见，白沟即为淇水经枋堰改道后支流的下游河道，而清河则是白沟过广宗县（今河北威县东）之后下游河道的称谓。

邺城一战袁军溃败后，袁尚率残部逃往乌桓（又名乌丸，今冀东、辽宁一带）。建安十一年（206 年），曹操北征乌桓，又开凿了平虏、泉州二渠，"公将征之，凿渠，自呼沱（即滹沱）入泒水，名平虏渠；又从泃河口凿入潞河，名泉州渠"[5]。平虏渠和泉州渠由董昭开凿，依然是为解决军粮的运输问题，"后袁尚依乌丸蹋顿，太祖将征之。患军粮难致，凿平虏、泉州二渠入海通运，昭所建也"[6]。平虏渠沟通清河、泒水（今大清河）和滹沱河，大致在今青县之东北，成为后代永济渠和南运河的一部分。泉州渠南端在清河与潞河的交汇处，北端在泃河与鲍丘水的交汇处，该渠道因流经泉州（今天津市武清区）而得名，在今天津境内。此外，曹操又在泉州渠与鲍丘水相交处，向东开凿了一条运河——新河。《水经注》载："濡水东南流，迳乐安亭南，东与新河故渎合。渎自雍奴县承鲍丘水东出，谓之盐关口。魏太祖征蹋顿，与泃口俱导也，世谓之新

河矣。"[7]新河西接鲍丘水，接口处称之为盐关口，东接濡水，大致在今天津至唐山一带，《水经注》又载："从泃口凿渠迳雍奴泉州以通河海者也，今无水。"[8]所载河道即为新河。从上述记载新河被称为"新河故渎""今无水"来推断，新河可能使用时间不久便被废弃。

建安十八年（213 年），曹操在白沟和漳水之间又开凿了一条运河，"九月，作金虎台，凿渠引漳水入白沟以通河"[9]，这条运河即为利漕渠，"汉献帝建安十八年，魏太祖凿渠，引漳水东入清洹以通河漕，名曰利漕渠"[10]。利漕渠连接了漳水和白沟，呈西北至东南走向，西北起自斥漳（今曲周县东南），东南至馆陶入白沟（今馆陶县西南）。三国曹魏时期，在今河北境内又开凿了鲁口渠和白马渠，白马渠将滹沱河与漳水相通，鲁口渠将滹沱河与泒水相接。至此，河北境内已经形成了较为完善的水运系统（图 2-1）。

两晋及南北朝时期，曹操开凿的白沟—清河—平虏渠水运干线依然是一条重要水运通道，有着巨大的通航能力，晋代和北朝时期沿这条水运通道有几次大规模军事行动，这些军事行动反映了其巨大的通航能力和军事、经济价值，后成为大运河全线贯通时期的重要构成段落。

二、隋唐时期

隋大业四年（608 年），隋炀帝为了解决北方的漕运和东征高丽的需要，"诏发河北诸郡男

3 （北魏）郦道元，《水经注》卷九，收录于《四库全书荟要》卷 7620。
4 夏征农等编，《辞海》第五版彩图本，上海辞书出版社，1999 年，4729 页。
5 （西晋）陈寿撰，《三国志·魏志·武帝纪》，收录于《四库全书荟要》卷 3964。
6 （西晋）陈寿撰，《三国志·魏志·董昭传》，收录于《四库全书荟要》卷 3977。
7 （北魏）郦道元，《水经注》卷十四，收录于《四库全书荟要》卷 7625。
8 （北魏）郦道元，《水经注》卷十四，收录于《四库全书荟要》卷 7625。
9 （西晋）陈寿撰，《三国志·魏志·武帝纪》，收录于《四库全书荟要》卷 3964。
10 （北魏）郦道元，《水经注》卷十，收录于《四库全书荟要》卷 7621。

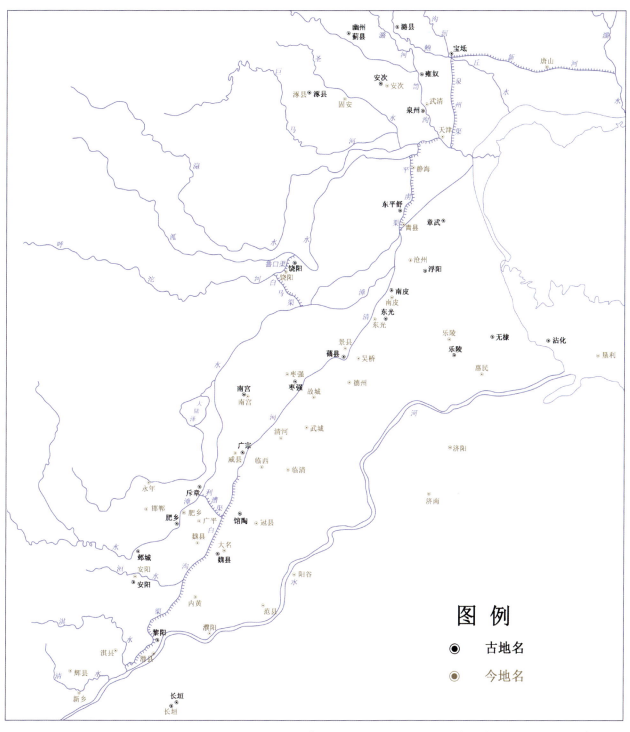

图 2-1 曹魏时期河北境内白沟、平虏渠等运河示意图（贾建伟绘）

女百余万人开永济渠，引沁水，南达于河，北通涿郡"[11]。涿郡位于北部边疆地区，是中原地区连接东北地区的要冲，在军事上具有重要战略地位，历来为兵家必争之地，开凿永济渠对于巩固边防和维护国家统一有很重要的意义。永济渠南引沁水往南与黄河贯通，北分沁水一部分

11（唐）魏征等撰，《隋书》卷三·帝纪第三·炀帝上，收录于《四库全书荟要》卷4647。

通过长明沟（即后来的小丹河、运粮河）、吴泽坡（在今获嘉县境）与清水相连，经汲县流至宿胥故渎，又向东北流与白沟、清河相接，流经今河南、河北、山东、天津境内，再西北到达涿郡所在地蓟城（今北京南郊）。永济渠开通后，与黄河以南的通济渠、邗沟及江南河相接，南至余杭，北通涿郡，形成了中国历史上第一次南北贯通的大运河。大运河从南到北沟通了钱塘江、长江、淮河、黄河、海河五大水系，成为通航能力很强的水上交通大动脉，为以后封建王朝的发展做出了重要贡献。作为隋唐时期大运河的重要段落，永济渠大部分位于今河北境内，永济渠的开通是河北水运史上从区间运输转向全国性运输的重要标志。

隋大业七年（611年）春二月，隋炀帝乘龙舟从江都出发行幸涿郡，在途中即下诏讨伐高丽。夏四月，隋炀帝抵达涿郡，开始为东征高丽进行前期物资和人员的准备，"先是，诏总征天下兵，无问远近，俱会于涿。又发江淮以南水手一万人，弩手三万人，岭南排镩手三万人，于是四远奔赴如流。五月，敕河南、淮南、江南造戎车五万乘送高阳……发河南、北民夫以供军须。秋七月，发江淮以南民夫及船运黎阳及洛口诸仓米至涿郡"[12]，大运河呈现出极度繁忙的景象，"舳舻相次千余里，载兵甲及攻取之具，往还在道常数十万人，填咽于道，昼夜不绝"[13]。此后，隋炀帝的三次东征高丽均以大运河为主要通道运输战略物资，永济渠是通往涿郡的必经之路，体现出了巨大的通航能力。

永济渠是在曹魏时期一系列人工渠道的基础上，利用了部分天然河道而建成，从南到北大致可分三个段落：第一段是从沁水到汲县、利用了沁水支流；第二段从汲县到今天的天津，从清水下接淇水、并利用了曹操开通的白沟—清河—平虏渠水运通道和屯氏河的部分河段，大部分段落与今卫河、卫运河、南运河走向较为一致（其中自内黄至武城在今卫河—卫运河西，自武城至德州在今卫运河东）；第三段为从今天的天津到隋代的涿郡郡治蓟城，在今天津附近西北行，上接桑干水（即永定河故道）通往涿郡。

继隋代之后，永济渠在唐代基本延续了隋代永济渠的走向，只是上游（基本位于河南境内）已经与沁水分开，主要引清、淇二水，由淇水便可以入黄河与黄河以南水道相连，通达洛阳和长安。唐代永济渠仍为河北境内的主要水运通道，河北境内永济渠的行经路线，在相关文献中有较为详细的记载。由于唐代成书的《元和郡县图志》内容有部分缺失，而宋代早期成书的《太平寰宇记》多沿袭唐代地方志记载，故参考这两部地理专著，可以大致考证这一时期河北境内永济渠的行经路线（图2-2）。

永济渠在河北境内的路线，今天津以南段落比较清晰。永济渠流入河北境内，首先流经洹水县（今魏县西南），"永济渠，西去县二百步"[14]，向东北又经魏县（今魏县东南），"白沟水，北接馆陶界。隋炀帝导为永济渠，亦名御河，南自相州洹水县界流入"[15]。又东北流经大名县，"开元二十八年九月刺史卢晖移永济渠自石灰窠引流注

12 （宋）司马光编著，《资治通鉴》卷一百八十一·隋纪五，中华书局，1956年，5654页。
13 （宋）司马光编著，《资治通鉴》卷一百八十一·隋纪五，中华书局，1956年，5654页。
14 （唐）李吉甫撰，贺次君点校，《元和郡县图志》卷十六·河北道一，中华书局，1983年，454页。
15 （宋）乐史撰，王文楚等点校，《太平寰宇记》卷五十四·河北道三，中华书局，2007年，1109页。

于城西"[16]。永济渠经大名县再向东北，流经馆陶县，"白沟水，本名白渠，隋炀帝导为永济渠，亦名御河，西去县十里"[17]，永济渠再向东北流

经永济县，"永济渠在县西郭，内阔一百七十尺，深两丈四尺。南自汲郡引清、淇水，东北入白沟，穿此县入临清。按汉武帝时，河决馆陶，分

图 2-2 隋唐河北境内永济渠示意图（贾建伟绘）

图 例

◉ 古地名

◎ 今地名

16（宋）乐史撰，王文楚等点校，《太平寰宇记》卷五十四·河北道三，中华书局，2007年，1107页。
17（唐）李吉甫撰，贺次君点校，《元和郡县图志》卷十六·河北道一，中华书局，1983年，450页。

为屯氏河，东北经贝州、冀州而入渤海，此渠盖屯氏古渎，隋氏修之，因名'永济渠'"[18]。永济县为唐大历七年（772年）由馆陶县分出而置，位于今馆陶县的东北部。上述记载不仅描述了永济渠的宽度和深度，而且证明了永济渠部分利用曹操开通的白沟以及汉代屯氏河故道的史实。

永济渠穿唐代永济县流经临清县（今临西县），"临清县……永济渠，在县城西门外"[19]，唐代临清县治位于今临西县城北，今尚存临清古城遗址。永济渠再向东北，又经清河县。《元和郡县图志》载："清河县……永济渠，东南去县十里。"[20]唐清河县治位于今清河县治之西。《太平寰宇记》记载更为详细："永济渠，东南去县十里，南自汲县引清、漳二水入界，近孤女冢，元号孤女渠，隋炀帝征辽改为永济，俗呼御河。"[21]《太平寰宇记》又载："贝州，清河郡，今理清河县……隋开皇六年又移清河县于州郭，即今县是也。"[22]说明贝州城当时应与清河县县治为同城。宋代贝州城位于今河北清河县城西北，则唐宋时期永济渠当在今清河县城西北超过十里。

永济渠由清河县向东北，流经武城、历亭（今山东武城境内），"故武城在县北十里……唐调露元年移于永济渠北义王桥西二里置，今县外城基是也"[23]，说明永济渠在唐宋武城县城东南约二里的位置。永济渠再向东北，流经长河县（今山东德州），"永济渠，县西十里"[24]。

永济渠再向北，流经沧州诸县（今河北沧州、衡水境内）。据《太平寰宇记》载："清池县，本汉浮阳县……永济河在县西三十里，自南皮县来，入乾宁军，今亦呼为御河……废长芦县……元在永济渠西，开元十四年大雨，城邑漂沉，十六年移于永济渠东一里，即今县是也。皇朝乾德二年割入清池县。"[25]又载："东光县，本汉旧县也，属渤海郡……永济渠在县西二百步……乾宁军……临御河西岸，接沧州、霸州之界……乾宁县，旧名永安县，与军同置在城下。太平兴国七年六月改乾宁县。御河，在城南一十步。每日潮水两至，其河从沧州南界流入本军界，东北一百九十里入潮河，合流向东七十里，于独流口入海。"[26]可见，从德州以北，永济渠流经东光、南皮、长芦（今沧州市区）入乾宁军（今青县），与今南运河流经路线基本一致，后进入今天津境内，与潮河（今海河）汇流向东入大海。

而位于河北北部京津之间的永济渠路线，文献记载较为简略。据《太平寰宇记》载："破虏军，古淤口关，周显德六年收复关南，与此置塞。至皇朝太平兴国六年割霸州、永清、文安县三百一十七户属焉……永济河，自霸州永清县界来，经军界，下入淀泊，连海水。"[27]又载："安次县，本汉旧县，县东枕永济渠。"[28]由上述记载可知此段永济渠的大致走向，流经河北境内霸州、永清、破虏军（北宋景德三年改为信安军）及安

18 （唐）李吉甫撰，贺次君点校，《元和郡县图志》卷十六·河北道一，中华书局，1983年，466页。
19 （唐）李吉甫撰，贺次君点校，《元和郡县图志》卷十六·河北道一，中华书局，1983年，465页。
20 （唐）李吉甫撰，贺次君点校，《元和郡县图志》卷十六·河北道一，中华书局，1983年，463～464页。
21 （宋）乐史撰，王文楚等点校，《太平寰宇记》卷五十八·河北道七，中华书局，2007年，1200页。
22 （宋）乐史撰，王文楚等点校，《太平寰宇记》卷五十八·河北道七，中华书局，2007年，1197～1199页。
23 （宋）乐史撰，王文楚等点校，《太平寰宇记》卷五十八·河北道七，中华书局，2007年，1202页。
24 （唐）李吉甫撰，贺次君点校，《元和郡县图志》卷十六·河北道一，中华书局，1983年，496页。
25 （宋）乐史撰，王文楚等点校，《太平寰宇记》卷六十五·河北道十四，中华书局，2007年，1325～1327页。
26 （宋）乐史撰，王文楚等点校，《太平寰宇记》卷六十八·河北道十七，中华书局，2007年，1378～1380页。
27 （宋）乐史撰，王文楚等点校，《太平寰宇记》卷六十八·河北道十七，中华书局，2007年，1380～1381页。
28 （宋）乐史撰，王文楚等点校，《太平寰宇记》卷六十九·河北道十八，中华书局，2007年，1402页。

次县境，西北达涿郡。由于文献记载不详，此区域宋辽时期地处边境，守将采用以"塘泊"限制契丹骑兵的政策，造成这一区域的地貌变化较大，所以本段永济渠故道的详细走向和位置一直存在争议，还需今后做更细致深入的工作进行研究。

河北东部平原地处九河下梢，天然河川分布密集，大都为东西流向，永济渠的开通直接影响了河北境内的河流分布格局，漳水、滹沱水、巨马河、桑干河、潞河等自然河流在不同位置与永济渠汇合后沿今天津海河入海。由于河北境内的地理位置和气候条件，河流水量受季节影响极不均衡，致使汛期各条河流洪水急剧上涨而致下游宣泄不畅造成水患，直接影响运河的行船安全和造成决溢淹没沿线下游田舍。为解决这一问题，唐代采取了在永济渠东侧开挖减河，在永济渠西侧利用淀泊滞洪，并在重要河段构筑堤防的防洪措施。同时，为了使永济渠为主体的水路更加通畅，增开了多条人工运渠。

在构筑堤防方面，既包括永济渠的堤防，还包括与其相连或邻近河渠的堤防。河北境内的沧州属于沿海地区，地势低洼，所以唐代在河北境内实施的一系列水利工程以沧州境内最多。唐代在沧州境内构筑堤防多道，清乾隆版《沧州志》援引《唐书地理志》等文献对其境内堤防多有记载："永济堤，清池县西北五十里有永济堤二，永徽二年（651年）筑……永济北堤，清池县南三十里，开元十六年（728年）筑……明沟河堤，清池县西四十五里有明沟河堤二，永徽三年（652年）筑……李彪淀东堤，徒骇河西堤，皆在清池县西五十里，永徽三年（652年）筑……

卫漳堤，清池县西四十里有卫漳堤二，显庆元年（656年）筑……卫漳东堤，清池县西北六十里，开元十年（722年）筑……浮河堤，阳通河堤，皆在清池县南十五里，开元十六年（728年）筑。"[29]

唐永徽至开元年间，姜师度等人还在河北境内开凿了除永济渠外的多条河渠，既包括防洪功能为主的减河，也包括航运功能为主的运河。据《新唐书》载："（清池）東南二十里有渠，注屯氏河，东南七十里有渠，注漳，并引浮水，皆刺史姜师度开；西南五十七里有无棣河，东南十五里有阳通河，皆开元十六年（728年）开……（东光）南二十里有靳河，自安陵入浮河，开元中开……（河间）西北百里有长丰渠，（贞观）二十一年（647年），刺史朱潭开。又西南五里有长丰渠，开元二十五年（737年），刺史卢晖自束城、平舒引滹沱东入淇通漕，溉田五百余顷。"[30]可见，唐代在今沧州境内开凿了无棣河、阳通河、靳河、长丰渠等渠道。在今河北邢台、邯郸一带亦开凿了多条运河，包括在清河郡开凿了张甲河、在魏郡之贵乡县开凿了西渠等。这些渠道直接或间接与永济渠相连，为河北的水上运输提供了良好的条件，同时部分渠道兼具分泄洪水或灌溉功能，发挥了综合的水利效益。

在上述开凿的河渠中，既包括新开挖的河道，还包括对原有已经淤塞河道的重开和疏浚。如上述记载中"无棣河"（又名"无棣沟"）即为疏浚的早期河道，清乾隆《沧州志》援引《方舆纪要》："相传春秋时即有此沟，分大河支流东注于海，隋开皇中因名。"[31]在唐永徽元年（650年）

29（清）庄日荣等纂修，胡淦总修，《沧州志》卷之十三·古迹，乾隆八年刊本。
30（宋）欧阳修撰，《唐书》卷三十九·志第二十九·地理志，收录于《四库全书荟要》卷5170。
31（清）庄日荣等纂修，胡淦总修，《沧州志》卷之十三·古迹，乾隆八年刊本。

即有过重开，"有无棣沟通海，隋末废，永徽元年刺史薛大鼎开"[32]。同时，所开渠道有的不与永济渠直接相连，而浮水当时已经和永济渠连通，部分新开渠道通过浮水间接与永济渠相连。清乾隆《沧州志》载："浮河，在旧城南十里，东北入海，今塞……按《水经注》浮水故渎首受清、河于浮阳县界东北……汉时自大河分流，东北出经浮阳县南又东北流入海。"[33] 由上可知，浮水原是汉时黄河分流之河道，北魏时期已经废弃成为"故渎"。上述文献中多处提到了所开通的渠道"引浮水"或"入浮河"，但并未提到对浮水进行疏浚的相关内容，可见，浮水在这一时期已经是与永济渠相连的一条通畅水道。唐代的无棣沟和浮水是河北内地通往沿海的两条非常重要的航道，同时可以疏导分泄永济渠之水，兼具减河的作用。

永济渠及相连河道一系列工程的实施，为确保永济渠的航道安全、扩展永济渠的通航区域、提高永济渠的通航能力起到了重要作用，河北境内逐渐形成了较为完善的水运网络，有些渠道还兼具溉田之利，发挥了综合效益。和隋代的永济渠相比，唐代永济渠更加完善，在河北境内，永济渠运输的主要物资是漕粮，其次是海盐和各种土特产。唐代时期，位于今河北北部的幽州、蓟州、平州一带是边防重地，驻守所需要的军需物资大都从南方和中原通过永济渠运输至边防地区。而河北中南部地区也是农业比较发达的地区，是朝廷征收漕粮的主要地区之一，在河北征收的漕粮，一部分运往北方的边防重镇，一部分运往唐代东都洛阳，大都通过永济渠进行运输。

隋唐时期洛阳一带多置大型粮仓，包括含嘉仓、黎阳仓等，其中洛阳含嘉仓是唐代最大的粮仓，最多储粮五百八十多万担，占朝廷储粮总数的一半之多。含嘉仓储粮主要来源于九个州，其中包括今河北地区的冀、邢、沧、魏四个州。唐代，河北地区的沧州濒临渤海，沿海是重要的产盐基地，《太平寰宇记》载："盐山县……咸土，在县东七十里。东西南北一百五十里。地带海滨，其土咸卤，海潮朝夕所及，百姓取而煎之为盐。"[34]《盐山新志》又载："《水经注》谓漂榆城俗谓之角飞城，石勒使王述煮盐角飞城者同城异名是也。"[35] 完善的水运网络极大促进了沧州地区海盐的生产和运销。

唐末，河北境内永济渠沿线大部分被藩镇分割，永济渠主要作为军事用途，运送兵员和军粮。唐朝灭亡之后，中国再次进入大分裂的五代十国时期，河北地区乃至全国的水运网络遭到严重破坏。这一时期，虽然也有过整修运渠的工程，但仅是局部的区间工程。

三、宋金时期

北宋时期永济渠又被称为御河，但御河之称谓并非起自宋代，前文引的唐代文献《元和郡县图志》中已多次提到"永济渠亦名御河"。这一时期的文献中"永济渠""永济河""御河"之称谓皆有出现，互为通称。同时需要说明的是，这一时期御河并不泛指永济渠全段而是有所特指，"宋元时代所谓'御河'，专指今河南，河北境内的卫河，即隋所开永济渠的一部分"[36]。《宋

32 （宋）欧阳修撰，《新唐书》卷三十九·志第二十九·地理志，收录于《四库全书荟要》卷5170。
33 （清）庄日荣等纂修，胡淦总修，《沧州志》卷之十三·古迹，乾隆八年刊本。
34 （宋）乐史撰，王文楚等点校，《太平寰宇记》卷六十五·河北道十四，中华书局，2007年，1332～1333页。
35 （民国）孙毓琇修，贾恩绂纂，《盐山新志》疆域略一·沿革篇二，成文出版社，1976年，42页。
36 夏征农等编，《辞海》第五版彩图本，上海辞书出版社，1999年，2168页。

史·河渠志》亦载："御河源出卫州共城县百门泉，自通利、乾宁入界河，达于海。"[37]明确了御河专指卫州百门泉至界河（今海河）的永济渠段落，同时也说明北宋时期的御河源头不再是沁水而改至百门泉。

北宋时期御河（永济渠）的行经路线在河北境内大致与唐代一致，从河南境内进入河北，流经宋北京大名府境内的元城（今大名）、馆陶、临清诸县，"元城……有恹山、御河……馆陶……有御河……临清……有御河"[38]，进入恩州清河郡境，流经清河、武城、历亭（今山东武城境内）诸县，"清河……有永济渠……武城……有永济渠……历亭……有御河"[39]。又东北流入永静军，"永静军，唐景州，周降为定远军，隶沧州。皇朝太平兴国六年以军直隶京师，景德元年改永静，治东光县……东光……有永济渠、漳河……将陵，军西南一百二十里……有永济渠、钩盘河"[40]，再东北至沧州境，"沧州，景城郡，横海军节度。治清池县……南皮……有小天台山、永济河"[41]，再东北到达乾宁军，"太平兴国七年以沧州永安县置军……范桥，军南三十里……有永济渠"[42]。范桥在北宋时隶属乾宁军，而乾宁军治所位于今青县。永济渠由北宋的范桥（今兴济镇）向北到达乾宁军（今青县县城），前文中已引《太平寰宇记》内容"乾宁军……在御河西岸……御河，在城南一十步"，可见，永济渠在此由西而东绕过乾宁军，再绕该城东侧向北流，最终入界河（今海河）而达于海。由于北宋

时期，宋辽以界河为界，所以宋代文献中对永济渠北段鲜有记载。

宋代建都东京（今河南开封），其水上交通以东京为中心，主要依靠汴河（隋代通济渠）、黄河、惠民河以及广济河四条水运通道向都城运送漕粮，而御河南段不与黄河相连，已经不是通向都城的主要漕运通道。这一时期，御河主要承担向北方运输军粮的任务。从南方运来的军粮，由汴河入黄河，运至黎阳（今河南浚县东北）或马陵道口（今大名县东南），"宋时河北漕运往往于黎阳或马陵道口下卸装"[43]，通过陆路运输至御河沿岸，再通过御河运至河北驻军之地。

宋代，御河自卫州以下仍能四季通航，"今御河上源，止是百门泉水，其势壮猛，至卫州以下，可胜三四百斛之舟，四时行运，未尝阻滞"[44]。然而御河仍存在诸多问题，一是洪水时容易决溢，而枯水期水量不足，二是黄河多次决溢侵入御河导致航运困难。这一时期，从宋太祖至宋徽宗的一百六十年中，黄河决溢近七十次，其中淳化四年（993年）和大中祥符四年（1011年），黄河决溢侵入御河致大名府城毁，宋仁宗庆历八年（1048年），黄河改道北流，经大名府、恩州、冀州、深州、瀛洲、永静军等境内，至乾宁军合御河入海（图2-3）。

为解决上述问题，北宋朝廷不断实施修堤、疏浚及改河工程。宋神宗熙宁八年（1075年），主管黄河、御河事务的程昉曾提出了开通沙河将黄河水引入御河以通漕的建议，此建议得以批准

37（元）脱脱等撰，《宋史》卷九十五·志第四十八·河渠五，武英殿本。
38（宋）王存撰，王文楚、魏嵩山点校，《元丰九域志》卷第一，中华书局，1984年，7～8页。
39（宋）王存撰，王文楚、魏嵩山点校，《元丰九域志》卷第二，中华书局，1984年，72～73页。
40（宋）王存撰，王文楚、魏嵩山点校，《元丰九域志》卷第二，中华书局，1984年，73页。
41（宋）王存撰，王文楚、魏嵩山点校，《元丰九域志》卷第二，中华书局，1984年，64～65页。
42（宋）王存撰，王文楚、魏嵩山点校，《元丰九域志》卷第二，中华书局，1984年，74页。
43（清）王履泰编撰，《畿辅安澜志》卫河卷五，武英殿聚珍版。
44（元）脱脱等撰，《宋史》卷九十五·志第四十八·河渠五，武英殿本。

图 2-3 北宋河北境内御河示意图（贾建伟绘）

实施并于次年完工，《宋史》中记载了此次工程的始末："昉与刘璹言：'卫州沙河湮没，宜自王供埽开浚，引大河水注之御河，以通江、淮漕运。仍置斗门，以时启闭。其利有五：王供危急，免河势变移而别开口地，一也。漕舟出汴，横绝沙河，免大河风涛之患，二也。沙河引水入于御河，大河涨溢，沙河自有限节，三也。御河涨溢，有斗门启闭，无冲注淤塞之弊，四也。德、博舟运，免数百里大河之险，五也。一举而五利附焉。请发卒万人，一月可

成。'从之，九年秋，昉奏毕功。"[45] 然而，此工程在当时即引起很大争议，大名安抚使文彦博言："今乃取黄河水以益之，大即不能吞纳，必致决溢；小则缓漫浅涩，必致淤淀。"[46] 知制造熊本又奏："今穴堤引河，而置闸之地，才及堤身之半。询之土人云，自庆历八年后，大水七至，方其盛时，游波有平堤者……以湍悍之势而无堤防之阻，泛滥冲溢，下合御河，臣恐垫溺之祸，不特在乎卫州，而濒御河郡县，皆罹其患矣。"[47] 可见，其他大臣所忧虑的问题主要是引黄河水入御河很容易引起御河沿线的泛溢冲决，并不是很好的办法。工程实施后不久，"河果决卫州"[48]，可见这一引黄工程并不十分成功。这一时期，堤防的修筑也是一项

45（元）脱脱等撰，《宋史》卷九十五·志第四十八·河渠五，武英殿本。
46（元）脱脱等撰，《宋史》卷九十五·志第四十八·河渠五，武英殿本。
47（元）脱脱等撰，《宋史》卷九十五·志第四十八·河渠五，武英殿本。
48（元）脱脱等撰，《宋史》卷九十五·志第四十八·河渠五，武英殿本。

重要的工程措施，徽宗崇宁元年（1102 年）冬，"诏侯临同北外都水丞司开临清县坝子口，增修御河西堤，高三尺"[49]，政和五年（1115 年）闰正月，"诏于恩州北增修御河东堤，为治水堤防"[50]。

南宋时期，河北境内属于金政权管辖范围。金新中国成立后，于天德五年（1153 年），将都城从上京迁至燕京（今北京），改称中都。宫廷建造需要的大量建筑材料和漕粮需要北运至中都。此时，由于黄河河道向南迁徙，夺占淮河河道入海，御河摆脱了黄河频繁的冲淤影响，河北地区逐渐形成以御河为主干运道，再加上漳河、滹沱河等河流构成的水运系统。而在京津之间，潞河下游河道西移，与卢沟河交汇于雍奴故城西南。其上游的支流温榆河（即古㶟余水）、淑水（上游赤城境内仍称沽河）、潮里河（即鲍丘水）交汇于通州，又于通州开闸河通金中都城（今北京），"金都于燕，东去潞水五十里，故为闸以节高良河、白莲潭诸水，以通山东、河北之粟"[51]。金代通漕的河道主要包括今河北、河南境内旧黄河、御河、漳水、滹沱河，于今霸州至天津近海地区合流，"其通漕之水，旧黄河行滑州、大名、恩州、景州、沧州、会州之境，漳水东北为御河则通苏门、获嘉、新乡、卫州、浚州、黎阳、卫县、彰德、磁州、洺州之馈，衡水则经深州会于滹沱，以来献州、清州之饷，皆合于信安海壖"[52]，然后再沿潞河（过今河北香河境内）向

西北，"溯流而至通州，由通州入闸，十余日而后至于京师"[53]（图 2-4）。此外，还有一些次要河道亦可通漕运，"若霸州之巨马河，雄州之沙河，山东之北清河，皆其灌输之路也"[54]。

金代运河主要利用了唐宋时期的御河等河道，金代迁至中都之初，漕运的终点仅至通州，通州至京师则多陆运，"自通州而上，地峻而水不留，其势易浅，舟胶不行，故常徙事陆挽，人颇艰之"[55]。为了实现通州至京城的水路运输，金世宗大定十年（1170 年），"请开卢沟金口以通漕运"[56]。然而工程实施后并未达到预期效果，"及渠成，以地势高峻，水性浑浊。峻则奔流漩洄，啮岸善崩，浊则泥淖淤塞，积淬成浅，不能胜舟"[57]。金章宗泰和年间，在韩玉提议下再次开通漕渠至中都，"泰和中，建言开通州潞水漕渠，船运至都"[58]，这条渠道被称为闸河。相较于大定年间开的卢沟金口，闸河的开通是成功的，然而闸河并非一直通畅，"其后亦以闸河或通或塞，而但以车挽矣"[59]。金章宗泰和五年（1205 年）对运河进行了一次较大规模的修治，"五年，上至霸州，以故漕河浅涩，敕尚书省发山东、河北、河东、中都、北京军夫六千，改凿之"[60]。此次大规模调集军夫修治运河，可能即包括了运河的疏浚，又包括了局部改道工程。除开通通州至中都闸河外，金代对运河的修治工程主要是河道疏浚，《金史》中记载了金大定五年（1165 年）疏浚工程的

49（元）脱脱等撰，《宋史》卷九十五·志第四十八·河渠五，武英殿本。
50（元）脱脱等撰，《宋史》卷九十五·志第四十八·河渠五，武英殿本。
51（元）脱脱等撰，《金史》卷二十七·志第八·河渠·漕渠，武英殿本。
52（元）脱脱等撰，《金史》卷二十七·志第八·河渠·漕渠，武英殿本。
53（元）脱脱等撰，《金史》卷二十七·志第八·河渠·漕渠，武英殿本。
54（元）脱脱等撰，《金史》卷二十七·志第八·河渠·漕渠，武英殿本。
55（元）脱脱等撰，《金史》卷二十七·志第八·河渠·漕渠，武英殿本。
56（元）脱脱等撰，《金史》卷二十七·志第八·河渠·漕渠，武英殿本。
57（元）脱脱等撰，《金史》卷二十七·志第八·河渠·漕渠，武英殿本。
58（元）脱脱等撰，《金史》卷一百十·列传第四十八，武英殿本。
59（元）脱脱等撰，《金史》卷二十七·志第八·河渠·漕渠，武英殿本。
60（元）脱脱等撰，《金史》卷二十七·志第八·河渠·漕渠，武英殿本。

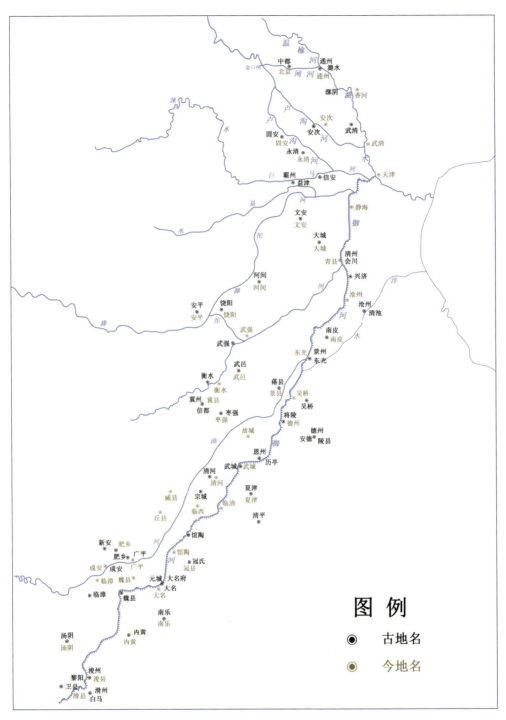

图 2-4 金代河北境内御河、潞水示意图（贾建伟绘）

始末："世宗大定四年八月，以山东大熟，诏移其
粟以实京师。十月，上出近郊，见运河湮塞，召
问其故。主者云户部不为经画所致。上召户部侍
郎曹望之，责曰：'有河不加浚，使百姓陆运劳甚，

罪在汝等。朕不欲即加罪，宜悉力使漕渠通也。'
五年正月，尚书省奏，可调夫数万，上曰：'方春
不可劳民，令宫籍监户、东宫亲王人从及五百内
里军夫浚治'。"[61] 可见，为保证漕粮运输，金朝

61（元）脱脱等撰，《金史》卷二十七·志第八·河渠·漕渠，武英殿本。

廷对运河疏浚非常重视。

为满足漕粮征收和储存的需要，金代在各州县设置粮仓，粮仓都位于水运便利之处。《金史》载："金都于燕，东去潞水五十里，故为闸以节高良河、白莲潭诸水，以通山东、河北之粟。凡诸路濒河之城，则置仓以贮傍郡之税。若恩州之临清、历亭，景州之将陵、东光，清州之兴济、会川，献州及深州之武强，是六州诸县皆置仓之地也。"[62] 可见，金代粮仓多设置今河北境内。另外，海盐在金代仍然是河北地区运输的重要物资。金代漕粮的运输主要由南方运至京城（今北京），其运输格局和运输路线与隋唐时期不同。金代由今北京的通州到天津的一段水道发展成为后来的北运河，与隋唐时期永济渠北段的路线不同，而金代开通的闸河则成为元代郭守敬开凿通惠河的先导。

四、元代

元朝建立后，于至元九年（1272年）将都城迁至燕京（今北京）并命名为大都，至元十六年（1279年）元消灭南宋统一中国，北京成为政治中心，而在经济上南北差距很大，形成了政治中心在北经济中心在南的局面。元朝经济上主要依靠江南地区的供给，"元都于燕，去江南极远，而百司庶府之繁、卫士编民之众，无不仰给于江南"[63]，所以对南北运输问题极为重视，需要进一步修治大运河。至元十九年（1282年），在今山东境内开通济州河，上接泗水，下接大清河。至元二十六年（1289年），又开通了

山东境内的会通河，"会通河起东昌路须城县安山之西南，由寿张西北至东昌，又西北至于临清以逾于御河"[64]。元中叶以后，从徐州至临清的运道包括泗水、济州河及会通河统称为会通河。由于会通河的开通，中国大运河改变了隋唐时期的路线，形成了南北直行的走向，缩短航程千余里。至元二十八年（1291年），都水监郭守敬建言："疏凿通州至都河，改引浑水溉田，于旧闸河踪迹导清水，上自昌平县白浮村引神山泉，西折南转，过双塔、榆河、一亩、玉泉诸水，至西门入都城，南汇为积水潭，东南出文明门，东至通州高丽庄入白河……节水以通漕运，诚为便益。"[65] 郭守敬的建议被采纳，工程于至元二十九年（1292年）春兴工，至元三十年（1293年）秋告成，并赐名"通惠河"。通惠河沟通了大都与通州，来自南方的漕粮可直接通过水路抵达城内的积水潭，避免了此段的水陆转运之劳。至此，从大都（今北京）至余杭（今杭州）可完全通过运河相连接，形成了贯通南北的京杭大运河。

元朝时期，河北地区隶属中书省，中书省是拱卫京师的心腹要地，又称"腹里"，元代的南北漕粮运输，无论是水陆联运、河海联运还是内河运输，均由河北境内通过。河北境内的主要通运河道是御河和白河（潞河），其中白河以及御河临清至天津段是元代京杭大运河的重要构成河段（图2-5）。白河流经今河北香河境内，"在漷州东四里，北出通州潞县，南入于通州境，又东南至香河县界，又流入于武清县境，达于静海县界"[66]。御河大体沿袭前代的行经路

---

62 （元）脱脱等撰，《金史》卷二十七·志第八·河渠·漕渠，武英殿本。
63 （明）宋濂等撰，《元史》卷九十三·志第四十二·食货一，武英殿本。
64 （明）宋濂等撰，《元史》卷六十四·志第十六·河渠一，武英殿本。
65 （明）宋濂等撰，《元史》卷六十四·志第十六·河渠一，武英殿本。
66 （明）宋濂等撰，《元史》卷六十四·志第十六·河渠一，武英殿本。

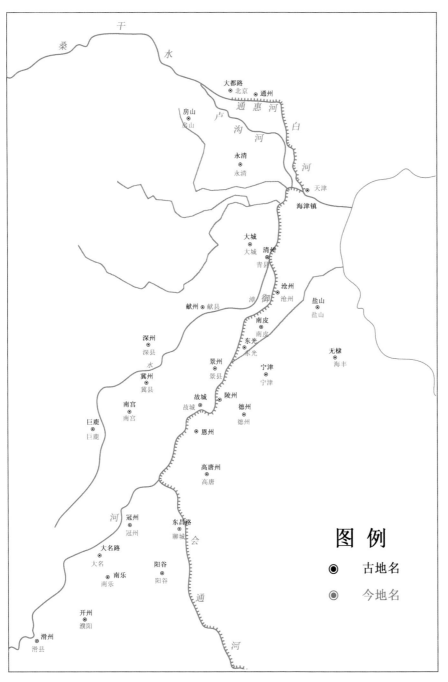

图 2-5 元代河北境内御河、白河示意图（贾建伟绘）

在京杭大运河全线贯通前，元王朝于至元十九年（1282 年）开辟海上漕运，"伯颜追忆海道载宋图籍之事，以为海运可行，于是请于朝廷，命上海总管罗壁、硃清张瑄等，造平底海船六十艘，运粮四万六千余石，从海道至京师"[68]。海运并不能直接运至京师，而是到达直沽（今天津）沿海，通过直沽河（今海河）达于白河，经通惠河运至大都。京杭大运河全线贯通后，由于会通河"河道初开，岸狭水浅，不能负重，每岁之运不过数十万石，非若海运之多"[69]，所以海运仍是元代主要的漕运方式。白河连通直沽和通惠河，所以不管是海运还是内河运输，都是漕粮的必经之路，文献中也常称之为"运粮河"，说明白河在漕运体系中有着极为重要的地位。受地理位置、气候及水源等各种因素影响，白河伏秋常患洪水决溢，冬春则常虑水宽浅阻滞，所以对白河的

线，"自大名路魏县界经元城县泉源乡于村度，南北约十里，东北流至包家渡，下接馆陶县界三口。御河上从交河县，下入清池县界。又永济河在清池县西三十里，自南皮县来，入清州，今呼为御河也"[67]。

67（明）宋濂等撰，《元史》卷六十四·志第十六·河渠一，武英殿本。

68（明）宋濂等撰，《元史》卷九十三·志第四十二·食货一，武英殿本。

69（明）陈邦瞻撰，《元史纪事本末》卷二·运漕。

修治工程颇多。通惠河开通前，白河的水源比较稳定，运道畅通，"通州运粮河全仰白、榆、浑三河之水，合流名曰潞河，舟楫之行有年矣"[70]，至元三十年（1293年），通惠河开通，从上游截流了白河的部分水源，造成了通州以下白河河道水量不足，"今岁新开闸河，分引浑、榆二河上源之水，故自李二寺至通州三十余里，河道浅涩。有止深二尺处，粮船不通"[71]。漕运司将此情况上奏后，都水监经过前期相视和现场勘测，提出了水源问题的解决方案，"拟自吴家庄就龙王庙前闭白河，于西南开小渠，引水自坝河上湾入榆河，庶可漕运"[72]，这项措施得以批准实施，有效解决了白河的水源问题。同时，河道的疏浚、堤防的修护则时常进行，下文进行简要叙述。大德二年（1298年）修筑自杨村至河西务运粮河堤三十五处，"自寺洵口北至蔡村、清口、孙家务、辛庄、河西务堤，就用元料苇草，修补卑薄，创筑月堤，颇有成功"[73]。延祐二年（1315年）正月，发卒浚漷州（辖河北香河）漕运。延祐六年（1319年）十月，因直沽至通惠河的白河河道"岸崩泥浅，不早疏浚，有碍舟行"[74]，省臣建言由专职水利的都水监分官一员，对河道进行日常巡视，遇有颓圮浅涩之处，随宜修筑，此建议得到批准。至治元年（1321年）正月十一日，议定疏浚小直沽汊河口淤泥壅积七十余处，令都水监暨漕司官同督其事，四月十一日入役，五月十日工毕。泰定元年（1324年）二月疏浚运粮河河堤。泰定四年（1327年）三月至六月，枢府差军五千，大都路募夫五千人，于

河西务菜市湾截河筑堤，改水道与旧河合。致和元年（1328年）修筑旧堤岸，展阔新河口东岸，计工五万九千九百三十七，用军三千、木匠十人。至顺元年（1330年）六月，白河水骤涨丈余，修护观音寺护仓堤。

元代御河仍然面临着水源水量不稳定的问题，一方面导致水量时有不足，多发生在春旱时，另一方面则是洪水决溢，多发生在伏秋。水源不足时，通过禁止引水灌溉的方式节水蓄流，至元元年（1264年）就曾经有堵塞引水渠而蓄水的记载："至元元年夏四月戊申，以彰德洺磁路，引漳滏洹水灌田，致御河浅涩，盐运不通，塞分渠以复水势。"[75]元代针对御河进行了多次河道疏浚与河堤修治工程，由于今河北境内沧州地区为御河下游段，地势低洼，极易发生溃堤决溢，所以对沧州地区的整治工程颇多。至元三年（1266年），对御河进行了浚河修堤工程，《元史》进行了详细记载："至元三年七月六日，都水监言：'运河二千余里漕公私物货，为利甚大……沧州地分，水面高于平地，全藉堤堰防护。其园圃之家掘堤作井，深至丈余，或二丈，引水以溉蔬花。复有濒河人民就堤取土，渐至阙破，走泄水势，不惟涩行舟，妨运粮，或致漂民居，没禾稼。其长芦以北，索家马头之南，水内暗藏桩橛，破舟船，坏粮物。'部议以滨河州县佐贰之官兼河防事，于各地分巡视，如有阙破，即率众修治，拔去桩橛，仍禁园圃之家毋穿堤作井，栽树取土。都省准议。"[76]至元二十五年（1288年）疏浚沧州运盐渠，至元二十六年

70（明）宋濂等撰，《元史》卷六十四·志第十六·河渠一，武英殿本。
71（明）宋濂等撰，《元史》卷六十四·志第十六·河渠一，武英殿本。
72（明）宋濂等撰，《元史》卷六十四·志第十六·河渠一，武英殿本。
73（明）宋濂等撰，《元史》卷六十四·志第十六·河渠一，武英殿本。
74（明）宋濂等撰，《元史》卷六十四·志第十六·河渠一，武英殿本。
75（明）宋濂等撰，《元史》卷五·本纪·世祖二，武英殿本。
76（明）宋濂等撰，《元史》卷六十四·志第十六·河渠一，武英殿本。

（1289年）疏浚沧州御河。至大元年（1308年）五月十八日，御河水在会川县孙家口决溢，"由是枢密院檄河间路、左翊屯田万户府，差军并工筑塞"[77]。除了修筑堤防之外，元代已经通过排水道分泄运河水，为明代卫河规划开挖减河提供了借鉴。《元史》中记载了开辟狼儿口并疏浚排水河道的始末："延祐三年（1316年）七月，沧州言：'清池县民告，往年景州吴县诸处御河水溢，冲决堤岸，万户千奴为恐伤淇屯田，差军筑塞旧泄水郎儿口，故水无所泄，浸民庐及已熟田数万顷，乞遣官疏辟，引水入海……'四年五月，都水监遣官与河间路官相视元塞郎儿口，东西长二十五步，南北阔二十尺，及堤南高一丈四尺，北高二丈余，复按视郎儿口下流故河，至沧州约三十里，上下古迹宽阔，及减水故道，名曰盘河。今为开辟郎儿口，增浚故河决积水，由沧州城北达滹沱河以入于海。泰定元年（1324年）九月，都水监遣官督丁夫五千八百九十八人，是月二十八日兴工，十月二日工毕。"[78]

元代，盐课为财政收入的重要来源，"国之所资，其利最广者莫如盐"[79]，所以元朝廷对盐课的征收极为重视。河北境内的盐称为"河间之盐"，产地依然是沧州沿海一带。元太宗时期，"始设河间税课所，置盐场，拨灶户两千三百七十六隶之"[80]，至元二十三年（1286年），改立河间督转运司，通办盐酒税课。大德元年（1297年），罢大都盐运司并入河间。相较于漕粮主要依靠海运，盐运则主要依靠内河运

输。上文中提到的"以彰德洺磁路，引漳滏洹水灌田，致御河浅涩，盐运不通，塞分渠以复水势"表明，御河是盐运的重要通道，其通运状况得到元朝廷重视。

五、明清时期

元朝末年，朱元璋在农民战争中获得最终胜利，建立明朝，定都应天（后改为南京）。明洪武元年（1368年）七月，朱元璋令大将徐达领兵北征，明军会集德州并沿运河北上到达直沽，闰七月攻克通州，元顺帝弃大都逃往上都，元朝灭亡，元大都被改称为北平，成为明朝防御北方蒙元残余势力的重镇。此次北征，军粮海运受阻，"大军方北伐，命造舟明州，运粮输直沽，海多飓风，输镇江而还"[81]，内河运输则发挥了很大作用。军粮通过内河运输分为两路，其中一路，"命浙江、江西及苏州等九府运粮三百万石于汴梁"[82]，然后经由卫河北运至直沽，而另一路则利用元代开通的山东境内运河进行疏导，"决曹州双河口，入鱼台，徐达方北征，乃开塌场口，引河入泗以济运"[83]，军粮在济宁集中，"明太祖亲画征进陈图，遣使赍受大将军徐达，且令各卫粮船，俱赴济宁馈运"[84]，然后由会通河运至临清入卫河而达直沽。这两路通道均需通过河北境内的卫河进行运输。明洪武年间，出于征战辽东和守卫北部边疆的需要，大批漕粮及其他军需物资从南方运至辽东地区，这一时期，主

77 （明）宋濂等撰，《元史》卷六十四·志第十六·河渠一，武英殿本。
78 （明）宋濂等撰，《元史》卷六十四·志第十六·河渠一，武英殿本。
79 （明）宋濂等撰，《元史》卷九十四·志第四十三·食货二，武英殿本。
80 （明）宋濂等撰，《元史》卷九十四·志第四十三·食货二，武英殿本。
81 （清）张廷玉等撰，《明史》卷一百二十六·列传第十四，武英殿本。
82 （清）张廷玉等撰，《明史》卷七十九·志第五十五·食货三，武英殿本。
83 （清）张廷玉等撰，《明史》卷八十三·志第五十九·河渠一，武英殿本。
84 《明实录·太祖洪武实录》卷三十二。

要依靠海运进行，河北地区沿海是重要的转运地。

永乐元年（1403年），燕王朱棣取得帝位，国都仍在南京，将北平升为北京。永乐四年（1406年），议定实施陆海兼运，"成祖命平江伯陈瑄督转运，一仍由海，而一则浮淮入河，至阳武，陆挽百七十里抵卫辉，浮于卫，所谓陆海兼运者也"[85]。由于两种途径都存在很大的艰辛和危险，重新开通大运河，发展内河航运提上日程。明代对大运河工程的整治重点仍在会通河，永乐九年（1411年）二月，"乃用济宁州同知潘叔正言，命尚书宋礼、侍郎金纯、都督周长浚会通河"[86]。此次疏浚会通河的同时，采取了汶上老人白英"引汶济运"的建议，修建了会通河上著名的水脊工程——南旺分水枢纽。会通河开通后，运河南段仍不通畅，陈瑄又于永乐十三年（1415年）实施了"凿清江浦，导水由管家湖入鸭陈口达淮"[87]的工程，京杭大运河再次全线贯通，"自通州至仪真，凡三千里"[88]，至此，"漕运直达通州，而海陆运俱废"[89]，明代以运河为主的内河漕运成为定例。沟通后的大运河亦称为漕河，但明代并非所有通航河道都称漕河，而是特指，"诸河有源有委，发源各异，而委流相合如络绎，然漕水所经者，乃名漕河。自发源以至入漕之处，皆漕河上源也"[90]。河北境内的漕河包括白河和卫河下游段，"自通州而南至直沽，会卫河入海者，白河也。白临清而北至直沽，会白河入海者，卫河也"[91]，而卫河临清以上则为漕河上源（图2-6）。

白河又名白漕，"白漕者，即通济河。源出塞地……南流经通州，合通惠及榆、浑诸河，亦名潞河。三百六十里，至直沽会卫河入海，赖以通漕"[92]。白河作为漕运的重要通道，依然存在易淤易决的问题，"杨村以北，势若建瓴，底多淤沙。夏秋水涨苦潦，冬春水微苦涩"[93]。所以明代对白河的整治工程持续不断，工程内容主要包括河道疏浚、堤防修筑以及别开支流。永乐二十一年（1423年）修筑通州抵直沽河岸，有冲决之处随时修筑。宣德四年（1429年）二月，命隆平侯张信同太监沐敬，督发在京操修军士五万一千人与民夫一起疏浚河西务河道，及修堤岸。宣德十年（1435年）七月修筑通州、直沽、耍儿渡口等处堤岸。武清、通州之间的耍儿渡，是白河的要害之处，自永乐至成化初年决堤八次，动辄即发民夫修筑。其中正统元年（1436年）的决溢最为严重，发兵五万、民夫一万修筑决堤，同时，在距河西务二十里的地方凿河一道，将白河水导入其中，"二工并竣，人甚便之，赐河名曰通济"[94]。正统四年（1439年）八月雨水决河西务堤岸，发顺天府宝坻等县民夫修筑。成化三年（1467年）七月总督漕运右副都御使滕诏言："委官提调各浅夫老人以时采取捲草，每春粮运之时遇有水浅漫流如法，筑置坝堰逼水

85 （清）张廷玉等撰，《明史》卷八十五·志第六十一·河渠三，武英殿本。
86 （清）张廷玉等撰，《明史》卷八十五·志第六十一·河渠三，武英殿本。
87 （清）张廷玉等撰，《明史》卷八十五·志第六十一·河渠三，武英殿本。
88 （明）王琼著，谭徐明整理，《漕河图志》，收录于《中国水利史典·运河卷一》，中国水利水电出版社，2015年，15页。
89 （清）张廷玉等撰，《明史》卷八十五·志第六十一·河渠三，武英殿本。
90 （明）王琼著，谭徐明整理，《漕河图志》，收录于《中国水利史典·运河卷一》，中国水利水电出版社，2015年，13页。
91 （清）张廷玉等撰，《明史》卷八十五·志第六十一·河渠三，武英殿本。
92 （清）张廷玉等撰，《明史》卷八十五·志第六十一·河渠三，武英殿本。
93 （清）张廷玉等撰，《明史》卷八十五·志第六十一·河渠三，武英殿本。
94 （清）张廷玉等撰，《明史》卷八十五·志第六十一·河渠三，武英殿本。

年），"香河郭家庄自开新河一道，长百七十丈，阔五十丈，近旧河十里余。诏河官亟缮治"[96]。万历三十一年（1603 年），在工部提议下，疏浚通州至天津白河，深四尺五寸，所挑沙土用来修筑两岸堤防，并成为白河治理的制度。综合史料所载，明代对于白河主要以日常的疏浚和修护堤岸为主，针对白河自身存在的问题并未实施彻底解决的工程措施，究其原因，白河非完全人工渠道，而是处于天然河流的状态，"夏秋暴涨，堤防不能御，源远流迅势水漫散，河皆依沙，深浅塞不常，运行其艰殊，无策以治之"[97]，只能依靠日常的疏浚。明代刘天和提出了用兜杓随时疏浚白河河道的建议："惟用兜杓数千

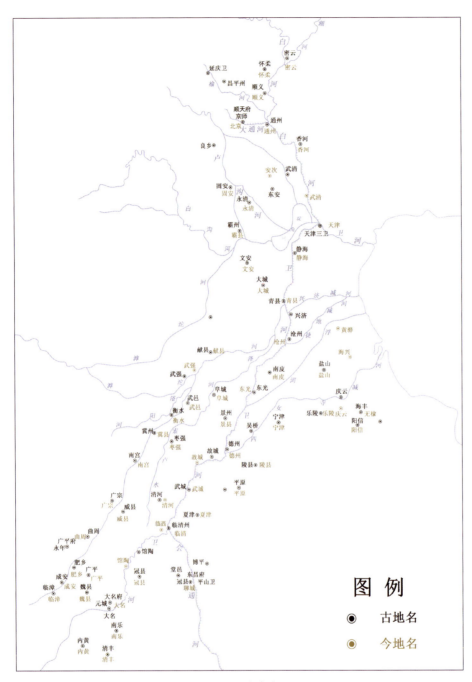

图 2-6 明代河北境内卫河、白河示意图（贾建伟绘）

图 例

◉ 古地名
◉ 今地名

路归沽，庶粮无滞留之患"[95]，此建议被采纳并顺利实施。成化五年（1469 年）三月，疏浚通州至天津卫淤塞不通的河道。嘉靖十三年（1534

具，治河官夫遇浅即浚，此外运舟各携四五具，二三百舟即可得千余具，合力以浚。"[98] 明代也曾提议于白河上建闸，未能实施，其原因主要有

95（清）王履泰编撰，《畿辅安澜志》白河卷四，武英殿聚珍版。
96（清）张廷玉等撰，《明史》卷八十八·志第六十四·河渠六，武英殿本。
97（清）王履泰编撰，《畿辅安澜志》白河卷四，武英殿聚珍版。
98（清）王履泰编撰，《畿辅安澜志》白河卷四，武英殿聚珍版。

三个方面：一是白河河道宽广，若建闸节制必然会导致洪水盛涨时在河道的其他位置决溢；二是白河河底多沙，很容易在设闸之处淤积，建闸之后极易损坏；三是白河河道极易迁徙并不稳定，而闸很难随着河道的变迁随时改建。

卫河即宋元之御河，"源出河南辉县苏门山百门泉，经新乡、汲县而东，至畿南浚县境，淇水入焉，谓之白沟，亦曰宿胥渎。宋元时名曰御河，由内黄东出，至山东馆陶西，漳水合焉。东北至临清，与会通河合。北历德、沧诸州，至青县南，合滹沱河，北达天津，会白河入海。所谓卫漕也"[99]。《漕河图志》更加详细地记载了卫河流经的各州县，"经新乡、汲县、淇县、浚县、汤阴、安阳、滑县、内黄、魏县、大名、元城、馆陶，会淇、漳诸水，凡千里至临清州会汶水，又经清河、夏津、武城、恩县、故城、德州、景州、吴桥、东光、南皮、交河、沧州、兴济、青县、霸州、静海，凡千里余，至直沽会白河，同入于海"[100]，这条路线就是今卫河—卫运河—南运河所行经的路线。明初，会通河未加疏浚，经黄河转陆路再至卫河转运依然是重要的运输路径，除洪武年间北征时利用此运道运输漕粮外，永乐年间会通河重开之前此运道一直使用，永乐元年（1403 年）冬，"命都督佥事陈俊运淮安、仪真仓粮百五十万馀石赴阳武，由卫河转输北京"[101]。会通河重开后，卫河临清以上水道担任着今河北东南部，河南一带州县的漕粮转运任务。由于会通河岸狭流

浅，时有决口冲淤，运道常被阻断，卫河上源是京杭大运河重要的辅助运输通道，临时承担漕粮运输任务，景泰四年（1453 年），"运艘阻张秋之决。河南参议丰庆请自卫辉、胙城泝于沙门，陆挽三十里入卫，舟运抵京师。命漕运都督徐恭覆报，如其策"[102]。

明代对于卫河的治理，主要包括水源工程、开减水河以及河道整修工程。明代卫河源自辉县百门泉，水源水量不丰，常引其他水接济，漳水便是水源之一，正统十三年（1448 年），"从御史林廷举请，引漳入卫"[103]。漳水引入卫河后，卫河水源充足，但漳河含沙量较高，且迁徙无常，明代二百余年间，漳河与卫河时分时合。合时东流入卫，但入卫处常有变动；分时常北入滏阳河，与滹沱河合。所以，明代卫河上游水源并不十分稳定，对于上游水源的问题多有奏议但鲜少实施。万历十六年（1588 年），总督河漕杨一魁提出"引沁入卫"的建议，然后，"命给事中常居敬斟酌可否。居敬言：'卫小沁大，卫清沁浊，恐利少害多'"[104]，所以此建议未被采纳实施。泰昌元年（1620 年）十二月，总河侍郎王佐经过比较提出了"引丹水入卫"的建议："卫河流塞，惟挽漳、引沁、辟丹三策。挽漳难，而引沁多患。丹水则虽势与沁同，而丹口既辟，自修武而下皆成安流，建闸筑堰，可垂永利。"[105]此建议虽被认可亦未能实施。崇祯十三年（1640 年），总河侍郎张国维建言："宜导辉县泉源，且酌引漳、沁，辟丹水，疏通滏、洹、淇三水之利

99 （清）张廷玉等撰，《明史》卷八十七·志第六十三·河渠五，武英殿本。
100 （明）王琼著，谭徐明整理，《漕河图志》，收录于《中国水利史典·运河卷一》，中国水利水电出版社，2015 年，14 页。
101 （清）张廷玉等撰，《明史》卷八十七·志第六十三·河渠五，武英殿本。
102 （清）张廷玉等撰，《明史》卷八十七·志第六十三·河渠五，武英殿本。
103 （清）张廷玉等撰，《明史》卷八十七·志第六十三·河渠五，武英殿本。
104 （清）张廷玉等撰，《明史》卷八十七·志第六十三·河渠五，武英殿本。
105 （清）张廷玉等撰，《明史》卷八十七·志第六十三·河渠五，武英殿本。

害得失，命河南抚、按勘议以闻。"[106] 此建议仍未付诸实施。

由于卫河上游水源不稳定，导致旱则引发上游灌溉与济运之矛盾，涝则下游有决溢之患。灌溉与济运的矛盾主要通过管理措施解决，潘季驯建议在粮运季节关闭上游引水闸禁止灌溉。而为解决决溢问题，除河道整修外，采取的另一项措施便是开挖减水河。明代会通河开通后，在临清与卫河合流，但是水利条件并不好，"时方数决堤岸"[107]，于是命宋礼一并治理，宋礼分析并提出开减水河的建议："卫辉至直沽，河岸多低薄，若不究源析流，但务堤筑，恐复溃决，劳费益甚。会通河抵魏家湾，与土河连，其处可穿二小渠以泄于土河。虽遇水涨，下流卫河，自无横溢患。德州城西北亦可穿一小渠，盖自卫河岸东北至旧黄河十有二里，而中间五里故有沟渠，宜开道七里，泄水入旧黄河，至海丰大沽河入海"[108]，其建议得以采纳并付诸实施，是明代开减河的先例。其中土河即马颊河，而德州城西北之小渠下接旧黄河成为清代所开哨马营减河的前身。后又在卫河上先后开挖了四女寺减河、捷地和兴济减河，并于减河河口处构筑减水闸坝用以调控水位，较前代更为科学。这三条减河均流经河北境内，四女寺减河、捷地减河至今仍在使用，兴济减河成为遗址，其详细变迁在本书第三章中予以阐述。

卫河河道整修方面，依然是疏浚河道和修筑堤防。永乐五年（1407年），自临清抵渡口驿决堤七处，发兵进行修筑堵塞决溢之处。永乐十年（1412年）十二月修静海至青县河堤。正统四年

（1439年）筑青县卫河堤岸。成化六年（1470年）巡按直隶御史张诰奏请筑静海以南临清以北一带河口之被水冲塌者，从之。成化十三年（1477年），因久雨水溢，运河东西岸冲决甚多，于通州、直隶、天津等卫近处调集军夫三千名，顺天府沿河州县调集民夫一千名，会同浅夫并工修筑。嘉靖十年（1531年）八月沧州南花园漕河淤阻，九月修筑完成沧州等处运河堤防。隆庆三年（1569年）十二月总理河道都御史翁大立言治河之役，工部议覆：吴桥县冲决朱官屯、交河县冲决徐家马头等处、青县冲决盘古口等处，与沧景二州、南皮静海二县及天津卫堤属兵备道同北河郎中经办此事，治河工程得以批准实施。

永乐十九年（1421年），明成祖朱棣将都城从南京迁移到北京，明北京城在元大都的基础上，进行了大规模的重建。在明代北京城的建设方面，大运河尤其是河北境内的运河承担了重要的作用。此次重建工程于永乐四年（1406年）议定，"闰七月壬戌，文武群臣淇国公丘福等请建北京宫殿，以备巡幸"[109]，并开始详细分工督办。其中一路负责木材的采买，"遣工部尚书宋礼诣四川，吏部右侍郎师连诣湖广，户部左侍郎古朴诣江西，右副都御史刘观诣浙江，右佥都御史仲成诣山西，督军民采木"[110]；一路负责烧制砖瓦，"命泰宁侯陈圭、北京刑部侍郎张思恭，督军民匠砖瓦造"[111]，一路负责征集调用匠人和兵民，"命工部徵天下诸色匠作，在京诸卫及河南、山东、陕西、山西都司，中都留守司，直隶各卫选军士，河南、山东、陕西、山西等布政

106 （清）张廷玉等撰，《明史》卷八十七·志第六十三·河渠五，武英殿本。
107 （清）张廷玉等撰，《明史》卷八十七·志第六十三·河渠五，武英殿本。
108 （清）张廷玉等撰，《明史》卷八十七·志第六十三·河渠五，武英殿本。
109 《明实录·太宗永乐实录》卷五十七。
110 《明实录·太宗永乐实录》卷五十七。
111 《明实录·太宗永乐实录》卷五十七。

司，直隶、凤阳、淮安、扬州、庐州、安庆、徐州、和州选民丁，期明年五月俱赴北京听役，率半年更代"[112]。由于北京城的营建，大量的木材砖瓦等建筑材料及工匠军民需要运往北京，而永乐九年（1411年）海陆运已俱废，北京城建设所需的物资及人员多依赖内河运输，其中包括楠木等大量珍贵木材，永乐十五年（1417年）春正月，"平江伯陈瑄督漕，运木赴北京"[113]。同时由于北京城的建设人口急剧增多，需要大量粮食，漕粮运输达到了鼎盛时期，仅永乐十五年（1417年），运至北京的漕粮已经达到五百零八万石以上，远远超过前代。而河北境内的运河是通往北京城的必经水路，运河运输极为繁忙。

明成祖迁都北京之后，京师远离经济发达的江南地区，经济上仰仗江南地区，内河漕运成了维持明王朝统治的命脉。明代，河北沿海地区的产盐量依然很大，"明初，河北境内置北平河间盐运司，后改称河间长芦。所辖分司二，曰沧州，曰青州"[114]，共有盐场二十四处。盐由国家专卖，并销往指定区域，"盐行北直隶，河南之彰德、卫辉二府。所输边，宣府、大同、蓟州。上供郊庙百神祭祀、内府羞膳及给百官有司。岁入太仓余盐银十二万两"[115]。长芦即今沧州，沧州盐场遗址位于今沧州市区运河东岸。同时，生产力水平的显著提高促进了农业和手工业的分离，商品生产不断发展，品种日益丰富，市场日益扩大，大运河的通达为商品的长距离贩运提供了便利。明朝廷为鼓励漕运，嘉靖年间曾规定，允许漕船随运携带二成货物在沿途自由售卖，并

允许漕船沿途招揽货物代客人运输物资，大大促进了南北商品的流通。得益于发达的水运交通，河北境内运输繁忙，商业繁荣。明嘉靖《河间府志》载："河间行货之商皆贩缯、贩粟、贩盐、铁、木植之人。贩缯者至自南京、苏州、临清，贩粟者至自卫辉、磁州并天津沿河一带，间以岁之丰歉，或籴之使来，粜之使去，皆辇致之，贩铁者农器居多，至自临清、泊头，皆驾小车而来，贩盐者至自沧州、天津，贩木植者至自真定，其诸贩瓷器、漆器之类至自饶州、徽州。至于居货之贾，大抵河北郡县俱谓之铺户，货物既通，府州县间亦有征之者，其有售粟于京师者，青县、沧州、故城、兴济、东光、景州、献县等处皆漕挽。河间、肃宁、任丘等处皆陆运，间亦以舟运之。"[116] 由此可知，明代河北境内的河间府商业发达，商品种类丰富，水运是商品售运的主要方式。

明末清初，连年的战争，运河堵塞不通。康熙帝即位后，开始着手兴修水利、治理运河，由时任河道总督靳辅具体实施治理黄河及运河一系列措施，成果显著。其中在宿迁与淮安之间开凿的中河使运河彻底摆脱了黄河，实现了完全人工化，运河漕运得以顺畅。清代运河除中河段落外，基本延续了明代线路，"运河自京师历直沽、山东，下达扬子江口，南北二千余里，又自京口抵杭州，首尾八百余里，通谓之运河"[117]。清早期及中期，漕运沿袭明代，仍以内河航线为主；道光时，大部分漕运改走海运。至咸丰五年（1855年），黄河北徙，运河被其阻截，张秋至

112 《明实录·太宗永乐实录》卷五十七。
113 （清）张廷玉等撰，《明史》卷七·本纪第七·成祖三，武英殿本。
114 （清）张廷玉等撰，《明史》卷八十·志第五十六·食货四，武英殿本。
115 （清）张廷玉等撰，《明史》卷八十·志第五十六·食货四，武英殿本。
116 （明）樊深撰，嘉靖《河间府志》卷之七·风土志。
117 （民国）赵尔巽主编，《清史稿》河渠二·运河。

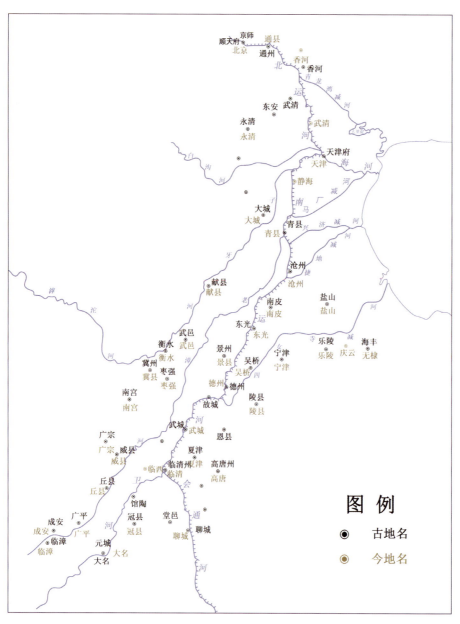

图 2-7 清代河北境内南、北运河示意图（贾建伟绘）

清代，河北境内运河包括北运河和南运河（图 2-7），以天津海河为界，天津以北至通州段称北运河，即白河下游段，"白河南流入通州北境自此以下通得潞河之名矣……今谓之北运河"[119]，天津以南至临清一段称南运河，即卫河下游段，"查运河即卫河，盖自临河合汶水后始名为南运（土人仍称卫河又曰御河）"[120]。临清以上至百门泉段仍称卫河，此段虽不是京杭大运河的构成段落，但仍是河北境内重要的水运航线，卫河——南运河航线作为豫北及河北平原南部地区与京津地区的重要交通要道，一直承担着繁忙的运输任务。

北运河即白河，在河北境内流经香河县，"由通县第三乡入香河县境，至桥上村，折而南，经县城以西，距城

临清运河一段遂归干涸，运河漕运结束。光绪年间提出治理运河的建议，并聘请英国工程师进行了前期测量筹办，终未实施。清朝末年，"平津、津浦铁路建成，南北货物，陆道则有铁路，水道则有海舶，运河遂仅有局部交通之价值，不复为南北交通之孔道"[118]。

118 汪胡桢著，吕娟、朱云枫整理，《整理运河工程计划》，收录于《中国水利史典·运河卷二》，中国水利水电出版社，2015 年，598 页。
119（清）王履泰编撰，《畿辅安澜志》白河卷二，武英殿聚珍版。
120（民国）张福谦修，赵鼎铭纂，《清河县志》卷二·舆地志，成文出版社，1976 年，96 页。

约十里，又西南流，经靳庄王家摆红庙等村，又南经青龙湾引河闸口，又南经土门楼，王家务，双街，至河西务，入武清县境"[121]。清代对北运河的修治包括河道疏浚、修筑堤防及开挖减河。康熙十九年（1680年）遣官挑浚通州至天津河道，康熙三十三年（1694年），筑通州运堤八百二十七丈，香河县堤官修四百一十六丈，民修三百一十九丈，武清县堤工东岸约两万余丈，西岸三千余丈。康熙三十九年（1700年）开挖筐儿港减河，雍正七年（1729年）开挖青龙湾减河（又称王家务引河）并拓宽筐儿港减河。清光绪七年（1881年），北运河于通州筑坝，挽潮白河归槽；于香河王家务、武清筐儿港修复石坝，以泄涨水，于天津霍家嘴疏浚引河，以通下口；又于武清、宝坻挑挖王家务、筐儿港两减河，以资畅泄。

清代南运河沿用了明代卫河漕运的路线，自临清汶卫合流后，"又东北流入直隶广平府清河县东南境，循县东北流复入山东夏津武城二县境……又东北流，复入直隶河间府故城南（汉为广川县）又东北流复入山东恩县（汉历县属信都）德州境……又东北流复入直隶河间府吴桥县西景州东，又东北流七十里为吴桥县连窝驿……又东北流迳东光县界，又东北流迳下口，亦曰夏口，又东北流迳交河县，又东北迳天津府南皮县西界泊头镇，又东北流迳交河县，又东北迳天津府南皮县西界泊头镇，又东北迳冯家口入沧州南境……又东北流迳南皮县西北境，又东北流迳沧州南境之砖河驿，又东北迳捷地则有南减水河

之水出焉，又北流迳州城西……又北流迳千屯入青县东南境，又东北流迳兴济镇则有北减水河之水出焉……又北流迳千屯入青县东南境，又东北流迳兴济镇则有北减水河之水出焉……又北流迳县城南，旧有滹沱河合老漳河，自西南来注之，今已断流，又北出五里迳县城东，又北流迳流河镇东"[122]，再向东流经唐官屯入静海县（今天津境内），在河北境内的路线与今卫运河——南运河路线基本一致。

因清代南运河和卫河实为同一条河道的上下游，其修治同步规划考虑，工程措施主要包括调控水源、开挖减河、疏浚河道及修治堤防。水源方面，明代隆庆万历年间，漳水向北迁徙入滏阳河，不再由馆陶入卫，至康熙三十六年（1697年），"忽分流，仍由馆陶入卫济运"[123]，漳水支流再次成为卫河的水源。康熙四十七年（1708年），全漳由馆陶入卫，卫河及南运河水量充沛，足以保障漕运需求。但是，卫河上游灌田和济运的矛盾始终存在，清朝廷亦很重视，乾隆二年（1737年），尚书来保言："卫水济运灌田，请饬详查地势，使漕运不阻，民田亦资灌溉。"[124]皇上命侍郎赵殿最和侍卫安宁，会同直、漕、河三督，豫、东两抚勘察奏议。经过部议提出解决方案："至卫水济运灌田，宜于馆陶、临清各立水则一，测验浅深，以时启闭。"[125]乾隆三年（1738年），河督白锺山提出了不必进行新的建设，而利用原有闸渠进行调控的措施："卫河水势，惟在相机启闭。殿最前奏设馆陶、临清二水闸，可不必立。嗣雨水调匀，百泉各渠闸照旧官民分

121 （民国）王葆安等修，马文焕等纂，《香河县志》卷二·地理·河流，成文出版社，1968年，112页。
122 （清）王履泰编撰，《畿辅安澜志》卫河卷一，武英殿聚珍版。
123 （民国）赵尔巽主编，《清史稿》河渠二·运河。
124 （民国）赵尔巽主编，《清史稿》河渠二·运河。
125 （民国）赵尔巽主编，《清史稿》河渠二·运河。

用。倘值水浅涩，即暂闭民渠民闸以利漕运。或河水充畅，漕艘早过，官渠官闸亦酌量下板以灌民田。"[126]

开挖减河方面，除多次疏浚四女寺减河、捷地减河、兴济减河及改建河口减水闸坝外，还增开了一系列减河，雍正十一年（1733年）开哨马营减河会四女寺减河入海，清光绪五年（1879年）开挖了马厂减河并在减河口建设了闸坝工程。多条减河开通后对分泄南运河水势起到了重要作用。

由于清代南运河同时为卫河下游的泄洪河道，虽然开挖疏浚了多条减河，溃堤决溢亦不能杜绝，所以修治堤防仍为必要之举，其中包括岁修和局部的加高倍厚。嘉庆九年（1804年）总督颜检奏议详陈了堤防修筑的缘由："窃查南运河受豫省二省漳卫汶泗之水，自临清合流至故城入直隶境，由天津归海，绵长五百余里，上游地势平衍，漳卫挟沙而行，汶泗清水稍弱，每虞浅阻，自直隶交河南皮等县以下，则地形渐低水势建瓴下注，泊岸盈堤惟防漫溢，虽将沧州之捷地、青县之兴济两处减河分泄盛涨，其堤岸要工仍须随时抢筑方保无虞，每年例用岁抢修银二万两，救弊补偏以御汛水。自嘉庆六年诸河泛溢青县静海一带，运河西岸滨临淀泊，又有子牙一河绕其外，水势浩大，一线单堤汕刷几尽，而捷地、兴济减河亦因河水汹涌宣泄不及，多致漫溢淤垫运道，所关汛水涨发均宜节节防护，必须将运河两岸择其紧要工堤培加高厚，减河挑浚宽深以资容纳防御。"[127]清代对南运河堤防整治工程还包括放淤固堤。由于南运河地势较高，城镇田庐相对较低，且多弯曲，全靠堤防防守。因而，

乾隆年间在南运河进行了大规模的放淤固堤工程，这一系列工程主要由天津道陈宏谋主持。乾隆三年（1738年），陈宏谋出任天津道，开始全面计划放淤事宜并制定了计划和具体措施，自乾隆三年至五年（1738年～1740年），陈宏谋在南运河上陆续放淤成功三十多处，查勘可以放淤的有七八十处。这一时期，河道的治理不仅限于运河，还多次对减河实施疏浚和修堤工程。

六、近现代

民国时期，运河仅作为区间运输通道，未进行过贯彻首尾的大规模修治，不能全线贯通。河北境内的南北运河依然能够通航，河道时有修治。民国元年（1912年）和二年（1913年），北运河上游之潮白河决口改道。民国五年（1916年），于决口处建滚水坝，挽北运河归于故道。民国六年（1917年）再次决口，后于民国十四年（1925年）开引河建进水、泄水闸进行疏导，河患得以缓解。但是由于北运河年久失修、堤身卑矮，水大时时有决溢，水小时航运断绝，同时，北运河上的筐儿港减河和青龙湾减河也已经淤废。北运河上曾制定青龙湾减河的整理计划，工程内容包括修整土门楼滚水坝、展宽河槽、修筑堤防、新开和修治引河等多项工程措施，最终，仅于民国十四年（1925年）完成了土门楼滚水坝的整修，并增设泄水闸门共42孔，每孔净宽2.83米。而河北境内的南运河，"导引漳卫，源远长流。水深岸阔，帆船往来，尚称通利。天津至德县间，尚可通行小轮。惟河道曲折易淤，有决溢之虞"[128]。所以，南运河沿线地方政府与当地乡绅多募集款

126（民国）赵尔巽主编，《清史稿》河渠二·运河。
127（清）王履泰编撰，《畿辅安澜志》卫河卷七，武英殿聚珍版。
128（民国）郑肇经著，《中国水利史》，民国二十八年，235页。

项进行修治，主要在险工险段实施增建月堤、培护堤防、构筑堤坝等措施。位于捷地减河河口的捷地分洪设施在民国二十二年（1933 年）被改建成八孔分洪闸，并设置了德国西门子的启闭机。民国时期还在南运河段落实施了新马厂减河工程，即改建九宣闸，并于九宣闸下游 30 千米处另辟马圈引河分泄马厂减河之洪水。

民国时期，北洋政府和国民政府均做了整体整治运河的尝试，终因国家动荡未能实施。民国三年（1914 年）和民国七年（1918 年），北洋政府试图治理运河，并聘请美国工程师进行了测量设计等前期工作，治理工程未及实施。民国二十三年（1934 年），国民政府成立整理运河讨论会，并聘任汪胡桢先生为总工程师，以制定大运河整治计划，民国二十四年（1935 年）6 月《整理运河工程计划》完成。

《整理运河工程计划》首先明确缘由，在查阅各类资料并进行实地踏勘测量的基础上，提出了京杭大运河全段的运河工程措施，并进行了经费测算，制定了施工程序，同时评估预测了社会和经济方面之利益。就利益而言，有下述几点：运河为水运之联络线，沟通了冀鲁苏浙四省及沿线五大流域，沟通之后运输便利；运河为海港之脉络，使沿线土特产能以最低的运费输出海外；运河为完全自主之航道，因无条约束缚完全由国人经营；对年货运量进行测算可达全国铁路货运量的四分之一，能促进国民经济发展；对运河航道收费与维护开支进行测算盈利可观；对航业收入进行测算盈利亦可观。

《整理运河工程计划》对于运河的各个段落，均考虑了水源、需水量、船闸、洪水等诸多方面，经过科学测算提出了工程计划。下文仅就河北所涉及的北运河和南运河段落进行简要叙述。针对平津段运河（通惠河和北运河），水源

方面，分析了引永定河水、引温榆河水和扩充玉泉水三策，在当时测量和实验资料未准备充分之前不能确定，提出以机器抽取北运河水补充水源的权宜之计，并提出以后三种水源方案如能解决之一并且更加经济则采用。工程计划主要包括：一是运河路线，对通州以南段落即北运河进行局部改道，从通州以下，取道港沟凤河，再开渠道至杨村与原北运河河道相接；二是船闸，平津段运河共设置郊亭、通县、柏庄、凤河和西沽船闸五座，并于西沽闸旁建活动坝以应对北运河之洪水。针对津黄运河临清至天津段（即南运河），水源方面，因卫河是南运河之水源，但 4 月至 6 月份低水位时期流量少，经过分析对比在卫河上建蓄水池和设闸导引沁河水量入卫两种方案，提出在沁河上游建蓄水库辟总干渠水，引定量水以济运灌溉的措施。工程计划主要包括：一是运河线路，比较了利用旧线裁弯取直和从故城至兴济马厂间局部改线两种方案的经济性和工程量大小，最终决定采用旧线裁弯取直的方案；二是防洪问题，利用四女寺减河并在河首设置泄水闸减轻洪水期南运河之负担；三是船闸，南运河设置临清、四女寺、安陵、沧县、天津五座船闸；四是考虑到运河所经过区域有多条东西向自然河流，为可能实施的穿运工程考虑了预备费。

《整理运河工程计划》虽未能实施，但作为民国时期关于运河整治的珍贵文献资料，内容严谨翔实，技术措施较为科学，对新中国成立后实施的运河工程提供了重要借鉴。

新中国成立后，中华人民共和国各级政府和相关部门非常重视河北境内运河的治理工作。1958 年修建四女寺枢纽后，卫河是指河南省新乡合河镇至漳、卫河汇合口徐万仓一段，将徐万仓至四女寺一段，称卫运河至今，并对卫运河进行了两次裁弯取直，而四女寺至天津静海十一堡

节制闸一段河道称南运河（图2-8）。新中国成立初期，卫河—卫运河—南运河为海河流域航线最长、航运之利最大的一条河流，承担着繁忙的物资运输任务。50年代，卫运河上兴建了引黄济卫工程，为运河补充了水源。1958年，南运河上兴建了四女寺枢纽，维持了运河的通航。70年代，南运河上兴建了安陵枢纽和北陈屯枢纽，均建有船闸，后因修建水库，引走水源，水量枯缺，致使航运衰退，至20世纪70年代全线断航。60年代，南运河上还在南排河与南运河相交处以及南运河与北排河和子牙新河的相交处，分别兴建了穿运工程，即肖家楼枢纽和周官屯穿运枢纽。70年代初，北运河在青龙湾旧闸北新开减河道并建新型泄洪闸一座，在此闸西南、北运河与青龙湾减河交汇处南一千米处建节制闸

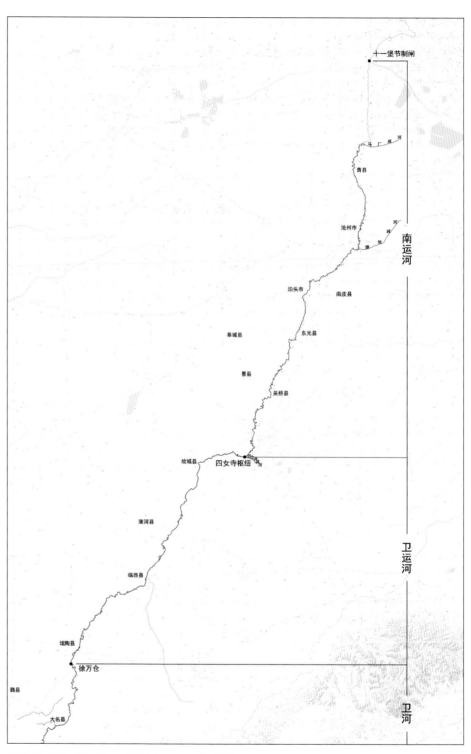

图 2-8 当代南运河、卫运河、卫河示意图

一座，至此，北运河已无航运功能。除修建上述工程外，新中国成立后还多次对运河、减河实施河道疏浚、修筑堤防等工程，河北境内运河发挥了航运、灌溉、防洪、排涝、输水等多重效益。今北运河、南运河、卫运河、卫河、减河及河道上各类枢纽等水利工程设施均成为河北大运河遗产的构成部分，其详细内容在本书第三章中予以阐述。

一、中国大运河管理体系的形成与完善

随着中国大运河的历史变迁和漕运发展，其管理体系也在逐渐形成和完善，运河的管理主要包括河道管理和漕运管理两个方面。春秋战国时期运河仅为区域性运输，未设置专门官员管理。秦统一全国之后，开凿运河用以漕运，设置"都水长丞"一职管理河道，但此时开凿运河多为军事需要，未设置专门的漕运官员。两汉时期，在河道管理方面，西汉设置都水官和都水使者，"有河防重事则出而治之"[129]，东汉将都水使者改为"河堤谒者"。漕运方面，与水利相关的各个部门均参与漕运事务，亦未设置专官管理。西汉时各地设置护漕都尉负责管理漕运，沿途县令长有的兼领漕运事务；东汉时期在大司农下设"太仓令"，管理都城漕运粮仓。三国两晋南北朝时期，运河的漕运和河道管理发展甚微，未形成制度。

隋代完成了中国大运河的第一次大沟通，都水台为河道的最高管理机构，"都水台使者及丞二人，参军三十人，河堤谒者六十人"[130]，后改

"都水监""都水少监"等名称，下设舟楫、河渠二署分管漕运和河道。在漕运管理方面，由都水监所属的舟楫署掌管，并在漕运沿线仓储设置监官，"潼关渭南皆有仓以转运之，各有监官"[131]，仓储与漕运官职常互相兼任，"仓储与漕挽之事本相关通，故或以漕挽之职兼仓储或以仓储之官兼漕挽也"[132]。这一时期，漕运与河道管理多有交叉，与隋代以前的管理制度没有实质性改变。

唐代，中国大运河的漕运进入全新的发展阶段，运河管理制度逐渐形成发展并趋于完善。河道管理方面，唐代设都水监，"掌川泽津梁渠堰陂池之政，总河渠"[133]，另设河渠署，"掌河渠陂池堤堰鱼盐之事"[134]。漕运管理方面，"唐初，以都水监领舟楫署，主公私漕运。至先天中，置水陆发运使，开元中置都转运使，于是舟楫署废而都水官始不领漕事矣。水陆发运使后又曰水陆运使，又曰水陆转运使"[135]。可知，唐代始设漕运专官，漕运和河道管理亦开始分离。这一时期，还创立了分段运输的漕运方法，漕运制度日渐成熟。

129（清）永瑢等撰，《历代职官表》卷五十九·河道各官，收录于《四库全书》。
130（清）永瑢等撰，《历代职官表》卷五十九·河道各官，收录于《四库全书》。
131（清）永瑢等撰，《历代职官表》卷六十·漕运各官，收录于《四库全书》。
132（清）永瑢等撰，《历代职官表》卷六十·漕运各官，收录于《四库全书》。
133（清）永瑢等撰，《历代职官表》卷五十九·河道各官，收录于《四库全书》。
134（清）永瑢等撰，《历代职官表》卷五十九·河道各官，收录于《四库全书》。
135（清）永瑢等撰，《历代职官表》卷六十·漕运各官，收录于《四库全书》。

北宋定都汴京，并建立起以汴京为中心，依靠汴河、黄河、惠民河及广济河为主的内河漕运网络，漕运极其发达，随之建立了较为完备的运河管理体系。河道管理方面，都水监为河渠事务的最高管理机构，"旧隶三司河渠案，嘉祐三年始专置监以领之"[136]，都水监之外又有提举河渠司，都大提举修河司，皆为河道管理机构。宋代之前，"都水之官皆置司京师，遥领河渠之务而已"[137]，而北宋时期，河患日益严重，开始外派治河专官。起初，由都水监丞轮流兼任，"轮遣丞一人出外治河堌之事"[138]，后设都水外监，"是为治河之官在外置司之始"[139]。宋元丰时期，设置都水使者，"掌中外川泽河渠津梁堤堰疏凿浚治之事"[140]，并设置南北外都水丞、都提举官、监埽官等管理河道事务。元祐时又令转运使副皆兼都水事。此外还设有河堤判官、河堤使专理或兼理河务，"宋之河堤判官即今河工同知以下等，专理河务者也，开封大名府郓澶等州长吏各兼本州河堤使，即今知县之兼理河务者也"[141]。漕运管理方面，首先，北宋从中央到地方都设立了完备的管理机构，负责漕运的征收、运输、入仓等各个环节的管理。在中央由三司总揽漕政，并由其下设的度支使的"粮料案、发运案、斛斗案"负责具体事务。地方漕运管理机构则包括发运司、转运司、催纲司、拨发司、排岸司、下卸

司、仓场监官及其下设管理机构。同时，北宋时期还制定了严格的漕运法规，其内容涉及了漕运过程的各个环节和方面。

金代设都水监、分治监，"掌川泽津梁舟楫河渠之事"[142]，并设都巡河官、分治监巡河官，"掌巡视河道，修完堤堰栽植榆柳凡河防之事"[143]。后又规定了地方官参与河道事务。大定二十七年（1187年），以南京府及所属四府之长贰皆提举河防事，四十四县之令佐皆管勾河防事。泰和六年（1206年），规定了地方官吏管理漕河的职责，"凡漕河所经之地，州府官衔内皆带提控漕河事，县官则带管勾漕河事，俾催检纲运，营护堤岸"[144]。在漕运管理方面，"金于诸路设转运使，而于京师设都转运使以总之"[145]，又于景州设置漕运司提举，由景州刺史兼任，"掌河仓漕运之事"[146]。

元代在中央设都水监掌管全国水政，运河河道事务为其管理重点。都水监直接管理大都金水河、阜通七坝、积水潭码头及白河、御河的堤防修守、淤浅疏浚。都水监下设机构包括各处河道提举司，派出机构包括都水分监和都水行监，如在山东寿张景德镇设分监，管理会通河，河上除大量夫役外，各段均有军队防守。运河河道除设置专门管理机构外，沿河地方官员亦参与运河管理，"滨河长吏佐贰皆兼河防如宋金之制矣"[147]。

136 （清）永瑢等撰，《历代职官表》卷五十九·河道各官，收录于《四库全书》。
137 （清）永瑢等撰，《历代职官表》卷五十九·河道各官，收录于《四库全书》。
138 （清）永瑢等撰，《历代职官表》卷五十九·河道各官，收录于《四库全书》。
139 （清）永瑢等撰，《历代职官表》卷五十九·河道各官，收录于《四库全书》。
140 （清）永瑢等撰，《历代职官表》卷五十九·河道各官，收录于《四库全书》。
141 （清）永瑢等撰，《历代职官表》卷五十九·河道各官，收录于《四库全书》。
142 （清）永瑢等撰，《历代职官表》卷五十九·河道各官，收录于《四库全书》。
143 （清）永瑢等撰，《历代职官表》卷五十九·河道各官，收录于《四库全书》。
144 （元）脱脱等撰，《金史》卷二十七·志第八·河渠·漕渠，武英殿本。
145 （清）永瑢等撰，《历代职官表》卷六十·漕运各官，收录于《四库全书》。
146 （清）永瑢等撰，《历代职官表》卷六十·漕运各官，收录于《四库全书》。
147 （清）永瑢等撰，《历代职官表》卷五十九·河道各官，收录于《四库全书》。

元代为克服运河的水位差，在会通河、通惠河等段落设置大量船闸，同时设置了专官管理船闸，实施了限制行船尺寸、加强船闸启闭管理等措施，形成了较为完善的船闸管理制度，保障了运河航运的顺利。漕运管理方面，先后设京畿都漕运使司和都漕运使司为内外两司。京畿都漕运使司为内司，"领在京诸仓出纳粮斛及新运粮提举司站车攒运事宜"[148]，都漕运使司为外司，管理御河上下至通州等处漕粮攒运，都漕运使司亦作为元代海运系统的管理机构，负责接收从南方海运至直沽的漕粮。

明初实行海运，至永乐十三年（1415年），停罢海运，内河运输成为漕运的主要方式，运河漕运进入了全新阶段，运河管理制度日趋完善。最初常以工部尚书侍郎、侯伯、都督提督运河，永乐十五年（1417年），"命平江伯陈瑄充总兵官，掌漕运河道之事"[149]，此时漕运总兵官总览漕运与河道事务。景泰二年（1451年）于淮安始设漕运总督，"命都察院左佥都御史王竑总督漕运，与总兵官参将同理其事。自通州至扬州水利有当蓄泄者，督所司行之"[150]，运河的管理发生了变化，漕运总督与漕运总兵共同管理漕务，每年正月，"总漕巡扬州，经理瓜淮过闸，总兵驻徐邳，督过洪入闸，同理漕防"[151]。成化七年（1471年）设总理河道，主持黄河、运河河道修守，王竑为首任总理河道侍郎。此后，总理河道时裁时设，漕运与河道的管理时分时合，

万历三十年（1602年），"又分设河漕二臣，而曾如春总理河道，自是以讫明终河漕之务不复合矣"[152]。总理河道的设置是明代中央设置治河专官的开始，也是运河事务管理中漕运、河道分开署理的标志，自此，明代大运河管理体系的总体架构已经确立。

明代在河道管理方面，实行的是中央派驻机构与地方管理机构共同管理的体系。总河为中央派出的官员，常以侍郎、尚书衔领其职，武职系统的都督或侯、伯也曾任该职。总河以下分段设都水司，以工部郎中或主事任职，"又遣监察御史、锦衣卫千户等官巡视运河闸泉"[153]。成化七年（1471年）运河分为三段管理，"自通州至德州，郎中陆镛主之；德州至沙河，副使陈善主之；沛县至仪真、瓜洲，郎中郭昇主之"[154]。成化十三年（1477年）改分为二段，以山东济宁为界，各设工部都水郎中一员，"命工部郎中杨恭自通州至济宁，郭昇自济宁至仪真、瓜洲分理河道"[155]。嘉靖五年（1526年），增设通惠河郎中，万历五年（1577年），又增设中河郎中，至此运河的管理分为四段，每段各设郎中主持管理。在重要河段及工程处另设有都水分司，由主事管理，但分合频繁。各段郎中着重考核、稽查、调动、禁约运河官吏；分司主要管理工程设施，如闸、洪、坝等，或管理运河水源，如泉、湖、河等。地方管理机构则负责运河河道的具体管理，沿线各省布政司、按察司、都司设置专职和兼职

148（清）永瑢等撰，《历代职官表》卷六十·漕运各官，收录于《四库全书》。
149（明）王琼著，谭徐明整理，《漕河图志》，收录于《中国水利史典·运河卷一》，中国水利水电出版社，2015年，85页。
150（明）王琼著，谭徐明整理，《漕河图志》，收录于《中国水利史典·运河卷一》，中国水利水电出版社，2015年，85页。
151（清）永瑢等撰，《历代职官表》卷六十·漕运各官，收录于《四库全书》。
152（清）永瑢等撰，《历代职官表》卷五十九·河道各官，收录于《四库全书》。
153（明）谢肇淛著，邓俊整理，《北河纪》，收录于《中国水利史典·运河卷一》，中国水利水电出版社，2015年，316页。
154（明）王琼著，谭徐明整理，《漕河图志》，收录于《中国水利史典·运河卷一》，中国水利水电出版社，2015年，85页。
155（明）王琼著，谭徐明整理，《漕河图志》，收录于《中国水利史典·运河卷一》，中国水利水电出版社，2015年，86页。

官员管理河道，州、县级设管河通判、同知、县丞、主簿等管理河务。武职官员有卫指挥使、千户、百户等，负责统领河道疏浚，工料人夫征集，巡视河道，捕盗防火等。这种由中央派驻机构与地方管理机构共同构成的河道管理体系，一直沿袭到清代。

明代在漕运管理方面，漕运总督下设若干管理机构和管理人员，对漕运进行组织和监督管理。首先，在漕粮征兑方面，以各司府州正官及管粮官征兑漕粮，并由户部派遣监兑主事负责监督漕粮征兑。又于各司设置督粮道，"十三布政司各一员俱驻省城"[156]，主要负责本司漕粮的征收和督运。在漕粮运输方面，设置领运官、攒运官和押运官，负责漕运进京的催督、押运工作，领运设置运总下设十三把总，攒运则有御史、郎中担任，押运则有参政。同时，还设置了巡漕御史、理刑主事等官职监察各漕务官吏的工作，处理漕运途中出现的刑事案件。漕粮接收管理方面，在京师成立了总督仓场，管辖北京、通州两地各仓场。总督之下专门负责接收粮食的部门为"坐粮厅"，以户部员外郎主管。在漕运方式上，明朝先后实行了"支运""兑运""长运"三种方式。同时，明朝廷还制定了一系列的大运河管理规章制度，如规定漕河禁例、制定漕运程限、确立漕船之制、规定岁运漕额等。

清初，运河的管理机构大体沿袭明制，后逐渐调整简化，系统更加分明。明代的总河，清称河道总督，下设道、厅、汛三级，按文职和武职又构成相应系统。河道总督是河道管理的最高行政长官，"掌治河渠，以事疏浚堤防，

综其政令"[157]。顺治时仅设"总河"一人，总理黄运两河事务，驻山东济宁，康熙十六年（1677年），移驻江苏清江浦（今淮安市淮阴区）。雍正二年（1724年）设副总河一人驻扎济宁，总河兼理南北两河，副总河专理北河，雍正七年（1729年）改总河为总督江南河道，副总河为总督河南、山东河道，雍正八年（1730年）增设直隶河道总督，自此运河分为三段管理：南河、东河和北河。河道总督下辖文职和武职两套管理机构，设道、厅、汛等级，分段管理。其中直隶河道总督，驻天津，管理海河水系各河及运河，简称北河，后由直隶总督兼任。道为分段管理机构，相当于明代都水司，如（直隶）通永道，（山东）运河道，（江苏）淮徐道、淮扬道、（江南）常镇道等，其长官为管河道员，简称"河道"。厅与地方府、州级行政机构同级，官设州同、州判，汛同县级，官为县丞、主簿、巡检等职。此外尚有知州、知县等兼管河务，"凡河务自管河同知以下为专司，知县为兼职，各掌汛河堤堰坝闸岁修抢修及挑浚淤浅，导引泉流并江防海防各工程，同知、通判总理督率州同、州判以下分汛防守"[158]。武职系统则在河道总督下设河标副将、参将、游击、都司、千总、把总等职，"掌催护工程……凡河营参将以下皆掌河工调遣及守汛防险之事，苇荡营参将以下掌采苇芦以供修筑堤埽之用"[159]。

清代漕运管理机构亦基本沿袭明制，但清朝廷不设漕运总兵官，仅设漕运总督总领漕务。在漕运总督领导之下，各省理漕官员负责漕运的具体事务，形成了一套成熟完善的漕运管理系统。

156（清）永瑢等撰，《历代职官表》卷五十九·河道各官，收录于《四库全书》。
157（民国）赵尔巽主编，《清史稿》职官志三。
158（清）永瑢等撰，《历代职官表》卷五十九·河道各官，收录于《四库全书》。
159（清）永瑢等撰，《历代职官表》卷五十九·河道各官，收录于《四库全书》。

漕粮征收运输环节的各级主要官吏设置如下：漕运总督一人，驻扎淮安，"掌督理漕挽以足国储，凡收粮起运过淮抵通，皆以时稽核验催攒而总其政令"[160]；巡漕御史四人，"掌稽察，所巡之地挑浅疏滞，防程纠弊以肃漕政"[161]；管粮同知六人、通判三十三人，"掌监兑漕粮，凡米色之美恶，兑运之迟延及运军横肆苛求，衙役需索奸蠹包揽掺和等弊皆司其禁戢之政"[162]；各省督粮道，包括江南二人，山东、河南、江西、浙江、湖南、湖北各一人，"掌监察兑粮督押运艘而治其政令"[163]；漕标副将一人及下属游击、都司、守备、管理塘务、千总、把总等官员，"掌催防粮艘"[164]；领运守备五人、卫守备九人及下属守御所千总、千总等，负责漕粮的领运。漕粮接收管理环节，由隶属户部的仓场衙门负责，设置总督仓场，"掌总稽岁漕之入，以均廪禄，以储军饷，凡南北漕艘、京通仓庾悉隶焉"[165]，下设坐粮厅官、大通桥监督、仓场监督等职。清中叶以前，漕运方式一直沿用明制，实行长运法。

清代河道和漕运管理方面更为规范和严密，编纂了各类则例、章程等运河管理和技术方面的专业著作，内容涵盖了运河管理制度、章程，各类工程技术规范及费用构成等各个方面。在河道管理方面，《河工蠡测》主要记述了河工制度、工程构件制作方法、治河抢险方法及管理等；《钦定河工则例章程》记载了有关河道水利工程修筑、维护等费用，以及各种物料价钱、人力工费的使用规章；《木龙书》记述了治河工具木龙的制作方法、规格、用料、用工定额等。漕运方面，编纂了规模庞大的文册《户部漕运全书》，全面记载漕运制度，内容涉及漕粮额征、征收事例、兑运事例、通漕运艘、督运职掌、选补官丁、官丁廪粮、计屯起运、漕运河道、随漕款项、京通粮储、截拨事例、采买搭运、奏销考成等等，完全涵盖了漕运事务的各个方面，每一大项制度还包括多方面的子项，充分反映了清代漕运制度的全面和严密。乾隆中期，清廷还曾有督漕杨锡绂负责编纂的《漕运则例纂》，也是对清代漕运制度的全面记载。

明清直接从事河道工程管理的夫役大致相同，编为甲，每甲约十人，设老人或总甲、小甲等头目。夫役有的为运河修防常设工程管理人员，按工种可大体分为七类："在闸者曰闸夫，以掌启闭；溜夫，以挽船上下；在坝者曰坝夫，以车挽船过坝；在浅铺者曰浅夫，以巡视堤岸、树木，招呼运船，使不胶于滩沙，或遇到修堤浚河，聚而役之，又禁捕盗贼；泉夫，以浚泉；湖夫，以守湖；塘夫，以守塘"[166]。此外，还有临时征用人员，工程完工后即解散，"又有捞沙夫，调用无定。挑港夫，征用有时，若计工重大，则发附近军民助役，事毕释之"[167]。漕河夫役作为运河维护与治理的主力军，数量众多，"自通州至仪真瓜州，凡四万七千四人"[168]，在保障漕运畅通方面起到了重要作用。

160（清）永瑢等撰，《历代职官表》卷六十·漕运各官，收录于《四库全书》。
161（清）永瑢等撰，《历代职官表》卷六十·漕运各官，收录于《四库全书》。
162（清）永瑢等撰，《历代职官表》卷六十·漕运各官，收录于《四库全书》。
163（清）永瑢等撰，《历代职官表》卷六十·漕运各官，收录于《四库全书》。
164（清）永瑢等撰，《历代职官表》卷六十·漕运各官，收录于《四库全书》。
165（清）永瑢等撰，《历代职官表》卷八·户部仓场衙门，收录于《四库全书》。
166（明）王琼著，谭徐明整理，《漕河图志》，收录于《中国水利史典·运河卷一》，中国水利水电出版社，2015年，69页。
167（明）王琼著，谭徐明整理，《漕河图志》，收录于《中国水利史典·运河卷一》，中国水利水电出版社，2015年，69页。
168（明）王琼著，谭徐明整理，《漕河图志》，收录于《中国水利史典·运河卷一》，中国水利水电出版社，2015年，69页。

在中国大运河漕运发展的漫长历史时期，大运河管理体系屡经变迁，管理机构经历了从漕河一体至漕河分离的发展变化，逐步形成由中央派驻机构与地方管理机构共同组成的管理体系。明代运河管理体系和制度基本形成，清代至臻完善，充分体现了明清漕运发达时期统治阶级对运河管理的重视。明清时期，不仅河道和漕运管理有了专门的管理机构，在具体事务的管理方面，各级官吏各司其职，各种夫役设置全面、分工明确，对于运河各种工程的顺利实施，运河的漕运畅通起到了重要作用。

二、河北大运河历代管理

河北大运河始于东汉末年，隋代以前，并未设置专官进行管理，隋代，大运河完成了历史上的第一次大沟通，由都水监（都水少监）及下属的河渠、舟楫二署管理河道和漕运，但管理上多有交叉。唐代初期沿袭隋制，依然由都水监下设的河渠署和舟楫署管理运河河道和漕运事务。唐开元中，置都转运使专门管理漕运事务，但河北境内河道和漕运管理机构文献记载并不明确。宋代，漕运所涉各州置发运使或由京朝官廷臣督漕，"河北卫州东北有御河达乾宁军，其运物亦廷臣主之"[169]。河道管理方面，都水监设置都提举八人，专司河务。河北境内，熙宁四年（1071年），程昉任都大提举，黄河、御河在其管理范围，熙宁八年（1075年），范子渊都大提举大名府界金堤。元祐时又令转运使副皆兼都水事，相当于清代河道之职。北宋时期，实行"方田"之

策，即由淀淀、漕河、水田汇集诸水形成塘泺以抗击辽军，塘泺由河北转运使、河北屯田司、缘边安抚司负责管理。宋代地方管理河务的有河堤判官、河堤使等职，河北境内大名府、沧州等州长吏各兼本州河堤使，兼理河务。

金代始建都北京，河北境内运河成为漕粮向都城运输的必经之路，逐渐开始设置管理机构。都水监、分治监总体管理河道和漕运，并设置巡河官巡视河道，泰和六年（1206年），规定了漕河沿线地方官吏管理漕河之责任，包含了漕运和河道管理两方面，"俾催检纲运，营护堤岸"[170]，共计三府、十二州、三十三县，其中包括今河北境内的大名府，恩州、景州、沧州、清州、献州、深州等州，大名、元城、馆陶、吴桥、将陵、东光、南皮、清池、兴济、会川、交河、武强、香河等县。在漕运管理方面，金代于京师设都转运使，在景州设置漕运司提举一员，由景州刺史兼任，掌管河仓漕运之事，设置同提举一员，还专门设置勾当官，"掌催督起运纲船"[171]。漕运司提举为正五品，虽职位不高，"然于京城的都转运使各为一司，不相统辖"[172]。

元代在中央设都水监掌管全国水政，河北境内运河由都水监直接管理，包括白河、御河的堤防修守、淤浅疏浚等。遇重要河防问题，多由都水监派出官员与地方官员共同议定解决。至元三年（1266年），为解决沧州境内破坏运河堤防的问题，"部议以滨河州县佐贰之官兼河防事，于各地分巡视"[173]。至大元年（1308年）六月二十九日，因水决会川县孙家口岸，"由是枢密院檄河间路、左翊屯田万户府，差军并工筑

169（清）永瑢等撰，《历代职官表》卷六十·漕运各官，收录于《四库全书》。
170（元）脱脱等撰，《金史》卷二十七·志第八·河渠·漕渠，武英殿本。
171（清）永瑢等撰，《历代职官表》卷六十·漕运各官，收录于《四库全书》。
172（清）永瑢等撰，《历代职官表》卷六十·漕运各官，收录于《四库全书》。
173（明）宋濂等撰，《元史》卷六十四·志第十六·河渠一，武英殿本。

塞"[174]。延祐四年（1317 年）五月，都水监遣官与河间路官相视元塞郎儿口。漕运管理方面，河北境内漕运管理机构为都漕运使司，于河西务置总司，临清置分司，"掌御河上下至直沽、河西务、李二寺、通州等处攒运粮斛"[175]。元代漕粮主要以海运为主，位于河西务的都漕运使司作为元代海运系统的管理机构，负责接收从南方海运至直沽的漕粮并运至通州。另外，河南山东等地的漕粮不通过海运而通过运河运输，亦由都漕运使司负责。

明代，大运河河道和漕运管理逐渐分开，大运河管理体系开始形成并逐渐完善。成化七年（1471 年）设总理河道，下设都水分司对于运河进行分段管理，河北境内运河属于北河管理范围，均有明确的地方权属划分（表 2-1）。沿线地方行政机构设置专职和兼职官员管理河道，负责运河河道的具体事务管理。《北河纪》中对明后期北河地方专职管河官司进行了明确记载，其中涉及河北境内运河管理的简要整理如下：东昌府管河通判一员、河间府管河通判一员、馆陶县管河主簿一员、夏津县管河主簿一员、清河县管河典史一员、武城县管河主簿一员、故城县管河主簿一员、恩县管河主簿一员、景州管河判官一员、沈阳中屯卫管河指挥一员、东光县管河主簿一员、吴桥县管河典史一员、交河县管河主簿一员、南皮县管河典史一员、河间卫管河指挥一员、沧州管河判官一员、兴济县管河典史一员、青县管河主簿一员、霸州管河同知一员、天津卫管河指挥一员、天津左卫管河指挥一员、天津右卫管河指挥一员[176]。在夫役设置方面，因河北境内运河工程主要以疏浚河道淤浅及堤防修护为主，所以河道夫役以浅夫、堤夫等类型为主。

表 2-1 河北大运河明中期管理权属、浅铺及夫役（据《漕河图志》整理）

序 号	管理权属	管理范围	浅铺及夫役
一、漕河			
1	直隶香河县	东岸北自营地前屯卫界谢家店浅起，南至武清县耍儿渡口止，长 40 里	浅铺 6，每铺老人 1 名，夫 10 名，共夫 60 名 修堤总甲 1 名，小甲 3 名，夫 40 名
2	直隶营州前屯卫	东岸北自通州界高家湾起，南至香河县叶清店止，长 20 里	浅铺 4，每铺小甲 1 名，夫 10 名，共夫 44 名 修堤总甲 1 名，小甲 2 名，夫 24 名

174（明）宋濂等撰，《元史》卷六十四·志第十六·河渠一，武英殿本。

175（清）永瑢等撰，《历代职官表》卷六十·漕运各官，收录于《四库全书》。

176（明）谢肇淛著，邓俊整理，《北河纪》，收录于《中国水利史典·运河卷一》，中国水利水电出版社，2015 年，318 ~ 319 页。

序 号	管理权属	管理范围	浅铺及夫役
3	直隶天津左卫	白河东岸，北自武清县界蔡村起，南至武清县界杨村止，内除武清县堤岸外，长30里 卫河东岸，北自兴济县界柳巷口起，南至沧州寇家圈止，内除兴济县、沧州堤岸外，长40里；西岸北自青县界运坊起，南至青县界砖河止，长20里	浅铺24，每铺小甲1名，夫9名，共240名 修堤甲5名，夫45名
4	直隶天津右卫	白河堤岸，北自武清县界旱沟浅起，南至静海县界小直沽浅止，长35里 卫河东岸，北自沧州王家圈起，南至南皮县界三角堤止，内除南皮县、沧州堤岸外，长18里	浅铺10，每铺小甲1名，夫9名，共100名 修堤小甲5名，夫45名
5	直隶霸州	东岸北自静海县秀麦屯起，南至天津卫界陈百户屯止，长9里；西岸南北俱接静海县界，长12里	浅铺1，老人1名，夫10名 修堤夫260名
6	直隶青县	西岸北自静海县北新庄起，南至交河县界白洋桥止，内除天津左卫、彭城卫堤岸外，长154里	浅铺6，每铺老人1名，夫10名，共夫60名 修堤夫616名
7	直隶兴济县	东岸北自天津卫界蔡家口起，南至天津左卫界索家码头止，内除天津左卫堤岸外，长35里	浅铺7，每铺老人1名，夫10名，共夫70名，内军夫20名
8	直隶沧州	东岸北自天津左卫界南横堤起，南至天津右卫界北杨家口止，内除天津左右二卫堤岸外，长50里	浅铺7，每铺老人1名，夫10名，共夫70名
9	直隶交河县	西岸北自青县界神树口起，南至东光县界北下口止，内除沈阳卫、河间卫堤岸外，长55里	浅铺5，每铺老人1名，夫10名，共夫50名 修堤夫350名
10	直隶南皮县	东岸北自天津右卫界冯家口起，南至东光县界北下口止，长58里	浅铺5，每铺老人1名，夫10名，共夫50名 修堤夫350名
11	直隶东光县	东岸北至南皮县界32里；西岸北至交河县界28里，南至吴桥县界35里	浅铺10，每铺老人1名，夫10名，共夫100名 修堤夫450名
12	直隶吴桥县	东岸北自东光县界起，南至德州卫申百户屯止，内除德州卫降民等屯堤岸外，长66里；西岸北自东光县界起，南至德州卫金百户屯界止，除德州卫、景州堤岸外，长45里	浅铺4，每铺老人1名，夫10名，共夫40名 修堤夫200名
13	直隶景州	西岸北自吴桥县界朱官人屯起，南至德州卫界罗家口止，长25里	浅铺4，每铺老人1名，夫10名，共夫40名 修堤夫200名
14	直隶故城县	西岸北自德州卫界第二屯起，南至武城县郑家口止，内除德州卫屯35里外，长37里	浅铺3，每铺老人1名，夫10名，共夫30名 修堤夫80名

序 号	管理权属	管理范围	浅铺及夫役
15	直隶恩县	东岸东北自德州界四女树起，西南至武城县白马庙止，长70里	浅铺5，每铺老人1名，夫10名，共夫50名 沙湾修堤大户夫75名
16	直隶武城县	东岸北自恩县界白马庙起，南至夏津县界桑园口止，长144里；西岸北自故城县界郑家口起，南至夏津县界王家庄止，长114里	浅铺26，每铺老人1名，夫10名，共夫260名 沙湾修堤守口大户夫25名
17	直隶夏津县	东岸北自武城县桑园口，南至临清州界赵货郎口止，长46里；西岸北自武城县界刘家道口起，南至清河县界渡口驿止，长7里	浅铺8，每铺老人1名，夫10名，共夫80名 沙湾修堤大户夫6名
18	直隶清河县	河岸北自夏津县界渡口驿起，南至临清界二哥营止，长41里	浅铺8，每铺老人1名，夫10名，共夫80名
二、漕河上源			
19	直隶魏县	西岸西南自安阳县界回龙庙起，东北至大名县凌家口浅止，长80里	浅铺6
20	直隶大名县	河岸西南自魏县界阎家渡浅起，东北至元城县界刘家浅止，长30里	浅铺3
21	直隶元城县	河岸西南自大名县界凌家口浅起，东北至馆陶县界迁堤儿浅止，长90里	浅铺6
22	山东馆陶县	河岸西南自元城县界草庙浅起，东北至临清州界尖塚止，长150里	浅铺12

清雍正以后，运河分为南河、东河、北河三段进行管理，河北境内运河为北河管辖范围，由直隶总督负责管理。起初，于雍正八年（1730年）置直隶正副总河，驻天津，后于乾隆十四年（1749年）裁撤，由直隶总督兼任，"掌漳卫入运归海，永定河疏浚堤防之事"[177]。直隶总督下辖河道五处，河北境内南北运河属于通永河道和天津河道管理，卫河则属于大广顺河道管辖范围。其中，通永河道驻通州，"辖北运河务关同知一人，北运河、杨村蓟运粮河通判二人，十三汛州同一人、州判四人、县丞三人、主簿五人"[178]；天津河道驻天津，"辖南运河津军、河间河捕同知二人，泊河子牙河通判二人，西汛清河、故城、吴桥管河县丞各一人，东汛景州、沧州管河州判各一人，天津管河县丞一人，东光、交河、南皮、青、静海、献管河主簿各一人，青

177（清）永瑢等撰，《历代职官表》卷五十九·河道各官，收录于《四库全书》。
178（清）永瑢等撰，《历代职官表》卷五十九·河道各官，收录于《四库全书》。

县管河巡检一人"[179]；而大广顺河道驻大名，于魏县、元城、大名三县设置兼管河道知县各一人及专管河务县丞各一人（表2-2）。为方便管理，地方运河专官大多驻运河沿岸，如河间府管河通判驻泊头，"府河厅属，在县治东五十里泊头镇，旧为管河郎中行台，清康熙时本府管河通判驻扎"[180]；又如，清河县管河县丞署和管河营汛均驻紧邻运河西岸的油坊镇。河北境内运河管理在武职设置上，"直隶北运河汛千总、把总各三人，南运河汛千总一人，把总八人"[181]。

表2-2 河北大运河清康熙后期官司（据《行水金鉴》整理）

序 号	属地及官司	职 责	附 注
一、直隶			
1	守道一员	兼管通省河道	
2	通永道一员	兼管通州至天津运河工程	
3	杨村管河通判一员	专管通州至天津运河工程	
4	霸昌道一员	兼管霸州香河二州县运河工程	
5	霸州知府一员	兼管本州运河工程	
6	霸州州判一员	专管本州运河工程	
7	香河县知县一员	兼管本县运河工程	
8	香河县主簿一员	专管本县运河工程	
9	天津道一员	兼管河间府属各州县卫运河工程	
10	河间府知府一员	兼管府属各州县运河工程	
11	河间府天津海防河务同知一员	专管沧州、青县、静海三州县天津卫运河工程	
12	天津卫守备一员	兼管本卫及左右二卫运河工程	
13	天津卫千总一员	专管本卫运河工程浅夫50名，兼管左卫运河浅夫70名，右卫运河浅夫25名	
14	沧州知州一员	专管本州运河工程浅夫30名	

179（清）永瑢等撰，《历代职官表》卷五十九·河道各官，收录于《四库全书》。
180（民国）高布青等修，苗毓芳等纂，《交河县志》卷一·舆地志，成文出版社，1968年，169页。
181（清）永瑢等撰，《历代职官表》卷五十九·河道各官，收录于《四库全书》。

15	沧州州判一员	专管本州运河工程浅夫 30 名	
16	青县知县一员	兼管本县运河工程	
17	青县主簿一员	专管本县运河工程，浅夫 63 名半	
18	河间府管河通判一员	专管交河、景州、吴桥、东光、南皮五州县运河工程	驻泊头
19	景州知州一员	兼管本州运河工程	
20	景州州判一员	专管本州运河工程，浅夫 17 名半	
21	吴桥县知县一员	兼管本县运河工程	
22	吴桥县县丞一员	专管本县运河工程，浅夫 45 名	
23	东光县知县一员	兼管本县运河工程	
24	东光县主簿一员	专管本县运河工程，浅夫 40 名半	
25	南皮县知县	兼管本县运河工程	
26	南皮县主簿一员	专管本县运河工程，浅夫 20 名	
27	大名道一员	兼管大名府属卫河黄河工程	
28	大名府知府一员	兼管大名府属卫河黄河工程	
29	大名府河捕通判一员	专管大名府属卫河黄河工程	
30	元城县知县一员	兼管本县卫河	
31	元城县县丞一员	专管本县卫河	
32	大名县知县一员	兼管本县卫河	
33	大名县县丞一员	专管本县卫河	

		二、山东	
34	东昌府知府一员	兼管东昌上河通判属聊城、堂邑、博平、清平、临清、馆陶六州县，下河通判属恩县、夏津、武城三县运河河道堤工	
35	东昌上河通判一员	兼管东昌上河通判属聊城、堂邑、博平、清平、临清、馆陶六州县并东昌卫及平山卫运河闸座堤河工程	
36	馆陶县知县一员	兼管本县卫河工程	
37	馆陶县主簿一员	专管本县卫河工程，浅铺溜夫 30 名半	
38	直隶广平知府一员	兼管清河县运河工程	
39	直隶河间知府一员	兼管故城县运河工程	
40	东昌府下河通判一员	专管济宁府属德州、德州卫，东昌属恩县、夏津、武城，直隶广平府属清河，河间府属故城六州县卫运河工程	
41	清河县知县一员	兼管本县运河工程	地属直隶，河道在山东
42	清河县县丞一员	专管本县运河工程，浅夫 23 名半	
43	故城知县一员	兼管本县运河工程	地属直隶，河道在山东
44	故城县丞一员	专管本县运河工程，浅夫 15 名	

　　清末漕运终止以后，河北境内运河主要是由水利和河道相关机构进行管理。民国七年（1918年），北洋政府设置直隶、山东、河南、湖北、天津、永定河、北运等七个河务局，隶属内务部。直隶省设河务总局，下设南运河河务分局，管理南运河河务，而北运河河务则由北运河河务局管理。民国十七年（1928年）6月，北洋军阀政府覆灭，国民政府迁都南京，直隶省改称河北省。民国十八年（1929年）河北省撤销河务总

局，各河河务由河北省建设厅主管，下设各河务局实施分段管理，河北境内南、北运河分别由南运大清河务局和北运子牙河务局管理。民国三十四年（1945年）8月，抗日战争胜利。民国三十五年（1946年）底，将旧设各河务局建制撤销，合并成立河北省河工局，河工局于民国十六年（1947年）1月1日成立，隶属河北省建设厅，同年河工局改名为河北省水利局。

　　民国时期，河北境内解放区亦成立了河务管

理机构，后逐渐发展成为今漳卫南运河管理局。1946 年 3 月，冀南行署组建卫运河河务局，主要任务是整修堤防，防汛排水。1946 年秋，渤海行署组建运河河务局，管理德州四女寺至南皮县冯家口河段，下设 4 个管理段。1948 年 8 月，华北人民政府成立卫运河管理委员会，驻德州市，负责协调各解放区的卫运河防汛和航运事务，并于 1949 年新中国成立前撤销。1949 年 1 月，卫运河、滏阳河两河河务局合并成立冀南行署河务局，下设 6 个河务办事处。1949 年 1 月，卫运河、滏阳河两河河务局合并成立冀南行署河务局，同年 8 月冀南行署河务局撤销。1958 年 3 月，农业部、水利电力部联合成立漳卫南运河管理局，1964 年 8 月，中共中央、国务院明确漳卫南运河管理局的管理范围，包括了今河北境内的卫河、卫运河及南运河四女寺至德州市第三店之间，后屡经变革，1980 年 8 月，水利部恢复漳卫南运河管理局，受海河水利委员会领导至今。

1949 年 8 月 1 日河北省人民政府成立，同时成立了河北省水利局，负责全省水利建设与管理，后改称河北省水利厅。1949 年 9 月，河北省人民政府设立南运河河务局，由河北省水利局（现河北省水利厅）直接领导，驻临清。1952 年 9 月，河北省南运河河务局由临清迁至沧州，南运河河务局的工作职责是统一编制本河系年度岁修计划，协助有关专、县进行防汛和岁修，1953 年底河务局撤销。1963 年 4 月，成立河北省南运河管理局，受省水利厅、交通厅双重领导，驻沧州市。1965 年 3 月更名为河北省南运河河务局。1972 年 9 月，再次更名为河北省南运河河务管理处，现为河北省南运河河务中心。

目前，河北境内运河河道的管理实行按流域统一管理与属地管理相结合的管理方式，即由流经各县市的水利或河务部门对县境内河道进行直接管理，上级水利主管部门进行宏观监督管理、技术指导及跨区域协调。河北段大运河涉及的管理部门包括水利部海委漳卫南运河管理局及下属邯郸河务局、邢衡河务局、沧州河务局，管理河北境内卫河、卫运河、四女寺减河（漳卫新河）、南运河四女寺枢纽至德州第三店段及河道上水利枢纽等，河北省水利厅及下属的河北省南运河河务中心，对南运河德州第三店至天津界段进行宏观管理，下属闸所管理具体枢纽及闸坝工程，而北运河则由廊坊市水务局管理。各县级水利或河务主管部门负责本行政区域内河道和堤防的具体管理。各管理部门管理制度健全，有较强的专业技术人员，国家和地方相关法律法规比较健全，在工程建设和日常管理方面都规定了明确的管理要求，河道管理维护现状良好。

第三章

河北大运河
遗产构成

Hebei Grand Canal
Legacy Composition

第一节
大运河遗产的认定

一、"遗产运河"概念的提出

联合国教科文组织于1972年公布《保护世界文化和自然遗产公约》，将文化遗产分为文物（Monuments）、建筑群（Groups of Buildings）、遗址（Sites）3类，其定义和解释较为宏观。1977年，《实施〈世界遗产公约〉操作指南》（以下简称《操作指南》）正式公布，至2019年进行了20多次修订。在不断修订过程中，愈加强调对历史环境的保护，保护范围亦日益扩大，从单体到街区，从街区到城镇，进而延伸到文化景观、遗产线路等大尺度遗产。

1994年《操作指南》中开始对"文化景观"进行定义，同时还提出"不应排斥线性的交通运输形成的区域"。国际遗产保护学术界一直极为重视的线性文化景观，随后发展为遗产运河和文化线路，此时一些属于这两种类型的遗产已经列入世界遗产名录。1994年，世界遗产委员会在加拿大举行了关于遗产运河的专家会议，会议报告详细阐述了运河的概念和具体的评价体系，之后在2005版《操作指南》的修订中得以体现。2005版《操作指南》列出了四种特殊类型的遗产包括文化景观、历史城镇和中心区、遗产运河和遗产线路，这是遗产保护文件中把运河作为单

独的遗产类型正式予以确认，同时在该文件中基本沿用了加拿大遗产运河专家会议对遗产运河的定义，并列出了运河入选世界遗产名录的评价标准，直至2019版《操作指南》一直沿用。2019版《操作指南》中遗产运河定义如下："运河是人类兴建的水路。从历史或技术角度看，运河本质上或作为这种文化遗产类型的一个特例都可能具有突出的普遍价值。历史运河可以被看作一个文物古迹，一种线性文化景观的决定性特征，或是一个复杂的文化景观中的一个组成部分"。

伴随着国际遗产保护理论的发展，中国文化遗产保护的理论也在不断丰富。2000年，由国家文物局指导，中国古迹遗址保护协会与美国盖蒂保护所、澳大利亚遗产委员会合作编制的《中国文物古迹保护准则》（以下简称《准则》）颁布实施，为文化遗产的科学保护提供了适合中国国情的理论指导。自此以后，中国文物保护事业进入到一个蓬勃发展的黄金时期，文物保护实践空前活跃，文化遗产保护在中国的广度和深度都得到了极大拓展。同时，随着突出的普遍价值、真实性、完整性等世界遗产保护理念的普及，文化遗产保护理论发展进入了新的活跃期，人们对文化遗产的真实性和完整性有了更加深入的认识，一些新型文化遗产的保护也逐渐进入视野。自

2006 年开始，国家文物局每年举办一次"文化遗产保护无锡论坛"，先后对各类文化遗产的可持续发展、保护与利用等主题进行了广泛深入的讨论，其中，2011 年的第 6 届论坛以"运河遗产保护"为主题，是在中国大运河地市级遗产保护规划编制完成的基础上，按照突出世界遗产的普遍价值原则，重新审视运河保护、积极落实国务院关于大运河申遗目标要求的实际行动。

随着经济社会的快速发展，对文化遗产保护提出了新的要求，在广泛吸收十多年来中国文化遗产保护理论和实践发展成果的基础上，2010 年开始，经国家文物局批准，中国古迹遗址保护协会开始了《准则》的修订工作，最终形成了 2015 版《准则》。2015 版《准则》第 1 条："文化景观、文化线路、遗产运河等类型的遗产也属于文物古迹的范畴"，阐释内容中对"遗产运河"进行了定义："遗产运河是具有文物古迹价值的人工或人工与自然相结合的水路，它反映了人类的工程技术成就。它可能同时具有文化景观的特征，也可能因反映了人类通过这一水路而发生的多向的文化交流，并促进了沿线文化的发展，而具有文化线路的特征"。

二、大运河遗产的研究范畴

大运河遗产的范畴是随着大运河申遗和保护传承利用工作的进程不断认识和变化的。在大运河申遗阶段，2008 年的《扬州共识》制定了运河申遗计划和时间表，决定分步骤编制大运河遗产保护规划，包括地市级规划、省级规划和保护与管理总体规划。鉴于大运河遗产涉及的范围大，遗产类型和保护管理复杂，为确保各地规划编制思路的一致性，国家文物局委托中国文化遗产研究院课题组（包括中国文化遗产研究院、北京大

学景观学院和中国水利水电科学研究院三家单位）和东南大学建筑学院联合起草《大运河规划编制要求》。2008 年 6 月，《大运河遗产保护规划第一阶段编制要求（试用稿）》（以下简称《编制要求》）完成，成为指导地市级规划的规范性文件。

《编制要求》中提出了大运河遗产的构成类型包括大运河水利工程遗产、运河档案文献遗产、与大运河历史相关的其他遗存、运河城镇和村落、与大运河相关的非物质文化遗产、运河生态与景观环境。省级规划编制过程中对运河遗产的类型有所调整，运河档案文献遗产不再列入。《大运河遗产保护与管理总体规划》在省市两级规划的基础上编制，服务于后续运河申遗工作，明确了中国大运河遗产的类型包括运河水工遗存、运河附属遗存和运河相关遗产三大类，遗产范畴仅涉及大运河物质文化遗产。2012 年文化部发布的《大运河遗产保护管理办法》明确了遗产范围和类型："本办法所称大运河遗产，包括隋唐运河、京杭大运河、浙东运河的水工遗存，各类伴生历史遗存、历史街区村镇，以及相关联的环境景观等"。在此，大运河遗产的范畴亦是主要涵盖物质文化遗产及景观要素，不涉及非物质文化遗产。

2014 年大运河申遗成功，2017 年大运河文化保护传承利用的相关规划工作启动。2019 年，中共中央办公厅、国务院办公厅印发了《大运河文化保护传承利用规划纲要》（以下简称《规划纲要》），2020 年，中共河北省委办公厅、河北省人民政府办公厅印发《河北省大运河文化保护传承利用实施规划》（以下简称《实施规划》），《规划纲要》和《实施规划》中关于文化遗产的保护传承均包含了物质文化遗产和非物质文化遗产，与申遗阶段侧重物质文化遗产保护有所不同。2022 年，《河北省大运河文化遗产保护利用

条例》（以下简称《条例》）由河北省人大发布实施，《条例》中对河北大运河文化遗产进行了明确："本条例所称大运河文化遗产，包括列入大运河文化遗产名录的大运河水工遗存、各类伴生历史遗存等物质文化遗产和与大运河相关联的非物质文化遗产"。本书研究的大运河遗产即指《条例》中的大运河文化遗产，包括物质文化遗产和非物质文化遗产。

三、大运河遗产的认定原则

在大运河申遗阶段的遗产保护规划编制过程中，为确保大运河遗产认定原则的一致性，《编制要求》提出了运河遗产的概念内涵："运河遗产指的是大运河水运体系及其沿线分布的，反映大运河水利工程在国家层面上的历史作用和历史地位的，并有相关考古证据、实物、科学数据和确切的参考文献证明的，与大运河发展历程直接相关的，具有突出普遍价值的遗迹和遗物。大运河遗产是以不可移动的物质文化遗产为主体的，因此其构成应是体现遗产核心价值的遗存群体"。由此可见，大运河遗产必须同时具备空间要素、价值要素、关联性要素和实物要素，其中空间要素和实物要素理解和操作相对容易，在价值要素和关联性要素方面，个体理解的差异性较大，在实际操作中把握起来困难较大。

按照世界文化遗产的评估标准，所有申报列入《世界文化遗产名录》的项目必须符合真实性和完整性的条件。在大运河遗产的认定过程中，严格遵循了真实性和完整性的原则。中国的行业准则对于真实性和完整性内涵的阐释更加符合中国国情和表述习惯，2015 版《准则》："真实性是指文物古迹本身的材料、工艺、设计及其环境和它所反映的历史、文化、社会等相关信息的真实

性。对文物古迹的保护就是保护这些信息及其来源的真实性。与文物古迹相关的文化传统的延续同样也是对真实性的保护""完整性是指文物古迹的保护是对其价值、价值载体及其环境等体现文物古迹价值的各个要素的完整保护。文物古迹在历史演化过程中形成的包括各个时代特征、具有价值的物质遗存都应得到尊重"。

鉴于运河作为活态遗产的特殊性，《操作指南》在附件中对其真实性做出 2 条补充阐释："真实性整体上取决于价值和这些价值之间的关系。运河作为一种遗产要素，其特征在于动态的演变过程。这与它在不同时期的用途和它所经历过的技术改变相关，这些改变可能构成重要的遗产要素""一条运河的真实性和历史阐释包含真实的遗产（本《公约》主题）、可能的可移动遗产（船只、临时航运设施）以及相关构造（桥等）和景观之间的关系"。补充阐释中强调运河的动态演变过程，对于我们理解运河遗产的真实性非常重要，尤其适用于水利工程遗产。运河水利工程遗产按其使用状态可分为两大类，一类是遗址类，一类是在用类。对于遗址类的遗存，其真实性的高低主要体现在保留遗产在使用期间的历史信息多少和历史信息反映的时代早晚。对于在用类水利工程遗产，其真实性的高低首先是原有功能是否获得延续，其次是使用中获得保存的古代部分的多少。对于大运河河道而言，有的段落已经改变了原有的河道走向和形态，有的段落因为河道治理改变了堤防形制及结构，但是其航运的功能一直延续；有的虽然航运功能基本消失，但仍然发挥着防洪、灌溉、引水等重要水利功能；现存的一些古代水利工程设施，不同历史时期因功能需求经过多次的改建，与初建时原貌相差较大。对于这一类在用水利工程遗产，不能单纯以始建时的原貌作为真实性评估的唯一标准，应该从宏观角

度，立足功能的延续性，多角度评估，科学认识其价值，并以此作为遗产认定的主要依据。

四、河北大运河遗产的认定

河北大运河历史悠久，沿线文化遗产资源众多。2006 年初，河北省文物局为摸清家底、为全面保护大运河遗产进行项目储备，启动了大运河文化遗产调查项目，由河北省文物保护中心承担此项工作，调查范围涉及河北大运河流经的 5 个地市的 17 个县（市、区），通过调查共发现大运河沿岸的各类文化遗存 300 余处。2008 年，河北省开始启动规划编制暨申遗工作，由河北省古代建筑保护研究所联合河北省文物保护中心组成大运河规划项目组，进行河北大运河的规划编制工作。10 月 10 日，河北省文物局召开大运河遗产保护规划编制暨申遗工作会议，依据遗产的价值、与运河的关联性、保存状况等因素综合考虑，经过专家评议，确定了 58 处大运河遗存点作为大运河申遗和规划重点（图 3-1）。省级规划编制过程中，在查阅文物保护单位档案、历史文献、历次文物普查资料的基础上进行现场踏查，重点调查了专家评议通过的 58 处文化遗产，并对其他相关遗产予以补充调查，经过省级专家会遴选合并，最后确定 56 处遗产点作为省级规划内容。

按照国家大运河文化保护传承相关规划工作要求，2017 年~2018 年，在河北省文物局的指导下，河北省古代建筑保护研究所对大运河

图 3-1 2008 年河北省召开的大运河保护规划编制暨申遗工作会议

（河北段）文化遗产资源进行了再次调查，并于 2019 年启动文化遗产专项规划编制工作。2019 年公布的《规划纲要》和 2020 年公布的《实施规划》中明确了河北大运河文化带的规划范围，其中，核心区包括运河沿线和大清河流域的 21 个县（市、区），拓展区包括大运河流经的 5 个地市和雄安新区除核心区以外的地域范围，辐射区包括河北省域空间除核心区和拓展区之外的区域。为此，在相关调查和考古工作的基础上，河北省文物局对河北段的大运河物质文化遗产进行了重新认定，并公布了省级层面的大运河文化遗产名录，名录特指大运河物质文化遗产，主要包括核心区大运河沿线的遗产，拓展区内与运河关系极为密切、价值重大的遗产亦列入其中，共计 74 处。2021 年，由河北省文物局组织编制并印发了《河北省大运河文化保护传承利用实施规划——文化遗产保护传承专项规划》，其中文化遗产资源构成包括了大运河（河北段）文化遗产名录中的物质文化遗产和大运河文化带核心区的非物质文化遗产。

第二节
河北大运河遗产综述

河北大运河文化遗产包括物质文化遗产和非物质文化遗产。物质文化遗产包括水利工程遗产、相关历史文化遗产两大类型，共计74处列入河北省级大运河文化遗产名录。作为大运河文化遗产主体的水利工程遗产，遗产体系完整，列入省级名录的水工遗产点段共计32处，涵盖了河道、分洪设施、闸、坝、桥、险工、码头、沉船点等多种类型。其中北运河（河北段）、南运河（河北段）、红庙村金门闸、捷地分洪设施、连镇谢家坝、华家口夯土险工、郑口挑水坝、朱唐口险工、油坊码头遗址及险工9处列入全国重点文物保护单位。2014年，中国大运河申遗成功，作为大运河河北段最具突出价值的典型代表，南运河沧州—衡水—德州段、连镇谢家坝和华家口夯土险工"两点一段"列入了世界文化遗产名录，遗产段长度94千米，占中国大运河遗产段总长的9.3%（总长1011千米）。列入省级名录的相关历史文化遗产共计42处，涵盖了古遗址、古建筑、近现代史迹及代表性建筑、石刻等类型，其中全国重点文物保护单位10处，省级文物保护单位11处。

非物质文化遗产类型丰富，包括民间文学，传统音乐，传统舞蹈，传统戏剧，曲艺，传统体育、游艺与杂技，传统美术，传统技艺，传统医药，民俗等，沿线已经建立健全了国家、省、市、县四级非遗代表性项目名录和代表性传承人名录体系。截至2021年12月，有28个项目列入国家级非物质文化遗产代表性项目名录，144个项目列入省级非物质文化遗产代表性项目名录。

第三节
河北大运河物质文化遗产

一、构成及名录

2019年，河北省文物局公布了大运河（河北段）文化遗产名录，共计77处遗产被列入其中（图3-2）。遗产分布区域包括廊坊、沧州、衡水、邢台、邯郸，其中廊坊13处、沧州28处、衡水8处、邢台12处、邯郸16处[182]。类型方面，包括水利工程遗产和相关历史文化遗产两大类，其中水利工程遗产包括河道（运河和减河）12处、水利工程设施20处，共计32处；其他相关文化遗产包括古遗址 12 处、古建筑 15 处、近现代重要史迹及代表性建筑 11 处、石刻 4 处，共计 42 处。保护单位级别方面，包括全国重点文物保护单位 19 处，省级文物保护单位 11 处，市级县级文物保护单位 15 处，其他 29 处[183]。

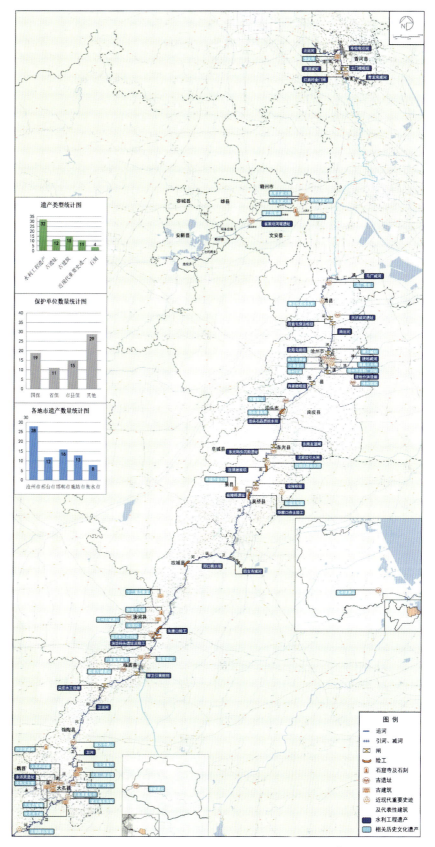

图 3-2 河北大运河文化遗产分布示意图

182 南运河、卫运河、卫河分别流经两个地市，地市级数量分别计入，省级层面均合并为 1 处。
183 保护单位级别统计截至 2022 年 8 月。

表 3-1 河北大运河文化遗产名录

序号	名称	年代	保护单位级别	所在地
一、大运河水利工程遗产				
1	北运河	隋至清	国保	香河县
2	南运河	东汉至清	国保	故城县、景县、阜城县、吴桥县、东光县、泊头市、南皮县、沧县、沧州市、青县
3	卫运河	东汉至清		故城县、清河县、临西县、馆陶县
4	卫河	东汉至清		魏县、大名县
5	永济渠遗址	东汉至隋唐		馆陶县、大名县、魏县
6	凤港减河	20世纪60年代		香河县
7	牛牧屯引河	1946年		香河县
8	青龙湾减河	清		香河县
9	马厂减河	清		青县
10	兴济减河遗址	明		青县
11	捷地减河	明、清		沧县、黄骅市
12	四女寺减河	明、清		吴桥县、东光县、南皮县、盐山县、海兴县
13	红庙村金门闸	清	国保	香河县
14	土门楼枢纽	1974年		香河县
15	崔家坊河堤遗址	清		文安县
16	安陵枢纽	1972年		吴桥县
17	北陈屯枢纽	1971年		沧州市
18	泊头石嚣员挑水坝	20世纪30年代		泊头市
19	东光码头沉船遗址	宋至民国	县保	东光县

序号	名称	年代	保护单位级别	所在地
20	东南友谊闸	1958 年		东光县
21	捷地分洪设施	明、清	国保	沧县
22	连镇谢家坝	清末	国保	东光县
23	肖家楼枢纽	1960 年		沧县
24	周官屯穿运枢纽	1966 年～1967 年，1984 年		青县
25	戈家坟引水闸	1958 年、1973 年		阜城县
26	华家口夯土险工	民国元年（1911 年）	国保	景县
27	郑口挑水坝	民国	国保	故城县
28	安陵桥遗址	民国		景县
29	穿卫引黄枢纽	1993 年～1995 年		临西县
30	尖庄水工设施	1957 年		临西县
31	油坊码头遗址及险工	民国	国保	清河县
32	朱唐口险工	清末至现代	国保	清河县
二、相关历史文化遗产				
33	宝庆寺	1921	县保	香河县
34	胜芳张家大院	清	省保	霸州市
35	胜芳王家大院	清	省保	霸州市
36	胜芳杨家大院	1928 年	县保	霸州市
37	堤工段落碑	清光绪元年	县保	文安县
38	永济桥碑	民国	县保	文安县
39	正泰茶庄	1914 年	省保	沧州市
40	马厂炮台	清末	国保	青县
41	青县铁路给水所	清末、民国	省保	青县
42	齐堰窑址	明	市保	泊头市
43	泊头清真寺	明	国保	泊头市

序号	名称	年代	保护单位级别	所在地
44	沧州旧城	唐、宋	国保	沧县
45	㯺头城址	明		沧州市
46	水月寺遗址	明、清		沧州市
47	清真北大寺	明	省保	沧州市
48	连镇铁路给水所	1908 年	市保	东光县
49	沧州市面粉厂旧址	1921 年 ~ 1970 年		沧州市
50	海丰镇遗址	金	国保	黄骅市
51	孙福友故居	1934 年	省保	吴桥县
52	沧州文庙	明、清	省保	运河区
53	贝州故城遗址	宋	国保	清河县
54	益庆和盐店旧址	清末至民国	县保	清河县
55	拆堤开沟碑	清乾隆二年	县保	清河县
56	元侯祠	明	县保	清河县
57	陈窑窑址	明		临西县
58	临清古城遗址	北魏至金	国保	临西县
59	八里圈清真寺	明、清	省保	临西县
60	十二里庄教堂	清	省保	故城县
61	北留固石灰窑	20 世纪 60 年代	县保	魏县
62	徐万仓遗址		县保	馆陶县
63	大名府故城	宋	国保	大名县
64	大名山陕会馆	清	县保	大名县
65	大名窑厂村窑址	清		大名县
66	大名古城墙	明、清	省保	大名县
67	大名清真东寺	明		大名县

序号	名称	年代	保护单位级别	所在地
68	金北清真寺	元末	市保	大名县
69	大名龙王庙（龙王庙旧址）		市保	大名县
70	大名天主堂	1921年	国保	大名县
71	龙王庙石灰窑	20世纪50年代		大名县
72	沙圪塔诚碑	清	省保	大名县
73	开福寺舍利塔	北宋	国保	景县
74	邺城遗址	曹魏至北齐	国保	临漳县

二、水利工程遗产

（一）运河及减河河道

1. 北运河

北运河为全国重点文物保护单位"大运河"的构成河段，曾称沽水、潞水、白河、通济河，又因其为漕运所经，故称北运河。北运河始于隋代永济渠，元代以后，通州以下白河河道得以利用，成为京杭大运河的重要组成部分，到明代形成白漕，是漕运的鼎盛时期。清末至新中国成立前河道治理甚少，北运河航运事业日衰，但仍然是一条重要的行洪排沥河道。

北运河属海河流域北运河水系，位于永定河、潮白河之间，上有东沙河、南沙河、北沙河汇于昌平区沙河镇后，称温榆河，下有清水

图3-3 北运河河北段起点杨洼闸（西南向东北）

河、小中河、小坝河汇流于通州区北关，始称北运河，南流有通惠河、凉水河、龙凤新河等纳入，并有运潮减河、青龙湾减河、筐儿港减河分水，至天津市屈家店与永定河汇流，再至天津市新大红桥以下汇入西河（子牙河），北运河干流河道自通州北关闸至天津三岔河口，河道总长度约 148 千米。北运河干流通州区至土门楼河长 60 千米，为泄洪排沥河段。土门楼至屈家店河

长 74 千米，一般年份已无泄洪任务，仅供排沥和输水使用；屈家店至大红桥河长 14 千米，除排沥输水外，还需承泄永定河洪水 400 立方米每秒。

北运河河北段流经河北省廊坊市香河县，自安平镇鲁家务村西北杨洼闸进入县境（图 3-3），沿香河、武清边界至五百户镇东双街村南出境。境内河道长 20.38 千米，河道平均宽度 2125 米，

图 3-5 香河县王家摆北运河河道（北向南）

图 3-4 香河县鲁家务北运河河道（西向东）

图 3-6 吴桥宋家院—景县玉泉庄世界遗产段南运河河道（王经摄）

图 3-7 东光县东码头—景县码头镇南运河河道（王经摄）

最宽处安平镇草沙河村 3450 米，最窄处五百户镇东双街村 800 米，主槽宽度 60 ～ 100 米。现状堤防基本是在元、明、清时期河堤的基础上修筑的，堤距宽窄不一，堤身高一般 5 ～ 8 米，堤顶宽 8 米左右，个别地段堤顶宽 10 米（图 3-4、图 3-5）。

2. 南运河

南运河为全国重点文物保护单位"大运河"的构成河段，其中南运河沧州—衡水—德州段（长度 94 千米）为世界文化遗产中国大运河的组成部分。南运河肇始于东汉末年曹操开凿疏通的清河—平虏渠，隋唐为永济渠，宋金元为御河，元代以后为京杭大运河的一部分，明为卫河，清至今为南运河。南运河经历代疏浚，对贯通南北漕运起过重要作用，20世纪70年代以后其航运功能丧失，运河的主要功能转变为泄洪和输水，局部地区可取水灌溉。

南运河属海河流域漳卫南运河系，起于四女寺枢纽，流经山东、河北两省及天津市，止于天津市静海县独流镇的十一堡节制闸，河道全长309千米，左堤长271.36千米，右堤长273.1千米，堤顶宽一般4～8米，个别堤段不足3米。南运河可分为上、中、下三段，段与段之间有捷地减河和马厂减河分泄洪水。上段为四女寺枢纽节制闸至沧县捷地减河捷地闸，河长184.8千米，通过

捷地闸向捷地减河分洪，河槽上口宽60～110米，槽深6～9米，堤距为72～1663米；中段自沧县捷地闸至静海县马厂减河九宣闸止，河长76.9千米，通过九宣闸向马厂减河分洪，河槽上口宽48～84米，槽深5～6米，堤距为57～1030米；下段自马厂减河九宣闸至独流镇十一堡闸止，河长47.3千米，河槽上口宽25～61.5米，槽深4～6米，堤距为45～550米。

南运河河北段位于河北省沧州市、衡水市境内，流经衡水市故城、景县、阜城以及沧州市吴桥、东光、南皮、泊头市、沧县、新华区、运河区、青县十一个县（市、区），河道长度为253千米（图3-6至图3-13）。南运河河北段至今仍

图3-8 沧州市运河区西砖河—沧县东砖河南运河河道（王韬摄）

图 3-9 沧州市区以南姚庄子南运河河道与石黄高速（王韬摄）

图 3-13 青县马厂炮台附近南运河河道

图 3-14 沧州市区王希鲁闸附近南运河河道及缕堤（王经摄）

图 3-10 沧州市区欧米伽弯以南河道（东向西，王韬摄）

图 3-11 沧州市区新华桥—欧米伽弯以北河道（王韬摄）

图 3-12 沧州市区北陈屯以北南运河河道（王韬摄）

图 3-15 沧州市区欧米伽弯到姚庄子南运河弯道（王韬摄）

图 3-16 沧州市区南刘辛庄、欧米伽弯南运河弯道（王韬摄）

然保存着完整的古代河道、堤防，河道两侧没有砌体纤道，局部主河槽两侧的缕堤在运河航运时期兼做纤道（图3-14）。南运河河北段未经过大规模的裁弯取直，延续了自隋唐永济渠以来的河道走向及河道形态，保留了体现南运河特点与功能的众多弯道，大部分河段保留了原生态的历史风貌。（图3-15、图3-16）

3. 卫运河

卫运河始于东汉建安九年（204年）开凿的白沟，为隋唐永济渠的组成部分，宋金元称御河，明代称卫河，其中卫运河临清至四女寺段是元代以后京杭大运河的组成部分，清代以后称南运河，临清至徐万仓段仍称卫河。卫运河的名字出现在漳河1942年于馆陶入卫后。据查，1946

图 3-17 邯郸市馆陶县徐万仓村漳卫汇流处（卫运河起点）

图 3-18 四女寺枢纽以西卫运河河道（东向西，赵泓彬摄）

年 3 月 1 日，冀南卫运河河务局成立，是最早使用卫运河名称的单位。新中国成立后，于 1958 年修建四女寺枢纽，徐万仓漳卫汇流处至四女寺枢纽一段，称卫运河至今。20 世纪 70 年代末，因河道干涸停止航运。

卫运河属海河流域漳卫南运河水系，起自河北省邯郸市馆陶县徐万仓漳卫汇流处（图 3-17），左岸流经河北省的馆陶、临西、清河、故城等县，右岸流经山东省的冠县、临清、夏津、武城等县（市），至四女寺枢纽（图 3-18），河道总长 157 千米，均为河北与山东的界河。在 1958 年治理前，卫运河河道全长 213 千米，两岸均有堤防，一般堤防顶宽 7 米，险工段顶宽 10 米，两岸堤距一般在 100 ~ 2500 米之间，河道通过城镇处，断面缩窄，滩地消失，而堤距较宽处有相应较宽的滩地。卫运河为复式断面，半

图 3-19 清河县南李庄扬水站附近卫运河河道

图 3-20 清河县朱唐口村附近卫运河河道
（南向北，赵泓彬拍摄）

地上河。河槽之深，在海河流域各河道中居于首位，滩地与河底的高差一般在 7 ~ 10 米，河槽宽在 70 ~ 200 米。新中国成立后，卫运河于 1957 ~ 1958 年进行了第一次扩大治理，裁弯 49 处，河长缩减成 175 千米，1972 年卫运河再一次扩大治理后，河道长度缩短为 157 千米（图 3-19 至图 3-21）。

4. 卫河

卫河始于东汉建安九年（204 年）开凿的白沟，为隋唐永济渠的组成部分，宋金元称御河，明清至今均称卫河。

卫河属海河流域漳卫南运河系，上游源出山西省，流经河南、河北、山东三省，于河北省馆陶县徐万仓与漳河汇流（图 3-22）。干流从河南省新乡市合河镇始至漳卫河汇流处徐万仓止，全

图 3-21 故城县郑口镇卫运河河道（南向北，赵泓彬摄）

长329千米。合河至淇门，河长85千米，多为复式河槽，主槽宽40～70米，深4～6米；淇门至道口，河长40千米，主槽宽50～70米，深 5～7米；道口至屯子，河长24千米，主槽宽50～70米，深5.5～7米；屯子至老观嘴，河长10千米，主槽宽55～70米；老观嘴至元村集，

图3-22 漳卫汇流处（北向南）

图3-23 魏县第六店村附近卫河河道（田瑞夫摄）

图 3-24 魏县北善村附近卫河河道（田瑞夫摄）

图 3-25 魏县卫河河道近景（龚正龙摄）

河长 91 千米，宽 70 ~ 90 米，深 7 ~ 9 米；元村集至徐万仓，长 79 千米，河宽 70 ~ 90 米，深 8 ~ 9 米。

　　卫河河北段流经河北省魏县和大名县，河道长 60.9 千米（图 3-23 至图 3-26）。卫河段堤身高一般 3 ~ 4 米，局部 5 米，堤顶宽度 8 ~ 10 米。卫河堤防维护较好，堤身高一般 3 ~ 4 米，局部 5 米，堤顶宽度一般为 8 米，个别地段加宽到 10 米。

5. 永济渠遗址

　　永济渠属于隋唐大运河的北段，隋唐称永济渠，宋金元时期多称御河，明清以来称卫河。永济渠开凿于大业四年（608 年），河道利用了曹操开通的白沟—清河—平虏渠这条水运通道。唐宋时期多

图 3-26 大名县龙王庙镇西苑湾村卫河河道（王辉摄）

有修治，宋金时期，永济渠流经区域为
金政权统治，再次修浚永济渠（御河），
以运输纲粮、馈饷。其后随着漳河、黄
河无休止的泛滥，永济渠的河道也随之
屡经变化，总的趋势是逐渐向东滚动和
迁徙。

大运河河北段现调查发现多处永济
渠遗址段落及节点（图3-27）。依据现
有考古调查及勘探成果，路线较明确的
段落主要分布在邯郸市的魏县、大名县、
馆陶县，长度约40千米，包括：魏县双
井镇至大名县老堤北段长约15千米，局
部尚显河道遗迹；老堤北向北，经三铺
村（即艾家口），大名城东至大名府故城
北门口段长约15千米，已辟为小引河及
支渠，部分遗迹尚存；魏县大康庄村北
向东，经大名县白水潭、逯堤南，至今

卫河长约10千米，局部尚显河道遗迹，有的已辟为现代
沟渠。

考古调查和勘探发现的重要遗迹节点包括：木官庄
村永济渠遗址，位于馆陶县路桥乡木官庄村东北60米的
卫西干渠与胜利渠（均为新中国成立后新建）的分支处，
西侧为卫西干渠，东侧为胜利渠，其上均建有闸口，两

图3-28 河南村永济渠遗址

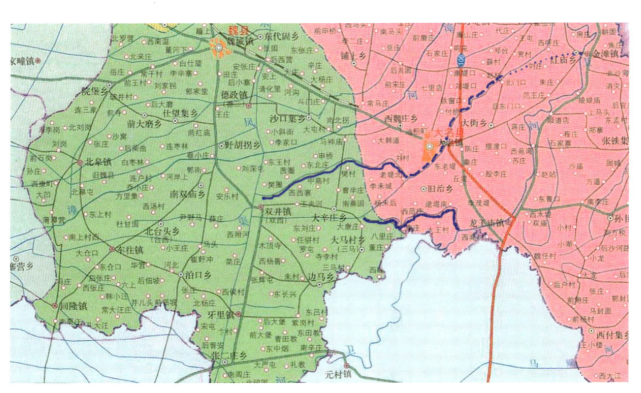

图3-27 永济渠遗址位置示意图

图 3-29 牛牧屯引河位置示意图

渠在开挖时曾发现古河道。现在部分永济渠研究者认为卫西干渠就是古永济渠的流经地。河南村段永济渠遗址，南临近魏县双井镇河南村，呈西北向东北流向。由于村民取土形成多处深坑，暴露出河道痕迹及河流冲积物，在河底发现有扰乱的砖室墓葬，时代不明。河道宽 40 多米，深 9 米。据采集的文物标本分析，河道时代约在唐宋时期（图 3-28）。三铺村段永济渠遗址位于大名县城南部，大体呈西南流向东北，此段长约 400 米。在 1993 年，村民在此河道内取土时于河道的北侧发现有成排木桩（分析为码头）。根据北部河道及大坑内冲积叠压层分析，大坑北边的河道发现有青花瓷残片，时代可到明代，河道之下和大坑中部的遗物为唐宋时期，大坑下部时代推断可能早于唐代。

6. 牛牧屯引河

牛牧屯引河是北京市与河北省的界河，其河西是北京市通州区西集镇，河东是河北省廊坊市香河县（图 3-29）。因地近西集镇的牛牧屯村，故名。牛牧屯引河开挖于 1946 年，它的作用是连通潮白河与北运河，汛期宣泄潮白河的洪水。1950 年华北水利工程局实施潮白河牛牧屯引河口门工程[184]。据《廊坊水利志》载："修筑牛牧屯引河口门，牛牧屯引河自箭杆河（即潮白河）右岸大沙务起向南 4.26 千米入北运河，由此分泄潮白河洪水 700 立方米每秒入北运，修筑口门一座，口门两侧培堤 1.598 千米。"[185]

傅云龙著《游历各国图经余记》载："又二十里萧家村，又十五里扳罾口，出通州界，入香河境，有扳罾口河，出通州孤山麓，至此入北

184《人民日报》1951 年 8 月 7 日第二版，《潮白河牛牧屯引河口门部分工程被冲毁》，中央水利部通讯组。
185 杨杰主编，《廊坊地区水利志》，河北人民出版社，1998 年，113 页。

运河。"[186] 清康熙版《香河县志》载："扳（一作搬）罾口河，（香河）城西十里，上通密云昌平两路水，至此口入白河。"[187] 扳罾口河曾与苍头河构成辽萧后运粮河的一部分。明清时期设浅铺管理（搬罾口浅，曾属屯卫后改属县管理）。从方志文献记载和当地调查的结果分析，后来的牛牧屯引河即利用搬罾口河开挖而成。

云店镇凤河左岸老观里村，于马驹桥镇房辛店村入通州境，向东流经于家务回族乡、漷县镇，于漷县镇小屯村出境，至河北省香河县王家摆村东南入北运河（图 3-30）。河道全长 41 千米，流域面积 223 平方千米。凤港减河香河段长 2.5 千米。1971 至 1972 年，该河上段进行清淤治理，1991 年再次清淤。

7. 凤港减河

凤港减河属北运河水系，20 世纪 60 年代开挖，因连接凤河、港沟河成为分减洪水的重要排水河道，故名凤港减河。凤港减河西起大兴区青

8. 青龙湾减河

青龙湾减河为北运河分洪河道，"青龙湾河，北运河之减水河也，河口在王家务土门楼之北，红庙村之南，又名上引河，又名王家务引河"[188]，

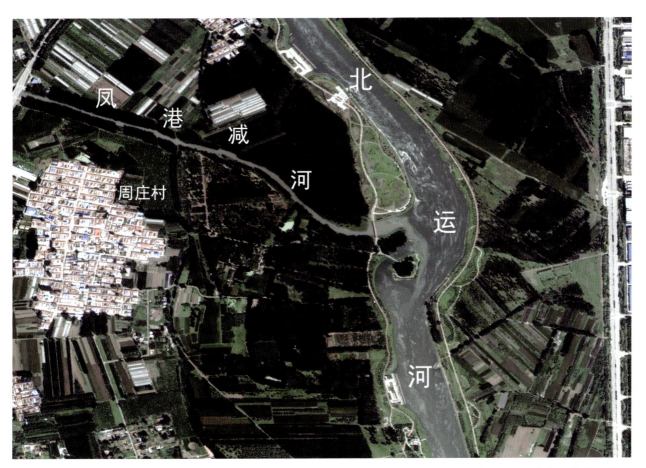

图 3-30 凤港减河位置示意图

186 （清）傅云龙著，《游历各国图经余记》，朝华出版社，2016 年，3 页。
187 （清）刘深、黄良佐等修《续修香河县志》卷之二，康熙十七年刊行。
188 （民国）王葆安等修，马文焕等纂，《香河县志》卷二·地理·河流，成文出版社，1968 年，116 页。

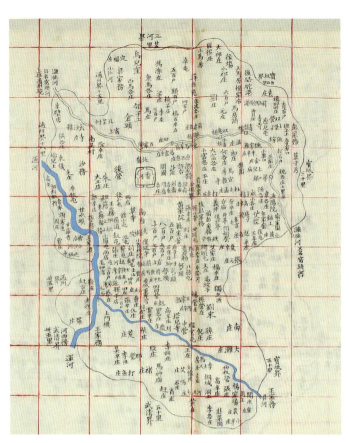

图 3-31 清香河境内青龙湾减河（王家务引河）

始凿于雍正七年（1729 年），"七年疏贾家沽道，已而山水暴至，河西务又决，遣官于河西务上流青龙湾建坝四十丈，开引河注之七里海，运道乃安"[189]（图 3-31）。清乾隆年间多次疏浚，清光绪十年大规模疏浚、修筑减河两堤，新中国成立后，于 1950 年、1972 年、1973 年多次疏浚治理。

青龙湾减河河北段流经香河县，自香河县五百户镇土门楼泄洪闸起（图 3-32），沿钳屯乡、五百户镇、刘宋镇南部边界东流，于刘宋镇庆功台村东南入天津市宝坻区境，境内全长 18.2 千米。现存河堤经历代维修形态较为完整，堤顶宽 8 米，堤高 4 米。津蓟铁路桥以上河段，主槽蜿蜒曲折，两岸险工险段交替发生，左右堤防堤身较高，局部堤顶宽度不够，超高不足。

图 3-32 北运河与青龙湾减河交汇处（南向北）

189 （清）和珅等撰，《大清一统志》卷五·顺天府二，乾隆五十五年武英殿刊行本。

青龙湾减河是北运河（河北段）三条减河（引河）之一。减河、引河两岸均有人工修建的堤防，堤身一般高3～4米，局部5米，堤顶宽度一般为8米，个别堤段10米。

9. 马厂减河

马厂减河又称靳官屯减河，为光绪五年（1879年）马厂兵营驻军所开。清光绪初年，南运河上减河多已淤废，光绪五年（1879年），时任直隶总督李鸿章命令天津道勘察水利，提出在天津东南开挖减河的规划，见于《南运减河靳官屯闸记》所载："从前，如四女寺、哨马营、直境捷地、兴济等处，共开有减河四道，以资分泄。无如岁久失修，河道多废，仅存捷地一减河，水患更甚……光绪五年，饬天津道等勘察水利，往复相度。据查津城东南，由青县之靳官

屯，经盛军所驻之新农镇，至西大沽以出海，最为顺轨。"[190] 规划既定，于是调集在马厂驻扎的淮军周盛传部30余营（当时一营为850～900人），分段挑浚，至清光绪六年（1880年）完工，并在南运河右岸与靳官屯减河交汇处建石质双料五孔大桥闸以资启闭，时称靳官屯大闸，现名九宣闸（图3-33）。该闸初建时为木质叠梁闸门，每孔有8块闸板，每块高一尺五寸。当时规定"无论运河水势大小，提放闸板不得超过5块之数，以示限制而重运道"[191]。这样，闸上有3块闸板常年放下，共高四尺五寸，再加减河底高于运河底四尺，南运河水深可在八尺以上，保证了航运的水深要求。九宣闸自建立至今已逾百年，其间闸门曾有数次改建，但全部基础及闸墩均系原物，保存完好。九宣闸北侧现存靳官屯闸碑，为光绪十七年（1891年）立，螭首，趺坐，通高4.2

图3-33 马厂减河九宣闸

190 （清）李鸿章撰文并书，《南运减河靳官屯闸记》，光绪十七年十二月。
191 海河志编纂委员会，《海河志》第一卷，中国水利水电出版社，1997年，391页。

米，宽 1.4 米。碑文楷书，叙述南运河下游位处九河下梢的河道形势及开凿减河的必要性，饬提督周盛传开凿马厂至新河的河渠，以及修筑涵闸、桥梁的情况（图 3-34）。清末，漕运停止后，该河渐淤涸，水患大增。民国九年（1920 年），重开这条河，并正式命名为马厂减河，此后，曾多次疏浚。1953年，与马厂减河平交的独流减河建成，较大水流同时溢入北大港。1957 年，在马厂减河上建成赵连庄节制闸，以限制马厂减河泄洪和防止独流减河高水位倒灌；并扩建马圈分洪闸，分泄马厂减河洪水经马圈引河入北大港。

马厂减河是南运河下游的分洪河道，西起静海县靳官屯村南运河右岸（图 3-35、图 3-36），东至天津赵连庄入北大港，全长40.19 千米。马厂减河河北段位于河北省青县境内，从京沪铁路桥至天津市英关屯，为天津与河北的界河，长约 11 千米。马厂减

图 3-34 靳官屯闸碑

图 3-35 南运河与马厂减河交汇处（西南向东北）

河开挖于清末，为当时主要排水河道，同时为马厂、小站、新城、大沽各驻兵地开辟了一条水道。目前，马厂减河作为南运河上的在用减河河道，仍发挥其重要的水利价值。

图 3-36 南运河与马厂减河交汇处（东南向西北）

10. 兴济减河遗址

兴济减河是明清时期南运河的重要分洪河道之一。明嘉靖《兴济县志》载："减水闸河，石闸一座，在县北三里，大扫湾东岸，始于成化三年间。"[192] 可知，兴济减河始于明代成化三年（1467 年），称减水闸河（图 3-37），当地人称"娘娘河"。明嘉靖十六年（1537 年），重新开挖河道，至丰台堡以东入海，明末逐渐淤塞。清雍正三年（1725 年）卫河决溢，雍正四年（1726 年）怡贤亲王呈报的水利奏略云："青县之南有兴济河，乃昔年分减水之故道也，今河形宛然，闸石现存，应请照旧疏通。"[193] 同年，兴济减河得以重新开浚，清代又称为北减水河，"北减水河，在州北四十里，河源来自青县……雍正四年水利府查奏开浚"[194]（图 3-38）。乾隆三十六年（1771 年）改闸为坝，"高宗纯皇帝巡幸山东，其时因制府杨公廷璋有于天津城西芥园左近建减水坝之议，圣意以其逼近津城，命于上游另择善地。适御舟经行兴济见运河底水宽裕，恐闸墙有所壅蔽，谕令改闸为坝，每年设立岁修以除淤

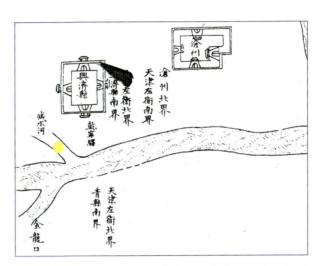

图 3-37 明代兴济减河（谢肇淛《北河纪》）

图 3-38 清代兴济减河（张鹏翮《治河全书》）

192 （明）嘉靖版，《兴济县志》上卷·山川志。
193 （清）王履泰编撰，《畿辅安澜志》卫河卷七，武英殿聚珍版。
194 （清）庄日荣等纂修，胡淦总修，《沧州志》卷之一·疆域，乾隆八年刊本。

积，有御制诗碣"[195]。嘉庆十二年（1807年）前后，由于河道淤积，坝口低矮，又将坝顶增高2尺。兴济减河于清末以后逐渐淤废。1963年大水后，在根治海河兴修水利中，兴济减河被子牙新河取代，子牙新河大体沿兴济减河南岸流过。

兴济减河目前仅存遗址，减河与南运河河口淤废，遗址分布于河北省青县南运河东岸上伍乡、金牛镇两个乡镇17个村庄和黄骅市齐家务乡卸甲庄以东聚管段，减河遗址的整体走向较为清晰，部分段落已被填埋，河堤已遭严重破坏。乾隆碑系青县民工在1953年春开挖周官屯干渠时于兴济镇北3里大扫湾处发现，即相关文献记载的兴济减河闸口位置，后运至县文化馆保存至今，碑座被埋藏于文化馆房屋下面。

11. 捷地减河

捷地减河挑挖于明弘治三年（1490年），"捷地镇减水河（一名南减河），明弘治三年开，十二小河之一也，长一百八里，出于卫河东岸建桥设闸以时启闭"[196]（图3-39）。明末，渐淤塞。清雍正四年（1726年），怡亲王允祥亲自主持挑通减河，详见清乾隆版《沧州志》所载："国朝雍正三年卫河水溢决十三口，四年水利府查奏开浚，自闸口起至刘三家庄以东止，计河长一百八里"[197]（图3-40）。清乾隆年间、嘉庆九年（1804年）以及道光年间又挑挖数次，道光二十四年（1844年）裁弯取直，同治十一年（1872年）知州项桂轮承修，光绪十三年（1887年）知州骆孝先承修。由于河道淤积，堤防失修，到建国初期捷地减河泄洪能力大大降低。1956年捷地减河

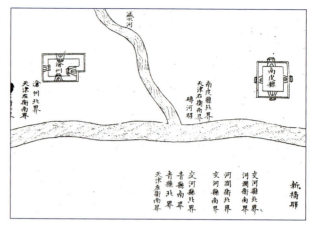

图3-39 明代捷地减河位置示意图（谢肇淛《北河纪》）

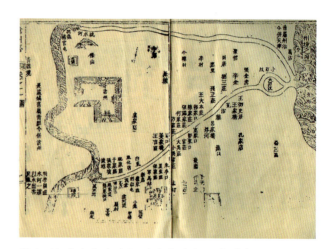

图3-40 清代捷地减河（清乾隆版《沧州志》）

改由沧浪渠入海，1963年，沧县、黄骅两县对捷地减河进行复堤维修。1965年7月，沧县、黄骅两县对捷地减河进行堤防加固。1972年，对捷地减河进行扩建、疏浚、加高培厚堤防，同时新建了捷地枢纽。

捷地减河是南运河的主要分洪河道之一，西起河北省沧县捷地镇（图3-41、图3-42），流经沧州南、沧县、黄骅市，东北流至今黄骅歧口附近入海，自捷地进洪闸至高尖头泄洪闸，河道全长83.6千米。

195 （民国）万震宵等修，高遵章等纂，《青县志》卷之四·古迹，成文出版社，1967年，184页。
196 （民国）张坪等纂修，《沧县志》卷之二·河流，民国二十二年铅印本。
197 （清）庄日荣等纂修，胡淦总修，《沧州志》卷之一·疆域，乾隆八年刊本。

图 3-41 南运河与捷地减河交汇处（北向南）

图 3-42 南运河与捷地减河交汇处（西南向东北）

12. 四女寺减河

四女寺减河开凿于明永乐十年（1412年），后经历代疏浚治理，沿用至今。四女寺减河开凿之初，减河口在德州西北，自减河上口到旧黄河仅6千米，开挖后的减河洪水泄入老黄河故道（鬲津河），东北流经吴桥（今县东南）、宁津、乐陵、庆云（今县北）、海丰（今无棣），自大沽河口入海。明弘治三年（1490年），四女寺减河上口移至四女树（今四女寺）（图3-43）。清初，减河淤塞已平、闸座废坏不修。历史上曾多次治理，但仅限于河口及上游。1963年特大洪水发生后，为保证冀、鲁广大地区和津浦铁路的安全，解除洪水对天津的威胁，根据1967年提出的《漳卫河流域防洪规划》，1971～1972年再次扩大治理时，形成现在规模，改分洪为承泄卫运河洪水入海的主要河道，更名为漳卫新河。

四女寺减河是漳卫南运河的重要分洪河道，起自山东省德州四女寺枢纽，东至大沽河口入海，中下段为河北、山东两省界河，河道全长257千米。四女寺枢纽是四女寺减河的渠首工程，位于卫运河、南运河、四女寺减河（漳卫新河）交汇处（图3-44、图3-45），由

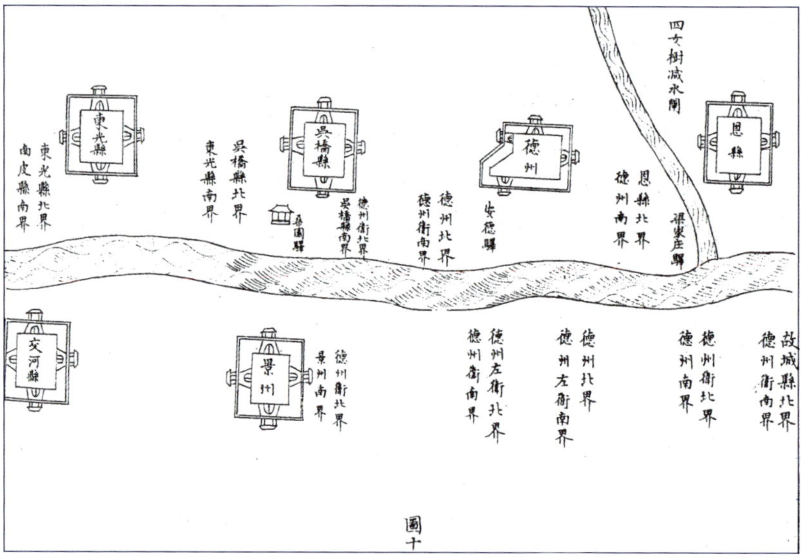

图3-43 明代四女寺减河位置示意图（谢肇淛《北河纪》）

图3-44 四女寺减河与南运河、卫运河汇合处全貌（西向东）

图 3-45 四女寺枢纽总平面图

图 3-46 四女寺枢纽——南北进洪闸及南运河闸（西向东，赵泓彬摄）

南北进洪闸、南运河闸（图3-46）和船闸组成（图3-47、图3-48）。四女寺减河河北段西起小　　天罢村南，东至大沽河口，左岸流经河北省吴桥、东光、南皮、盐山、海兴等五县。

图3-47 四女寺枢纽——船闸（北向南）

图3-48 四女寺枢纽——船闸（西南向东北）

（二）水利工程设施

1. 红庙村金门闸

红庙村金门闸位于河北省廊坊市香河县红庙村西南北运河东岸，为全国重点文物保护单位——大运河的构成部分。金门闸是青龙湾减河的渠首工程，青龙湾减河始凿于清雍正七年（1729年），减河开凿之初，"于河西务上流青龙湾建坝四十丈"[198]，乾隆二年（1737年），"移青龙湾石坝于王家务"[199]，即今红庙村金门闸所在。乾隆三十七年（1772年），"浚王家务减河，又将坝之南北两岸，建筑石台，中铺石块，较旧坝落低，水自石上宣泄，名曰金门闸"[200]，此为

金门闸名称之始。民国十四年（1925年），天津顺直水利委员会派员重修金门闸，"复将南北石坝上，接修铁闸，随时启闭，筑以洋灰，上作桥式，行人均由桥上经过，咸称便利"[201]。1942年日伪政府再次重修，闸上铺木板可供行人通过，闸板等构件改为铁质。1961年6月，北运河土门楼节制闸竣工交付使用。1974年5月，土门楼泄洪闸重建竣工，同时青龙湾减河河道北移约125米，清代所建金门闸废弃不用，成为遗址。

由上述史料可知，现存金门闸为乾隆三十七年遗存，经历代修葺保留至今。金门闸遗存构成主要包括南、北两处闸台（图3-49）。北闸台保存较为完整，平面略呈梯形，外壁为条石包砌，

图 3-49 红庙村金门闸与青龙湾减河（西北向东南）

198 （清）和珅等撰，《大清一统志》卷五·顺天府二，乾隆五十五年武英殿刊行本。
199 （清）和珅等撰，《大清一统志》卷五·顺天府二，乾隆五十五年武英殿刊行本。
200 （民国）王葆安等修，马文焕等纂，《香河县志》卷二·地理·河流，成文出版社，116页。
201 （民国）王葆安等修，马文焕等纂，《香河县志》卷二·地理·河流，成文出版社，117页。

图 3-50 红庙村金门闸北闸台

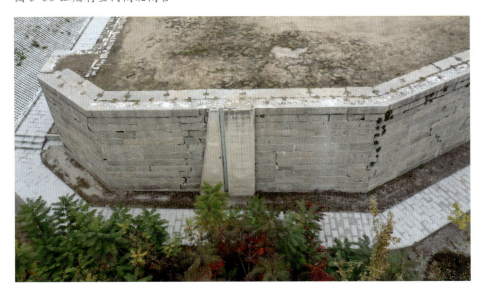

图 3-51 红庙村金门闸北闸台闸槽

图 3-52 红庙村金门闸南闸台

图 3-53 清代无字碑

内以青砖砌筑，再内填夯土，夯层厚 20 厘米，南北长约 30 米，东西宽约 26 米，高 4.4 米（图 3-50），外包条石上闸槽尚存（图 3-51）。南闸台上迎水、由身、下分水等各部位条石无存，仅存内部夯土墙芯（图 3-52）。19 世纪 70 年代初，南闸台下分水曾作靶场的靶档使用，因此这部分的混合灰土有轻微塌落、残缺。2012 年对金门闸进行了保护修缮，目前保存较为完好。

据民国《香河县志》载："南坝台上有石碑一，刻乾隆御笔诗云：金门一尺落低均，疏浚引河宣涨沦。画策例同捷地闸，大都去害贵抽薪。"[202] 目前，南闸台原有清乾隆御题诗碑尚残存条石基础，碑首碑座无存，碑身残损严重，已运至博物馆保存。

清代无字碑，位于北闸台上，现存碑首、碑身、碑座。碑首方形，阳面浮雕二龙戏珠纹，长

方形天宫磨光无篆额；碑身素面磨光无字，长方形碑座，开有卯口（图 3-53）。此碑保存较好，但仅对石碑各部分的阳面进行了较为细致加工，其余各面仅做初步加工。

2. 捷地分洪设施

捷地分洪设施位于河北省沧州市沧县捷地镇南运河与捷地减河交汇处，为全国重点文物保护单位——大运河的构成部分（图 3-54、3-55）。捷地分洪设施是捷地减河的渠首工程，遗存内容主要包括：捷地分洪闸及 1933 年德国西门子分洪启闭机、乾隆御书《捷地、兴济坝工纪事诗碑》、清代宪示碑（图 3-56）。

捷地分洪设施始建于明弘治三年（1490年），"捷地镇减水河（一名南减水河），明弘治三年开……出于卫河东岸建桥设闸以时启

99

202（民国）王葆安等修，马文焕等纂，《香河县志》卷二·地理·河流，成文出版社，117 页。

图 3-54 捷地分洪设施全景（东向西，王经摄）

图 3-55 捷地分洪设施全景（东北向西南，王经摄）

闭"[203]。嘉靖十年（1531年），巡按直隶御史詹宽建议修复决堤（今捷地）、兴济二闸。嘉靖十三年（1534年）詹宽建议被朝廷议准，嘉靖十四年（1535年），先后由副都御使刘天和、李如圭主持建闸事宜，在捷地建成减水闸一座，以泄南运河涨溢之水。雍正四年（1726年）重修，

203（民国）张坪等纂修，《沧县志》卷之二·河流，民国二十二年铅印本。

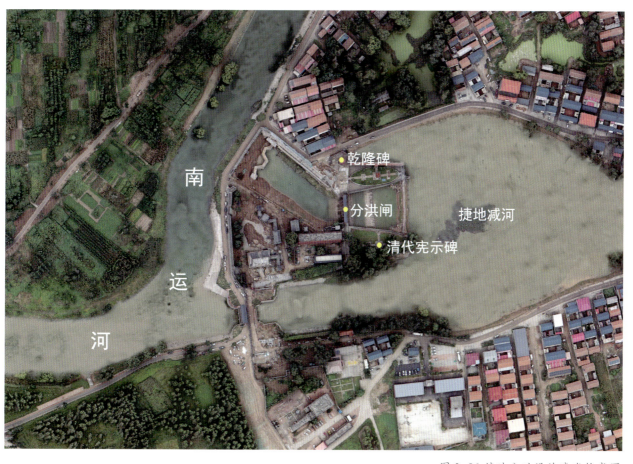

南
运
河

乾隆碑

分洪闸

清代宪示碑

捷地减河

图 3-56 捷地分洪设施遗存构成图

"二坝俱前明创建，雍正四年建修五空闸座依时启闭"[204]。乾隆三十六年（1771年），高宗皇帝南巡，"亲临阅定止须将兴济捷地减河闸座改为滚水石坝，将捷地坝石落低一尺二寸，兴济坝石落低一尺"[205]，另闸旁现存乾隆御书《捷地、兴济坝工纪事诗碑》碑文所载"拆去闸墙改为减水石坝"记载了易闸为坝的史实。后天津道宋将龙骨石落下三尺五寸，坝口太低以致减河年年漫溢。嘉庆十二年（1807年），"起高坝底龙骨二尺二寸，坝口宽留八丈"[206]。宣统三年（1911

年），将坝改建成溢流堰，民国二十二年（1933年）华北水利委员会将溢流堰改建成八孔分洪闸，保留至今。

2003年，水利部门对捷地分洪闸进行了安全鉴定，结论为三类工程，已经不能满足泄洪功能的需求。为保护分洪闸，2005年将分洪闸南侧的电站闸改建为分洪闸，在南运河与减河河口处增建挡水坝一座，仅留一涵管并建一小闸引水以满足景观需求，分洪闸泄水功能基本消失。

204（清）王履泰编撰，《畿辅安澜志》卫河卷七，武英殿聚珍版。
205（清）王履泰编撰，《畿辅安澜志》卫河卷七，武英殿聚珍版。
206（民国）张坪等纂修，《沧县志》卷之二·河流，民国二十二年铅印本。

图 3-57 捷地分洪闸（东向西）

图 3-58 金刚墙顶面海墁及铁银锭

　　捷地分洪闸是捷地减河的渠首工程，为一座敞开式八孔分洪闸（图 3-57），
面阔 25.7 米，每孔净宽 2.66 米，进深 8.16 米。分洪闸由金门（闸室）、上迎水
和下分水组成。金门（闸室）为分洪闸主体部分，由两边金刚墙（边墩）、分水
金刚墙（闸墩）、龙骨石（闸底板）、闸门、活动胸墙、启闭机、工作桥几部分
构成。两边金刚墙（边墩）墙面为料石结构，金刚墙上均设有闸槽，为早期闸
门位置所在，其上压面及海墁均为料石，闸底龙骨石亦为料石海墁，料石之间
用铁银锭榫连接（图 3-58）。闸门在建设之初为木闸门，1995 年木闸门槽朽严

重，更换为钢闸门，门上设有钢板活动胸墙。分水金刚墙（闸墩）与工作桥均为钢筋砼结构，分洪闸启闭机设备为齿条式电动手摇两用，德国西门子产品（图3-59）。上迎水由迎水雁翅（翼墙）、两侧护坡、底石（铺盖）及河床护底构成。上迎水河道总长约130米，南北侧雁翅下部均为料石结构，上部为近些年维修时补砌的青砖砌体，局部设置石质护栏。迎水底石（铺盖）为料石海墁，料石之间用铁银锭榫连接。下分水由分水雁翅（翼墙）、底石（消力池护坦和海墁）及河床护底构成。分水雁翅（翼墙）成八字形，上游至下游逐渐变宽，雁翅下部为料石结构，上部

为近些年维修时补砌的青砖砌体，局部设置石质护栏。分水底石（消力池护坦和海墁）为料石结构，因在水面以下，料石规格不详，料石之间用铁银锭榫连接。分洪闸料石砌体及海墁均用白灰糯米浆砌筑、灌浆并勾缝。

乾隆御书《捷地、兴济坝工纪事诗碑》，为乾隆三十六年（1771年）立。捷地分洪闸在乾隆三十六年（1771年）曾由闸改建成滚水坝，乾隆皇帝为此次改建工程，亲笔在石碑上留下五言长诗一首，当地称此碑为"闸口乾隆碑"。1966年8月此碑被推倒铺路，1984年闸所主任张炳起带领闸所干部职工将此碑运回，由文物部

图 3-59 分洪闸闸室启闭机

图 3-60 乾隆碑

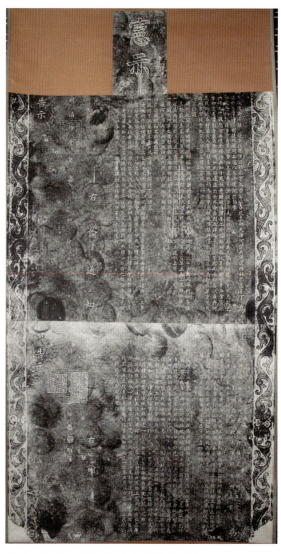

图 3-61 宪示碑拓片（白素萍提供）

门立于捷地分洪闸北侧，并建碑亭予以原址保护。石碑为汉白玉石质，总高 3.66 米，由碑首、碑身、碑座组成。碑首为螭首，上刻"二龙戏珠"浮雕，高 1.12 米，宽 1.1 米，厚 0.4 米；碑身高 1.79 米，宽 1.25 米，厚 0.3 米；碑座高 0.75米，宽 1.3 米，厚 0.58 米，上面刻有祥云和卷草，中间为"五蝠祝寿"图案。碑文为乾隆御书并撰文，碑阳内容为乾隆三十六年捷地、兴济易闸为坝的缘由及具体方案，碑阴内容为乾隆皇帝为此工程亲笔写下的五言长诗（图 3-60）。

清代宪示碑，同治十一年（1872 年）由河间兵备道西林巴图鲁丁所立。光绪二年（1876年）乐宗军统领记名提督丁德昌在重修包公祠时将此碑运至沧州市区包公祠内并在背面横刻祠规嵌于壁间。1999 年春，南运河河务管理处会同沧州市文物局将宪示碑立于捷地分洪闸南侧原址修亭保护。石碑为汉白玉石质，由碑身和碑座构成。碑身高 1.9 米，宽 0.83 米，厚 0.21 米。碑座高 1 米，宽 0.6 米，厚 0.38 米。碑阳内容为以告示形式公布的运河与减河维护治理的管理条例、主管官员职责及惩治办法（图3-61），碑阴内容为包公祠祠规。

3. 连镇谢家坝

连镇谢家坝位于河北省沧州市东光县连镇四街、五街交界处南运河东岸（图3-62），为全国重点文物保护单位——大运河的构成部分，2014年列入世界文化遗产名录。谢家坝建于清末，全长218米（图3-63、图3-64）。坝体为灰土加糯米浆逐层夯筑，夯土层每步厚18～22厘

图 3-62 连镇谢家坝及所在河道（北向南，王经摄）

图 3-63 连镇谢家坝（西南向东北）

米,平均收分 20%,夯土坝以下为毛石垫层(图3-65),基础为原土打入柏木桩。现存坝体稳定性好,局部风化,是南运河结构保存最好的夯土坝。它的修建对防御洪水起到了重要作用,是研究清末夯筑技术及南运河段险工护岸发展过程的重要实物例证。

4. 华家口夯土险工

华家口夯土险工位于河北省衡水市景县安陵镇华家口村南南运河西岸(图3-66),为全国重

图 3-64 连镇谢家坝正面(西向东,王经摄)

图 3-65 连镇谢家坝坝体结构

点文物保护单位——大运河的构成部分，2014年列入世界文化遗产名录。华家口险工为一处夯土坝，民国初年由县政府主持修建，为灰土加糯米浆逐层夯筑，夯土以下为毛石垫层，基础为原土打入柏木桩。现存坝体全长250米，夯土层每步厚18～22厘米，平均收分20%（图3-67至图3-69）。华家口夯土险工位于南运河弯道位置，历史上经历过数次洪水侵袭，主体结构仍然大部分留存，体现了当时施工工艺的科学性，是大运河河北段代表性的夯土险工之一。

图 3-66 华家口夯土险工（南向北，王经摄）

图 3-67 华家口夯土险工（南向北）

图 3-68 华家口夯土险工（东北向西南）

图 3-69 华家口夯土险工正立面（东向西，王经摄）

5. 郑口挑水坝

郑口挑水坝位于河北省衡水市故城县郑口镇卫运河西岸，为全国重点文物保护单位——大运河的构成部分。历史上，郑口挑水坝位置所在河道弯大流急，河道左岸河堤常受水流冲击，极易发生决口溃坝，历代官民多次在此修筑险工。据清光绪版《故城县志》记载，道光二十三年（1843年）曾在此修筑龙尾埽（古代埽工的一种），"郑家口南茶庵至徐家庄一带修龙尾埽，街市议修五十七丈，官修一百三十八丈……"[207]

现存挑水坝为1947年运河局部整治时修筑，共有6个重力挑水坝构成，呈倒"U"形分布在河堤内侧，间距75～152米，总长约908米（图3-70至图3-73）。坝体迎水面为圆角，设计巧妙，可以减缓水对坝体的冲击。坝体外侧为青砖和白灰砌筑，上部厚度为500～870毫米，墙体收分在17%～28%，顺砖和丁砖（250×120×60毫米）隔层设置，内侧为素土夯筑，坝体顶部铺墁青砖（270×130×55毫米）。后因不满足防洪防汛要求，红机砖砌筑接高1.6米，外部水泥砂浆抹面，同时增设砖石护基。

图 3-70 郑口挑水坝河道（西南向东北）

图 3-71 郑口挑水坝 1～3 号坝（刘鑫提供）

207 （清）丁灿等纂修，张焕等续修，《故城县志》卷二·河防，成文出版社，1976年，239页。

由南向北第一个重力挑水坝北侧有7个水位标尺，第二个重力挑水坝正面刻"民国三十六年即西历1947年桃月建筑"共15字，可清晰辨认，第三个重力挑水坝迎水面上题刻"抑息狂澜"及水位标尺（图3-74）。第六个重力挑水坝南侧有坡道，宽度1.23米，为装卸货

图 3-72 郑口挑水坝 3 ~ 5 号坝

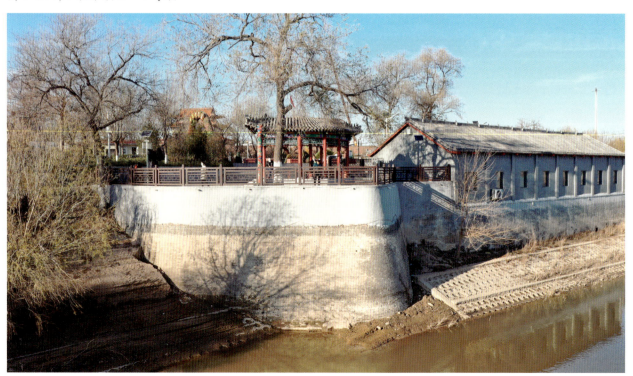

图 3-73 郑口挑水 3 号坝正面

物之用，兼具码头功能（图3-75）。经初步对2号和6号坝体勘探，对结构进行了解剖，坝体下均存柏木桩（图3-76）。

6. 朱唐口险工

朱唐口险工位于河北省邢台市清河县朱唐口村北卫运河西岸，为全国重点文物保护单位——

图3-76 郑口挑水坝2号坝坝体结构

图3-74 郑口挑水坝3号坝体题字及标尺

图3-75 郑口挑水6号坝及码头坡道

大运河的构成部分。此段卫运河河流迂曲较大，以转角处为基点，上下游河流之间角度约为85°。朱唐口险工历史上经过多次重修增修，现存险工段落分别修建于清末至20世纪90年代。险工平面呈弧形，总长961米，因各历史时期就地取材所建而存在多种形制，分别为：抛石坝、干砌石及浆砌石坝、网格坝、青砖砌三合土夯坝（图3-77、图3-78）。

青砖砌三合土夯坝始建于清朝末期，位于朱唐口险工西段南侧，该段坝总长79.1米，高4.6米（现条石顶至河道现有地坪），总体大致呈南北走向，随河岸走向砌筑（图3-79），

图 3-77 朱唐口险工（东北向西南，赵泓彬摄）

图 3-78 朱唐口险工（西南向东北，赵泓彬摄）

图 3-79 朱唐口险工砖砌坝体

南侧为抛石坝，北侧为网格坝。坝体外包青砖（270×120×55 毫米），内侧夯筑三合土墙芯，青砖砌筑方式为一层顺砖一层丁砖，白灰膏勾缝，青砖坝体顶部厚 0.4 ～ 0.5 米，上盖青石压面一层，平铺砌筑，坝墙整体的收分为6% ～ 7%。

抛石坝是土石坝的一种，用块石抛筑并将表面整平而形成的重型整治建筑物，这种坝的优点是可充分利用当地天然材料，能适应不同的地质条件，并且坝体坚固，抗冲性强，使用年限长，可建成各种坝型，施工、维护简单。此处抛石坝始建于清末，原有的险工整体除青砖三合土夯坝外全部为抛石坝，新中国成立后河务局经过历次加固将部分险段的抛石坝改建成干砌或浆砌石坝及网格坝，现存抛石坝 3 段，总长度 321 米。干砌石和浆砌石坝位于朱唐口险工东段，总长

216.1 米，高 7.5 米，坡度为 6:10，大致呈东西走向。

网格坝，位于朱唐口险工西段北侧，同样为在原有抛石坝的基础上加固修建。该坝总长

图 3-80 朱唐口险工网格坝（赵泓彬摄）

344.8米，高3.0米，坡度为4:10，大致呈南北走向（图3-80）。该坝南侧为青砖砌三合土夯坝，北侧为抛石坝。该坝为块石砌筑，水泥砂浆勾缝密实，以正方形网格方式排列，网格内播植青草，网格之间宽3.18米，块石网格每个宽0.5米。

7. 油坊码头遗址及险工

油坊码头遗址及险工位于河北省邢台市清河县城东南偏北15千米处的油坊镇卫运河西岸，为全国重点文物保护单位——大运河的构成部分。自元代京杭大运河开通后，油坊镇所在地迅速发展起来，明清时期成为较有名气的水陆码

图3-81 油坊码头遗址及险工全景（南向北，赵泓彬摄）

图3-82 油坊码头遗址及险工全景（东北向西南）

图 3-83 油坊码头遗址及险工——码头 2

图 3-84 油坊码头遗址及险工——码头 4

图 3-85 油坊码头遗址及险工——码头 5 和 6

头、物资集散交流中心，是清河、威县、南宫等地的商品集散地。顺治十年（1653年）谈迁《北游录》载："壬寅，发二十里□半边店，二十里清河县油房。"[208] 记录了作者沿运河水路北行途经油坊的经过。"管河县丞在油坊镇坐西朝东，管河营汛在油坊镇南头河西岸"[209]，两处河道管理机构均驻油坊镇，负责运河相关事务，充分说明了油坊镇是大运河的重要节点。据民国版《清河县志》记载，油坊镇运河堤防曾在光绪十七年（1891年）、十九年（1893年）、民国十六年（1927年）多次加固修补。

油坊码头遗址及险工为明清时期码头遗址，同时兼具险工功能，由6个码头及多段险工组成，总长933.8米，高10.2米，材质以青砖为

主，辅以干砌石、浆砌石砌筑（图3-81、图3-82）。现存6个码头保存完好，主要有客运码头、百货码头、运粮码头、运盐码头、运煤炭码头等，从南往北1、2号码头基本相仿，墙体青砖砌筑，卸货平台青砖砌筑，为外凸半圆形（图3-83）；3号码头与2号码头相距较近，墙体青砖砌筑，卸货平台较小，为石砌；4号码头墙体青砖砌筑，卸货平台为青砖砌筑坡道（图3-84）；5、6号码头基本相仿，墙体青砖砌筑，卸货平台青砖砌筑，方形，平台侧面有上货码道（图3-85）。几段险工大部分为青砖砌筑，后期维修时改成浆砌石。由于该段运河于20世纪70年代断航，油坊码头丧失其原有功能成为遗址，但其险工的功能一直保持，不同年代均有修筑及

208（清）谈迁著，《北游录·纪程》。
209（清）黄汝香等纂修，《清河县志》卷之一·建制，成文出版社，1969年，44页。

补砌，整体保存较好。

油坊码头是清河境内运河岸边一处重要的水陆码头。数百年来，南北货物流经于此，由此转运各地，也因而出现了一些商贸服务、交通运输行业，码头的修建带动了当地运河流域经济的发展和文化交流。

图 3-86 北运河土门楼枢纽（北向南）

图 3-87 土门楼泄洪闸正面

图 3-88 土门楼泄洪闸背面

图 3-89 北运河土门楼节
制闸（南向北）

8. 土门楼枢纽

　　土门楼枢纽位于河北省廊坊市香河县北运河与青龙湾减河交汇处附近的北运河和青龙湾减河河道上（图 3-86）。土门楼枢纽由土门楼泄洪闸和土门楼节制闸组成。1961 年 6 月，土门楼节制闸建成交付使用。1973 年 3 月，泄洪闸重建工程动工，设计过闸流量 1330 立方米每秒，校核流量 1620 立方米每秒，1974 年 5 月竣工。1974 年 7 月，因河道弯曲水流不稳，泄洪闸两岸冲刷坍塌严重，威胁闸身安全，经抢护成功，使用至今。目前，土门楼泄洪闸和节制闸上均有公路桥。

　　土门楼泄洪闸位于香河县红庙村南，是北运河向青龙湾减河的泄洪闸（图 3-87、图 3-88）。土门楼泄洪闸闸孔共 10 孔，每孔高 6.63 米、宽 10 米，闸门为平板翻转钢闸门，水能形式为沉溺式。闸底板高程 6.5 米，闸门顶高程 11.0 米，堤顶高程 1.38 米，设计上游水位 12.3 米，下游水位 12 米，设计过闸流量 1330 立方米每秒，校核上游水位 12.97 米，下游水位 12.5 米，校核过闸流量 1620 立方米每秒。

土门楼节制闸又称木厂节制闸，位于香河县后土门楼村西北运河河道上，上距青龙湾减河河口约1300米（图3-89）。土门楼节制闸为有压涵洞式闸，闸孔共9孔，每孔高4.5米，宽2.5米，闸门为直升平板木闸门，消能形式为消力塘。闸底板高程8.0米，闸门顶高程12.7米，堤顶高程15.0米，设计上游水位13.5米，设计过闸流量225立方米每秒，校核上游水位13.7米，下游水位13米，校核过闸流量309立方米每秒。

图3-90 崔家坊河堤遗址位置示意图（韩金秋提供）

9. 崔家坊河堤遗址

崔家坊河堤遗址位于河北省廊坊市文安县大清河南堤上（图3-90），清代遗址。2018年春季

图3-91 周官屯穿运枢纽（南向北）

03

图 3-92 周官屯穿运枢纽（北向南）

120

南堤北侧下部清理出青砖干砌的护坡遗迹，暴露长度约 5 米。据记载，该河堤曾在乾隆年间决口，遗迹应为垒砌堤坝遗迹，目前淹没于水面以下。

10. 周官屯穿运枢纽

周官屯穿运枢纽位于河北省沧州市青县上伍乡周官屯村南，是南运河、子牙新河与北排河的交叉行洪工程（图3-91、图3-92）。枢纽工程于1965年9月由水利电力部海河勘测设计院完成设计，1965年11月经水电部会同河北省根治海河指挥部审查批准兴建，河北省水利厅工程局施工。1966年10月开工，1967年7月建成，1967年9月由河北省根治海河指挥部组织验收，移交南运河河务管理处管理。1984年，为解决原设

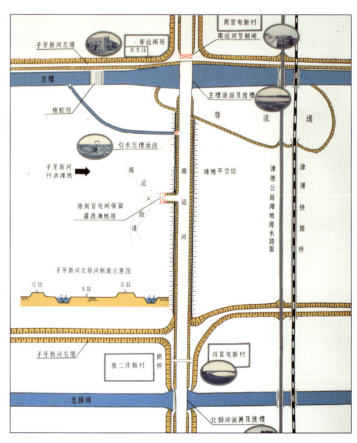

3-93 周官屯穿运枢纽总平面图

计遗留下来的非常情况下的渡槽漂浮稳定问题，经河北省水利厅批准，增建了引水压槽工程，该工程由引水渠、引水涵洞和引水压槽闸三部分组成，此项工程由河北省南运河管理处设计并组织施工，1984 年 9 月开工，同年 11 月竣工。1991 年秋，青县水利局为引水灌溉，经上级批准，又把原引水渠道加长至子牙新河主槽橡胶坝以上。

周官屯穿运枢纽工程主要任务是根据子牙新河与南运河洪峰流量及河底高程相差较大的特点，按照大小洪水分别对待的原则，采用平交立交结合方式，大水时两

河洪水在子牙新河滩地平交汇流，中小水时南运河水经渡槽下泄，子牙新河洪水由渡槽下的涵洞排泄，各不相扰，以解决两河洪水交叉矛盾问题。该工程由六部分组成，即南运河节制闸、子牙新河主槽涵洞、北排河涵洞、滩地平交埝、导流堤和引水压槽等（图 3-93）。南运河节制闸位

图 3-94 周官屯穿运枢纽——节制闸（南向北）

图 3-95 周官屯枢纽——子牙新河渡槽与涵洞（西向东）

图 3-96 周官屯穿运枢纽——子牙新河渡槽（南向北）

图 3-97 周官屯枢纽——北排河渡槽（北向南）

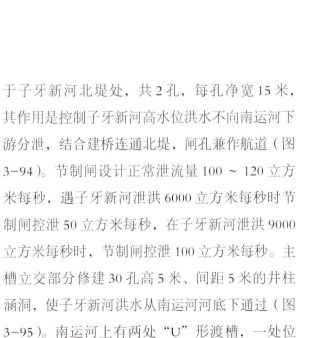

于子牙新河北堤处，共 2 孔，每孔净宽 15 米，其作用是控制子牙新河高水位洪水不向南运河下游分泄，结合建桥连通北堤，闸孔兼作航道（图 3-94）。节制闸设计正常泄流量 100～120 立方米每秒，遇子牙新河泄洪 6000 立方米每秒时节制闸控泄 50 立方米每秒，在子牙新河泄洪 9000 立方米每秒时，节制闸控泄 100 立方米每秒。主槽立交部分修建 30 孔高 5 米、间距 5 米的井柱涵洞，使子牙新河洪水从南运河底下通过（图 3-95）。南运河上有两处"U"形渡槽，一处位

于子牙新河主槽，长 210 米，置于子牙新河主槽井柱涵洞帽梁上，使南运河河水由子牙新河上面通过（图 3-96）；另一处位于北排河上，长 92.4 米，置于北排河井柱涵洞帽梁上（图 3-97）。两渡槽设计流量均为 100 立方米每秒，校核流量 180 立方米每秒。引水压槽工程，是为解决渡槽可能被漂浮的稳定问题而新增项目，由引水闸及引水渠组成。引水闸位于主槽渡槽南端 144 米处的子牙新河滩地左侧平交埝上，引水渠全长 346.08 米，当子牙新河主槽水位达到一定高度

图 3-98 北陈屯枢纽全景（东南向西北，王韬摄）

时，水即可通过引水渠、闸进入渡槽，从而解决其稳定问题。

周官屯穿运枢纽工程设计合理，施工质量精良，作为枢纽工程重要组成部分的南运河穿子牙新河渡槽为当时东亚最大的渡槽。枢纽工程妥善解决了三条河交叉行洪的复杂矛盾，并对调节南运河水量起到了重要作用。1996 年 8 月子牙新河发生了特大洪水，穿运枢纽工程经受了自建成以来最大洪水的考验，有效地保卫了京津地区、华北油田等广大地区人民生命财产安全。

节制闸闸身刻有毛泽东主席亲笔题词"一定要根治海河"，体现了 20 世纪 60 年代中国人民经历了巨大的洪水灾害后，国家领导人对水利河道治理的重视，对克服自然灾害所下的决心，具有重要的实证价值和教育意义。

11. 北陈屯枢纽

北陈屯枢纽位于河北省沧州市运河区药王庙和北陈屯两村之间的南运河上（图 3-98）。北陈屯枢纽即原规划的捷地枢纽，1971 年列入《捷

图 3-99 北陈屯枢纽节制闸（南向北）

图 3-100 北陈屯枢纽船闸（南向北）

图 3-101 北陈屯枢纽船闸（北向南）

地减河扩建工程设计》建筑物项目报批，位置原拟在捷地附近，与捷地分洪闸共同组成捷地枢纽工程，但在进行捷地减河扩建工程设计时，沧州地、市提出考虑上游两岸工农业用水及市区美化确定下移至此。工程于 1971 年 11 月开始建设，1973 年 6 月竣工，1976 年 5 月验收后交河北省南运河河务管理处管理。

北陈屯枢纽主要任务是与捷地分洪闸统一调度、联合运用，解决南运河在四女寺分洪 300 立方米每秒时用以节制抬高水位，保证由捷地分洪闸分泄 180 立方米每秒，南运河下泄 120 立方米每秒。节制闸设计流量 180 立方米每秒，校核流量 120 立方米每秒。北陈屯枢纽由节制闸、船闸组成，属中型建筑物，等别为五等。节制闸由 3

孔组成，每孔净宽5.5米，闸底板高程为4.5米（图3-99）。船闸在节制闸左侧，通航标准为100吨级，由上、下游引航道、上下游闸室组成。上、下游引航道各长400米，底宽14米，采用复式断面（图3-100、3-101）。

北陈屯枢纽是南运河渠化规划五级梯级布置的第三级，具有防洪、蓄水、航运和美化沧州市等综合效益，同时对附近地区的经济、农业、居民生活有重要作用。

12. 肖家楼枢纽

肖家楼枢纽（南排河穿运倒虹吸工程）位于河北省沧州市沧县肖家楼村北南运河与南排河交汇处，是南排河与南运河的交叉工程（图3-102、3-103）。枢纽始建于1960年2月，同年7月完成，1965年2月进行扩建，同年7月完成。

肖家楼枢纽工程的主要功能是排泄沥涝、改良盐碱地及蓄水灌溉。肖家楼枢纽水闸结构为钢筋砼箱式涵洞，孔数为22孔（图3-104）。设计过闸流量为552立方米每秒，校核过闸流量为950立方米每秒。其中南8孔于1960年建成，结构形式、盖板、底板为钢筋混凝土，墩墙为浆砌石。

图3-102 肖家楼枢纽（西南向东北，王经摄）

图3-103 肖家楼枢纽（南向北）

图3-104 肖家楼枢纽水闸结构（东向西，王经摄）

北 14 孔 1965 年建成，结构形式为钢筋混凝土箱型。这 22 孔均是方型孔径，每孔 3.5×3.5 米，洞长 133 米，进口底高程 5.5 米，出口底高程 5.0 米，中间水平段底高程 1.95 米，中间水平段与两端斜坡连接，设计流量 552 立方米每秒（南 8 孔 192 立方米每秒，北 14 孔 360 立方米每秒）。

肖家楼枢纽是河北段南运河上的一处重要枢纽工程，对历史上 1963 年、1964 年、1969 年、1977 年等年份的洪沥水排泄起到了显著作用，在排泄沥涝、改良盐碱地、蓄水灌溉等方面都发挥了巨大作用。

图 3-105 泊头石赑屃挑水坝（李华睿提供）

图 3-106 泊头石赑屃挑水坝局部（李华睿提供）

13. 泊头石飌飌挑水坝

泊头石飌飌挑水坝位于河北省沧州市泊头市胜利桥南 300 米大运河西岸，南侧堤坡上有毛石险工。明清以来，泊头已经成为国家重要战略物资的转运站和民间物资的集聚辐散地。当时，泊头市区有四个码头，分别是大王庙码头、火神庙码头、东西汀码头以及正太茶庄码头。泊头石飌飌挑水坝附近即为大王庙码头所在地，码头范围南北长约 200 米。20 世纪 30 年代，当地一代姓人士组织人们从附近庙里搜集 9 个石飌飌，叠涩堆砌在大运河西岸。这些飌飌年代为明代至清代。此处运河弯道水流较快急，河水冲击力大，"九飌飌"摆起来形成挑水坝，起到减缓水速、保护大堤作用，同时还可以标记水位，兼具水文功能。目前，经过考古勘探清理，共发现 6 个石飌飌，自上而下叠涩堆砌在河道西堤内侧堤坡上，飌飌背部及侧面纹路清晰（图 3-105、图 3-106）。大运河河北段其他地方现存一些夯土砖石结构挑水坝，用石飌飌做挑水坝是大运河上目前发现的唯一一处。

14. 东南友谊闸

东南友谊闸位于河北省沧州市东光县东码头村北南运河东岸与跃进渠交汇处（图 3-107）。东南友谊闸为跃进渠渠首工程，砌石结构，共 7 孔，边孔宽 1.3 米，中孔宽 1 米，过水能力为 20 立方米每秒（图 3-108）。闸身两面均题刻"东南友谊闸"五个大字，落款"一九五八年二月

图 3-107 东南友谊闸与南运河河道交汇处（南向北，王经摄）

图 3-108 东南友谊闸正面（西向东）

图 3-109 东南友谊闸背面题刻（东向西）

图 3-111 沉船出土遗物

建"，在闸身背面两侧还有小字题刻，记述了东南友谊闸的建成过程及产生的效益，题刻保存基本完好，南侧题刻内容："在共产党的领导下，东南两县人民携手并肩，冒风雪、顶严寒，苦战三个月，付出了巨大的劳动，终于驯服了洪水，给万代子孙创造了幸福的源泉。"；北侧题刻内容："建成友谊闸，波浪滚滚往东翻，日吐亿吨水，灌溉万顷田，水害成水利，汪地变良田，盐碱荒地变成米粮川，促使生产大跃进，低产面貌从此得改变（图 3-109）。"

当运河水量充沛时，可通过东南友谊闸从南运河引水入跃进渠，有一定的灌溉分洪作用，该闸为当地的农业做出了一定的贡献。闸身保留的清晰题刻，反映了新中国成立初期人民群众为防御洪水、发展农业生产付出的努力和所做贡献。

15. 东光码头沉船遗址

东光码头沉船遗址位于河北省沧州市东光县东光镇码头村西运河河道内（图 3-110），该村紧靠运河东侧，过去此处设有渡口码头，故名东

图 3-110 东光码头沉船遗址（北向南，王经摄）

码头。码头遗址南北长约 200 米，原码头系利用河道自然堤坡搭建木板装卸货物，20 世纪 60 年代运河断流废弃。遗址范围内可采集到宋代至民国时期的陶瓷残片、钱币、铜簪等遗物。1998 年 5 月下旬，码头遗址发现一条金代沉船，沧州市文物管理处随即进行了抢救性清理。船头及船的前部位于运河东坡下，清理范围仅仅为船体的中后部。船内出土了大批成筩的磁州窑白釉划荷花纹大碗（图 3-111），另外还发现磁州窑缸胎大盆 4 件，白釉器盖 4 件、铁锅 1 件、石锚 1 件、压舱石 1 件和 75 枚北宋时期的钱币。在沉船的发掘中，各地层出土有多个窑口的瓷器、红陶钵、金代铁权、元代铜权、骨刷柄、铁钩、铁刀、钱币等金代至清代的遗物。这些遗物的出土充分证明了大运河在古代作为交通大动脉突出的航运功能，也充分证明码头村当年是大运河岸边的一座商业重镇，为研究中国运河史、交通航运史、水利史增添了重要的实物资料，同时也为研究中国古代政治、经济、文化、商贸、旅游、瓷器的出口外运等提供了极其重要的考古资料。

图 3-112 戈家坟引水闸（南向北）

16. 戈家坟引水闸

戈家坟引水闸位于河北省衡水市阜城县戈家坟村北南运河西岸（图 3-112）。1957 年 3 月，阜城县组织以青年妇女为主的数万名民工开挖了妇女干渠，并在渠首设置引水闸，故名"妇女闸"，后经扩建改名为"戈家坟引水闸"（图 3-113）。引水闸建成之初为穿堤 3 孔箱型涵洞式，闸体为浆砌石，总工程量 2.16 万立方米，单孔宽 1.4 米，高 1.6 米，闸底高程 11.3 米，设计过水量 10 立方米每秒。该闸建成后发挥了一定效益。至 1962 年南运河变成季节性河流，该闸效益明显下降，1973 年 3 月 15 日至 6 月 10 日，对妇女闸进行了扩建，于该闸南侧增建 2 孔，为拱形涵洞式混凝土与砌石混合结构，砌体工程量

图 3-113 戈家坟引水闸（2008 年）

1287 立方米。单孔宽 2.0 米，高 2.6 米，闸底高程 10.3 米，与南运河底基本相平，引水能力提高到 20 立方米每秒，为横贯全县的清运干渠引水，至 1990 年前共引水 15868.1 立方米。该闸为阜城县第一座县级可用水闸，2012 年经河北省水利厅批准对引水闸进行了改建。

河

运

南

节制闸

船闸

图 3-114 安陵枢纽（南向西，王经摄）

17. 安陵枢纽

安陵枢纽位于河北省沧州市吴桥县安陵镇北 3 千米处的南运河上（图 3-114）。1971 年 3 月，水电部在德州市召开漳卫河中下游扩大治理工程初步设计讨论会，确定在安陵修建枢纽工程，该枢纽亦是南运河渠化规划五级梯级布置的第一级。1972

图 3-115 安陵枢纽节制闸（南向北）

年，由河北省航运局内河航运工程处按二级建筑物设计，1972 年 4 月开工，1973 年 5 月竣工。1973 年 10 月交河北省南运河河务管理处管理（船闸 1976 年 5 月份移交）。

安陵枢纽由节制闸和船闸组成。节制闸设计流量 300 立方米每秒，相应闸上水位 17.46

米，闸下水位 17.30 米，校核流量 360 立方米每秒，相应闸上水位 17.86 米。在不影响行洪的情况下，汛末进行蓄水，设计闸上蓄水位为 17.27 米，闸下为 11.6 米，蓄水量为 1000 万立方米。节制闸为开敞式钢筋混凝土结构，由闸室、消能防冲设施、防渗设备和两岸连接建筑物及其附属

图 3-116 安陵枢纽船闸（东北向西南）王经摄

设施组成（图 3-115）。节制闸共 6 孔，每孔净宽 8.4 米，闸总宽 74.2 米，闸底板高程为 11.6 米，闸门为升卧式平板钢闸门，中间 4 孔闸门高 6.2 米，两边孔闸门高 3.9 米。闸门启闭设施用 6 台 QPQ2×25TJ 卷扬式启闭机启闭。设有交通桥和工作桥。工作桥面高程 21.86 米，桥面宽 3.5 米；交通桥设计标准为汽—8 吨，全长 72 米，宽 4.5 米，桥面高程为 19.3 米。

船闸位于节制闸右侧，设计标准 100 吨级拖船，设计最高通航水位为 17.77 米，最低通航水位为 13.6 米，由上下游引航道、上下游闸首、闸室、闸门和启闭设施组成（图 3-116）。上游引航道长 620 米，下游引航道长 800 米，底宽均为 15 米；闸室长 140 米、宽 10 米；闸室及上下游引航道底高程均为 11.6 米。上、下闸首长均为 13 米、净宽 8.4 米，底板高程均为 10.42 米。闸身结构原设计为升卧式闸门，施工时改为平板

翻转钢闸门。设有两台启闭能力为 2×25 吨电动手摇卷扬启闭机。船闸设有交通桥，设计标准：汽—8 吨。

安陵枢纽是南运河渠化规划五级梯级布置的第一级，对整个南运河的水量具有调配作用，在防洪、蓄水中承担重要任务，对当地的经济、农业、防洪有重要作用。目前，节制闸工程结构保存完好，能够正常运用。船闸由于建成后运河水量较少未能发挥作用，上游引航道及闸室存在混凝土拴船桩数个。

18. 安陵桥遗址

安陵桥遗址位于河北省衡水市景县安陵镇东，东西横跨南运河。原为青砖桥台，木质桥体，现木质桥体无存，仅存桥台遗址（图 3-117）。据当地村民介绍，该桥建于 20 世纪 40 年代，20 世纪 60 年代该桥因年久失修坍塌，在

图 3-117 安陵桥遗址

图 3-118 安陵桥遗址西桥台

其南侧建混凝土桥。

西桥台台体现存遗址平面形状为五边形，具体做法是台体墙芯为夯土和块石，外包条砖（图3-118）。经局部清理可知，西岸桥台砖墙下夯

筑高 100 ～ 200 毫米灰土地基，其上直接砌筑砖墙，分为台体和女儿墙两部分，总高 4.875 米。其中砖砌台体高 4.125 米，包砖厚度约 0.76 米，条砖规格 240×120×52 毫米，砖墙为红砖和青

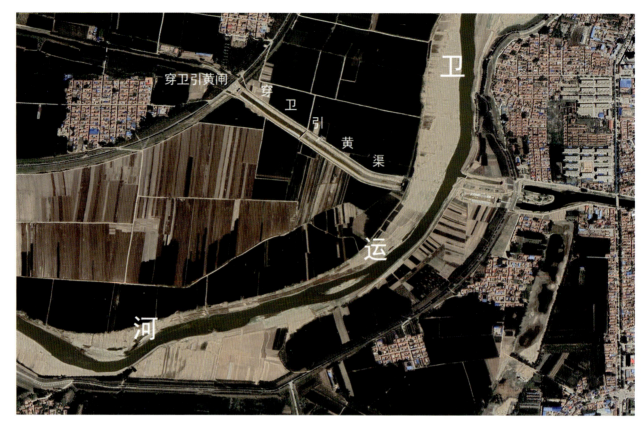

图 3-119 穿卫引黄枢纽位置示意图

砖混合使用，面层采用青砖。五面墙体均有收分，台体顶部向内错台 60 毫米砌筑女儿墙，女儿墙高 0.76 米，宽 0.5 米，顶部水泥抹成弧面。台体顶面原做法不详，现为土地面，上部生长杂草灌木及百姓种植杨树等。东岸桥台位于沧州市吴桥境内，其形制基本与西岸桥台相同，仅后期维修时面层改为红砖。两岸桥台正面均保存 2 处搭设木梁的矩形孔洞遗迹。

19. 穿卫引黄枢纽

穿卫引黄枢纽位于河北省邢台市临西县刘口村村南（图 3-119），与山东省临清市南郊引黄入卫枢纽工程为邻，在卫运河主槽中心线桩号 58+300 处横穿运河而过。工程于 1993 年

10 月 4 日开工，1995 年 5 月上旬全部竣工。穿卫引黄枢纽工程为河北、山东两省跨流域的大型调水工程——引黄入卫工程的组成部分之一。该枢纽的作用是由山东省聊城市的位山引黄闸引黄河水，经位山引黄干渠，再通过该枢纽与卫运河立交，由底部穿过卫运河送入河北省，解决河北省东南部的缺水问题。其中位于河北省境内的工程有两处，分别为穿卫引黄渠和穿卫引黄闸。穿卫引黄渠连接穿运主槽倒虹吸和穿右堤涵闸，长 732.8 米，为梯形复式断面（图 3-120），穿卫引黄闸为三孔一联的钢筋混凝土整体箱涵，涵洞为无压涵洞，每孔 4.0×3.3 米，洞身共分 4 节，进口闸室段长 25 米，洞身 3 节各长 15 米，共长 70 米（图 3-121）。在河北境内

图 3-120 穿卫引黄渠

图 3-121 穿卫引黄闸

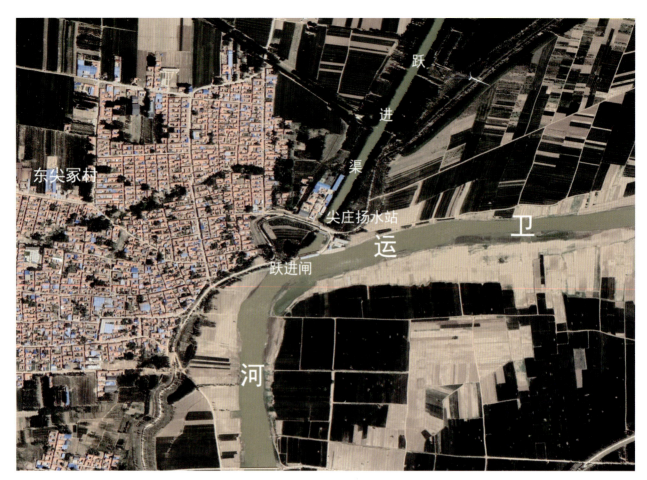

图3-122 尖庄水工设施位置示意图

卫运河左堤内侧设有三扇3.4×3.3米的直升式钢闸门。进出口渐变段分别为15米、20米长半重力式挡土墙，分别与上下游渠道连接，总长105米。

20. 尖庄水工设施

尖庄水工设施位于河北省邢台市临西县尖冢镇以北（图3-122），由尖庄扬水站、跃进渠、跃进闸组成。1957年10月，为改善临西县的灌溉条件，在尖庄东修建引水闸、扬水站，并开挖引水干、支、斗渠。该渠及闸系在"大跃进"中所建，因名"跃进渠""跃进闸"。闸长35米，宽20米，高7米，共建10孔闸门，设置10个直径为1.5米的钢筋混凝土穿堤涵管，可引水30立方米每秒。1972年卫运河扩大治理之后两年对跃进闸进行接长7.5米。1988年又对跃进闸进行加固，将木闸门全部换成钢闸门。跃进闸自1958年兴建后，在历年的抗旱中发挥了巨大作用。尖庄扬水站位于跃进闸北，引水干渠西侧，初建时装机1335马力，灌溉邯临公路以南、临馆渠以东的12.5万亩耕地。后经过历年改造，现总装机为2325千瓦，设计提水能力29.85立方米每秒。

三、相关历史文化遗产

（一）古遗址

1. 沧州旧城

沧州旧城位于河北省沧州市沧县东南 20 千米旧州镇东关村西、北关村南，全国重点文物保护单位。沧州旧城历史上曾名浮阳、清池等，西汉高祖五年（公元前 202 年）置渤海郡，郡治浮阳县城，即今沧州旧城所在，相关历史文献明确记载了沧州旧城的历史。宋《太平寰宇记》载："清池县，本汉浮阳县，属渤海郡，以在浮水之阳，故名。隋开皇十八年改为清池县……浮水，源自东光县南界永济渠分出东北流，经州理南十里，又北经州城东一里，又东北入于海。"[210] 清乾隆版《沧州志》载："浮阳故城（旧志做渤海郡城），在沧州东南四十里……一名狮子城，一名卧牛城……汉置浮阳县，为渤海郡治，以在浮水北而名。"[211] 北魏熙平二年（517 年）置沧州，是为州名之始，州治饶安，浮阳置郡，隶属沧州。隋开皇十八年（598 年）改为清池县，县治仍在原浮阳城。唐代始为沧州州治，宋金元因之。洪武二年（1369 年），州治迁至长芦（今沧州市），该城逐渐废弃，沧州旧城之名因此而来。

图 3-123 沧州旧城范围示意图

210 （宋）乐史撰，王文楚等点校，《太平寰宇记》卷六十五·河北道十四，中华书局，2007 年，1325 ～ 1326 页。
211 （清）庄日荣等纂修，胡淦总修，《沧州志》卷之十三·古迹，乾隆八年刊本。

图 3-127 沧州铁狮子

　　沧州旧城遗存年代为唐宋，"唐贞观中增筑，宋熙宁初重修"[212]，从城墙夯土夹杂的宋代瓷片、砖等遗物也充分佐证，现存的旧城为宋代城池。该城址因形似卧牛，又称卧牛城（图 3-123）。城墙基宽约 30～40 米，周长实测 7345 米，面积约 430 万平方米。目前沧州旧城城池轮廓明显，城墙西南两面保存较好，西门瓮城依稀可辨。城墙残缺不全，西南两面存有断墙五段，北面有两段，各段长 500～1000 米，高 1.5～8.5 米，基宽 8～53 米，顶宽 1.5～19 米（图 3-124～图 126）。旧城址内文化遗存丰富，现存文物点有铁狮子（图 3-127）、铁钱库、密云寺

碑、毛公甘泉古井等。出土文物有石雕伏狮（三级珍贵文物）1 件，白釉点褐彩兔等瓷人兽 26 件（其中斑马、卧牛、跪爬童子、侧卧童子、三彩立狮为三级珍贵文物），以及礌石堆。

　　为配合沧州旧城文物保护规划的编制，2015 年至 2016 年对沧州旧城遗址进行了考古勘探。此次考古勘探工作，基本探明了内城和开元寺的位置、范围和布局等情况。此次发现的内城位于现存旧州城址的中部略偏北位置，平面大致呈东西长南北宽的长方形，东西长约 820 米，南北宽约 540 米。距墙外约 1～40 米处有一周环形护城河，护城河宽度在 30～70 米，均深在 4 米左

212 （清）庄日荣等纂修，胡淦总修，《沧州志》卷之十三·古迹，乾隆八年刊本。

图 3-124 沧州旧城——南城墙（西南向东北，数字化项目提供）

图 3-125 沧州旧城——南城墙西段（东南向西北，数字化项目提供）

图 3-126 沧州旧城西城墙南段（西北向东南，数字化项目提供）

右。四面城墙除南墙保存较完整外，其余三面均间断分布，但具有线性连贯。另外，在四面墙体上均发现有明显的缺口，可能是当时城门的位置所在，其中南北城墙上各有 2 处，东西城墙上各有 1 处，总计有 6 处。城内发现东西、南北向道路各两条，它们多与城墙上的缺口处相通，应是当时城内主要的路网结构。此次勘探发现的古开元寺位于内城的东南部区域，寺院整体坐北朝南，平面呈南北长东西宽的长方形，由四进院落组成，南北长约 150 米，东西宽约 55 米，总占地面积近 8250 平方米。根据开口层位及形制结构，初步推测此次勘探发现的开元寺为唐至五代时期建筑。除此之外还发现有两处疑似房址的古代建筑遗迹。

沧州旧城始于西汉，兴盛于唐宋，衰落于明代，曾作为唐、宋、元、明四代州治，沧州市遗存丰富的都城遗址，是沧州悠久历史的见证，具有深厚的文化内涵，为研究中国历史、都城发展史、古代城市的选址与布局提供了宝贵的实物资料。

2. 幞头城址

幞头城址位于河北省沧州市运河区、新华区，南运河东岸。清乾隆版《沧州志》载，"沧州旧城在今城东四十里，明永乐初（纪事作洪武二年，据实录及明史也此云，永乐初仍旧志也）迁于长芦，是为今城。天顺五年知

府贾忠奏允创建砖城，嘉靖四十年巡抚都御使李迁运……重修；万历二十四年……重修；崇祯间……重修；百年以来，颓废以极，乾隆七年九月……奏请修理沧州城垣……"[213] 又民国版《沧县志》载，"清乾隆九年重修土城，三十九年……重修，外砖内土势像幞头……同治七年修筑……，光绪二十六年……修筑；三十二年……修……"[214] 据以上文献内容可知，沧州州治于洪武二年（1369 年）迁于长芦，天顺五年（1461 年）建幞头砖城，明清两代屡次修缮。

幞头城的规模形制在清乾隆版《沧州志》中有较为详细的记载，"城周八里计一千三百五十五丈，高二丈五尺，阔三丈六尺，垛口二千一百六十六面"[215]（图 3-128），四周共开城门 5 座，"南曰阜民、北曰拱极、东曰镇海、西曰望瀛、小南门曰迎薰"[216]（图 3-129），

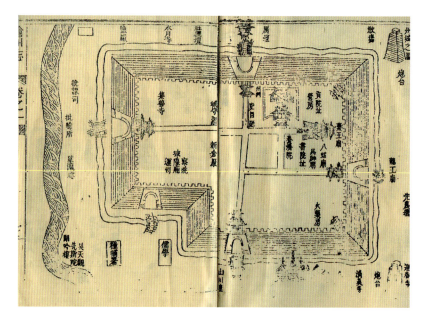

图 3-128 清乾隆版《沧州志》所载幞头城

213（清）庄日荣等纂修，胡淦总修，《沧州志》卷之二·建制，乾隆八年刊本。
214（民国）张坪等纂修，《沧县志》卷之三·建制，民国二十二年铅印本。
215（清）庄日荣等纂修，胡淦总修，《沧州志》卷之二·建制，乾隆八年刊本。
216（清）庄日荣等纂修，胡淦总修，《沧州志》卷之二·建制，乾隆八年刊本。

图 3-129 沧州幞头城南门老照片（1947 年）

城门之上均建重檐歇山城楼，并建角楼两座。城四周皆建有城壕，阔四丈五尺，深一丈五尺，城内有马道阔五步环于城根周围。城内外建筑以庙宇、牌坊、亭、台、楼、阁为主。庙有文庙、关帝庙、龙王庙、火神庙、白衣庙、土地庙、八蜡庙、刘猛将军庙、萧曹庙、王母庙、马神庙、娘娘庙等，牌坊共有 79 座，著名的有沧州文明坊、万古文明坊等。楼有望瀛楼、南川楼、郎吟楼、度帆楼、水明楼、闻远楼等。阁有文昌阁、三清阁、张仙阁等。坛有社稷坛、先农坛、风云雷雨坛、历坛等。寺有水月寺、迎春寺、清真寺。1947 年城墙拆除，幞头城仅存遗址。2000 年，顺城商厦建设中发现原幞头城南城墙一段，长 5

米，外墙皮为大青砖砌成，墙体内为夯土。1998年、2000 年、2001 年、2003 年，在沧州幞头城内及运河沿岸的多项建设中发现砖井、窑炉等遗迹，出土了大量文物和瓷器标本。

幞头城是现沧州市区的前身（图 3-130），明代将沧州州府迁至此地，便利的水运使沧州得以迅速发展，繁荣至今。城址范围内曾发现较多文化遗存并出土过丰富的地下文物，为研究区域历史、都城发展史、古代城市的选址与布局提供了宝贵的实物资料。

3. 水月寺遗址

水月寺遗址位于河北省沧州市区运河东岸水月寺街以西。据乾隆版《沧州志》记载："水月寺旧址在城外西南隅，观灯桥之东，后周广顺三年（953 年）建。明宣德十年（1435 年），僧泽安移建于城北盐场偏东。正统年间建千佛阁，嘉靖中阁下铸大佛三尊高丈六尺。国朝倾圮已甚，康熙五十四年僧辉一重修，雍正四年、七年屡修。"[217]

图 3-130 幞头城址范围示意图

---

217 （清）庄日荣等纂修，胡淦总修，《沧州志》卷之四·祠祀，乾隆八年刊本。

又据民国版《沧县志》记载，"……乾隆五十四年州人宋成文、董宝仁……重修寺内十方院，光绪二十一年驻防乐军梅东益等重修，琳宫梵语焕然一新……可谓吾邑之冠"[218]。据以上文献内容可知，水月寺始建于后周，明宣德年间移建于今址，明清均有重修。20世纪70年代，水月寺建筑彻底被毁。

水月寺原由山门、天王殿、大雄宝殿、后殿组成，为三进院落，均有东西配殿（图3-131）。山门内两侧有泥塑哼哈二将，高约两丈，十分威严。山门和天王殿之间的两侧建有钟鼓楼。天王殿中为弥勒佛，后为韦陀。两侧还有四大天王坐像高约一丈五尺。此殿可穿堂而过直通大雄宝殿。大雄宝殿高达十二丈八尺，登上七步台阶可见殿前平台正中有高约五丈的千斤大鼎。殿内正中有三尊赤金度身的大佛，为南海观音、阿弥陀佛、大势至菩萨坐像。高约一丈六尺，面前三张供桌有香炉、蜡千、佛磬之类，大殿两侧为十八罗汉，如真人大小，栩栩如生。东西北三面墙壁有立体悬空泥塑和壁画。东西两侧还有二十四孝民间传说故事，并配有花卉翎毛、山水人物等多种装饰图案。后殿内有一精致铜塑千手千眼佛，造型奇特，精艺绝伦。东西配殿为方丈、主持振广及僧人们居住。现水月寺建筑已无存，遗址范围内尚存柱顶石、残碑和赑屃碑座（图3-132、图3-133）。

图3-131 民国时期水月寺照片（民国《沧县志》）

218（民国）张坤等纂修，《沧县志》卷之三·建制，民国二十二年铅印本。

图 3-132 水月寺遗址现存柱础

图 3-133 水月寺遗址现存石赑屃

4. 齐堰窑址

齐堰窑址位于河北省沧州市泊头市齐堰村南（图 3-134），沧州市文物保护单位。窑址紧邻运河西大堤，南北约 150 米，东西约 100 米，面积约为 15000 平方米。窑址北侧断壁上有烧红的窑壁，地表散落青砖（图 3-135）。地表高出 1 米左右，南北 50 米，至今仍有窑址裸露。采集有带戳记砖，上有题刻"XX 县造"字样（图 3-136），砖尺寸为 480×230×110 毫米、440×215×115 毫米等规格，为明清时期城砖尺寸。

图 3-134 齐堰窑址位置示意图

图 3-135 齐堰窑址现状

图 3-136 齐堰窑址采集的文字砖

5. 海丰镇遗址

海丰镇遗址位于河北省沧州市黄骅市东南25千米，分布在今羊二庄镇海丰镇村南至杨庄村之间，东距渤海湾20千米，全国重点文物保护单位。民国版《盐山新志》记载："秦之柳县在杨二庄东南十余里故城，俗称南长坨，始皇二十六年置属齐郡。汉高帝六年封戎赐为柳邱侯即今之羊二庄镇，武帝十六年封齐孝王子扬为柳侯，在柳县北十余里故柳邱国除省为柳镇，东汉改为杨镇，元末改为杨二镇……《水经注》谓漂榆城俗谓之角飞城，石勒使王述煮盐角飞城者同城异名是也。唐宋号通商镇，辽金号海丰镇，元末移镇羊二庄由是柳无镇之名（今柳亭北尚名海丰镇，沿其名实一村落也）。"[219] 由上可知，海丰镇始于秦之柳县，辽金时期始称海丰镇，今天的海丰镇为一村名。

海丰镇遗址系1986年黄骅县博物馆进行全县文物普查时首次发现的。遗址南北约1200米，东西约1900米，面积约228万平方米（图3-137）。因修建朔黄铁路和石黄高速公路，于2000年、2003年、2005年三次对海丰镇遗址进行发掘，发掘面积约3700平方米，清理出灰坑、灰沟、建筑遗址、水井、灶、道路、砖砌遗迹等遗存（图3-138），以及大量的瓷片、砖瓦等各

图 3-137 海丰镇遗址（南向北，数字化项目提供）

219 （民国）孙毓琇修，贾恩绂纂，《盐山新志》疆域略一·沿革篇二，成文出版社，1976年，41~43页。

图 3-138 海丰镇遗址发掘房址

图 3-139 海丰镇遗址出上白釉篦花碗

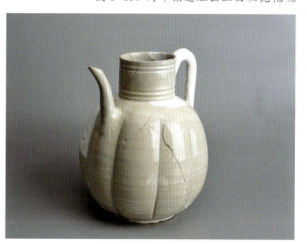

图 3-140 海丰镇遗址出土白釉执壶

图 3-143 海丰镇遗址出土围棋子

类遗物。出土的遗物完整和可复原的较多，形制特殊的器物也屡见不鲜，其中以瓷器为最多。这些瓷器有定窑、井陉窑、磁州窑、耀州窑、钧窑、龙泉窑、景德镇等窑口的产品（图3-139、图3-140）。其中定窑、井陉窑的印花，井陉窑的双色釉点彩，磁州窑的剔划、红绿彩，耀州窑的青瓷印花等都十分精美。其他各类器物有盆、罐、壶等陶器；盘、盆等石器；簪、算筹等骨器；以及砂锅、铁铲器具、铜镜、北宋时期"祥符通宝""皇宋通宝"等多年号铜钱。陶质建筑构件除砖瓦以外，还有体积较大的龙形吻，以兽面纹、龙衔鱼纹为主的圆形瓦当等。另外还出土了几十枚甜瓜籽、大枣、莲子等。

配合海上丝绸之路申遗，2016年开始第四次对海丰镇遗址进行考古调查和发掘（图3-141）。

调查确认了与海丰镇密切相关的古柳河线路（图3-142），发掘出土的遗迹遗物以金代为主，并发现与航运相关的码头遗迹，说明了海丰镇依托盐业重镇的地位和古柳河便利的水路运输条件。海丰镇东临渤海，通过古柳河沟通河运、

图 3-141 海丰镇遗址丰富区示意图（雷建红提供）

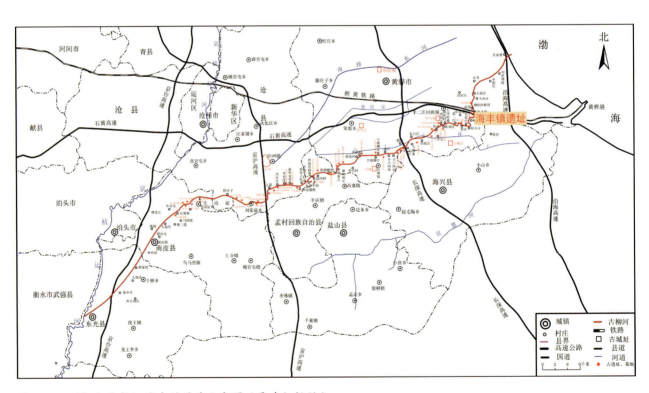

图 3-142 运河与古柳河海丰镇关系示意图（雷建红提供）

海运两大运输体系，形成盐业和瓷器相结合的综合商业贸易模式，成为金代北方地区最为重要的贸易集散港口之一。同时较多的围棋子、象棋子的出土表明，金代海丰镇一带围棋风气之盛，反映了当时经济的繁荣和人们的文化生活丰富多彩（图 3-143）。

海丰镇遗址，是继北戴河秦行宫遗址之后，河北省发现和发掘的又一处重要滨海遗址[220]，是我国多年来难得的金元时期考古发掘项目。海丰镇遗址的发掘，填补了北方濒海口岸考古的一项空白，为研究北方海港遗址和中世纪瓷器外销提供了重要的资料，对于探索我国北方古代港口城镇的历史变迁，推动手工业发展史、交通史、对外经济交流史等的研究也具有极为重要的意义。

6. 贝州故城遗址

贝州故城遗址位于河北省邢台市清河县葛仙庄镇东关、西关及城东、城西村区域，全国重点文物保护单位。唐《元和郡县图志》载："贝州，清河。禹贡冀州之城。春秋时其地属晋，七国时属赵。秦兼天下，以为钜鹿郡。汉文帝又分钜鹿置清河郡，以郡临清河水，故号清河。后汉以为清河国。周武帝建德六年平齐于此置贝州，因邱以为名。隋大业三年，又为清河郡。隋末陷贼，武德四年讨平窦建德，复置贝州。"[221]宋《太平寰宇记》载："（武德）六年移治所于历亭；八年还于旧治……天宝元年改为清河郡；乾元元年复

改为贝州；咸通元年长史郑仁凯以旧居湫隘，移于故州东南十里，即今理所。"[222]民国《清河县志》载："（宋）仁宗庆历七年王则反贝州自称陵平王建国曰安阳。文彦博与明镐讨平之。元祐六年修贝州城监官赵荐之监修……（正德）七年诏改建新城于旧城之东南隅，周三里高二丈阔一丈五尺。"[223]由上述文献可知，贝州始置于周武帝建德六年（577年），唐宋时期多有变迁，唐咸通元年（860年）移至今址，即今贝州故城遗址所在位置，宋元祐六年（1091年）重修，明正德七年（1512年）建新城，旧城废弃成为遗址。

现存贝州故城遗址为宋代城址，遗址范围内尚存一明清小城（即明正德七年改建之城池），形成了城中城的格局（图3-144），城址规模及新城与旧址并存的格局详见于《清河县志》所

图3-144 贝州故城遗址（东南向西北，数字化项目提供）

220 张宝刚，《黄骅市海丰镇遗址出土的金代定窑瓷片》，《文物春秋》2011年第3期，57页。
221（唐）李吉甫撰，贺次君点校，《元和郡县图志》卷十六·河北道一，中华书局，1983年，463页。
222（宋）乐史撰，王文楚等点校，《太平寰宇记》卷五十八·河北道七，中华书局，2007年，1197页。
223（民国）张福谦修，赵鼎铭纂，《清河县志》卷一·大事记，成文出版社，1976年，74页。

载："古贝州城故址……城周九里，高二丈阔二丈。至明正德七年改建今城……旧址环绕西南北三面土人谓之老城基残缺倾圮，每至黄昏狐鸣鸱叫，然目睹此犹想见州城之宏阔云（图3-145）。"[224]

贝州故城遗址平面呈不规则形状，东西长约2000米，南北宽约1200米（图3-146）。城垣断续可见，现地面尚存部分城墙，北城墙残长878米（图3-147），其南侧为清河湖，北侧为农田；东城墙残长111米，其北侧为农田，东临一村级公路和丰收渠（官道沟），南侧为三羊街。现存城墙宽约13米，高约6米，城墙用土夯筑而成，其间夹灰砖、陶瓦片、瓦当残块等，其中灰砖规格为长27.2厘米、宽13.4厘米、厚4厘米。贝州城址紧邻隋唐运河永济渠东岸而建，目前探明南护城河与永济渠相通，其余三面护城河有待进一步勘探。已经探明的城内宋代文化层及护城河，第一层厚20～30厘米；第二层厚30～40厘米，土质为黄色冲积层，含沙量较大；第三层为宋代文化层，厚40～50厘米，

包含有瓷片及陶片等。

贝州城沿隋唐运河而建，城池高阔，商贾云集，盛极一时，是北宋时期我国北方重要的纺织基地，对研究我国古代经济发展史，以及大运河在商贸、交通和经济、文化发展过程中所发挥的作用与地位，有着重要的价值和意义。

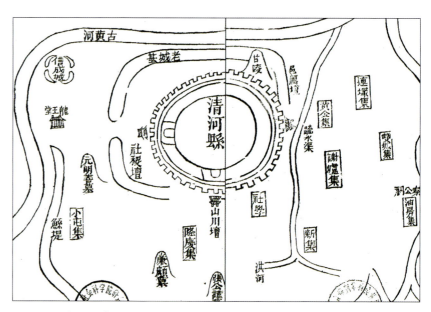

图 3-145 清光绪城池与贝州故城遗址（清光绪《清河县志》）

图 3-146 贝州故城遗址（张明提供）

224 （民国）张福谦修，赵鼎铭纂，《清河县志》卷二·舆地志，成文出版社，1976 年，227 页。

图 3-147 贝州故城遗址北墙（张少宁摄）

7. 临清古城遗址

临清古城遗址位于河北省邢台市临西县仓上村东，全国重点文物保护单位，年代北魏至金。民国《临清县志》载："后赵建平元年改清泉县为临清县隶建兴郡"[225]，又载："北魏临清故城，在今县治西三十里仓集镇东南，土人称为旧县集，魏太和二十一年置，又叶氏续山东考古录郡县国考定为石赵之临清城，考水经注云置临清县于水东自石赵始，是临清之名始于石赵，而县城则在水东，北魏复置清渊县，至太和二十一年又别置临清县于水西，即今之仓集旧县城，与石赵之临清并非一地。"[226]可知，临清于后赵建平元年（330 年）置县，县城在水东，北魏太和二十一年（497 年）又别置临清县，县城在水西。至金天会五年（1127 年），因水患和大运河东迁等原因，临清县城东迁 40 里至曹仁镇，原

城址废弃成为遗址。

临清古城遗址系北魏太和二十一年（497年）所建之城址，该城址东临古运河，西依鲧堤，南邻古齐、赵两国间的古驿道，北为今邯临公路。遗址为长方形，南北长 3000 米，东西宽1500 米，占地面积 4.5 平方千米（图 3-148、

图 3-148 临清古城遗址南城墙遗址
（东南向西北，数字化项目提供）

225 （民国）张自清、张树梅、王贯笙纂修，《临清县志》五·大事记，民国二十三年铅印本，53 页。
226 （民国）张自清、张树梅、王贯笙纂修，《临清县志》六·疆域志·古迹，民国二十三年铅印本，89 页。

图 3-150 临清古城遗址北城墙遗址（东南向西北，数字化项目提供）

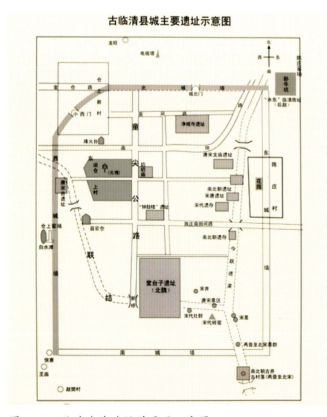

图 3-149 临清古城遗址总平面示意图

图 3-149）。据文物部门的考古调查，北城墙、北城门遗址犹存，北城门在北城墙中部偏东的位置。城墙基础宽 15 米，残高 1 米，夯土层明显（图 3-150）。城内原有建筑自南而北主要有：古县衙、钟鼓楼、文庙、奶奶庙、净域寺等。城内建筑集中区在钟鼓楼和文庙之间。在古城东南角 600 米向南，有汉代至北宋末年的古墓多座，为古城官宦的墓地，个别墓葬遭到破坏。城内采集的器物主要包括新石器时代的石斧、陶器等；北朝及隋、唐、宋代瓷器等。历代石柱础、兽吻、砖瓦及瓦当等建筑用砖石构件；临清古城遗址自北魏太和二十一年（497 年）至金天会五年（1127 年）持续使用时间 630 多年，是大运河沿线一座较大的古代城址，对研究中国古代城市发展及大运河历史变迁都具有重要的历史价值。

8. 陈窑窑址

陈窑窑址位于河北省邢台市临西县陈窑村东卫运河河滩地中，面积约8万平方米（图3-151、图3-152）。明代嘉靖年间，陈、李两姓人家在此建窑烧砖，形成村落逐渐发展，带动其他村庄也在运河南岸依托有力的水运优势形成规模。明清时期，这里制砖业非常兴旺，质量上乘。因这一带是莲花土，烧出的砖不蚀不碱，敲起来有悦耳的铜音。所以，每年向京城进贡御砖，用于皇家修筑宫殿、城墙和陵寝，被立为官窑。

陈窑烧砖业自明代建窑烧制皇家用砖始，一直沿用至20世纪中期。在其窑址附近经常发现明清时期烧制的皇家贡砖。目前，在陈窑村大部分村民家中，均可找到明清两代烧制的残存贡砖，匠人以陈窑村李文、陈清最为著名。现出土和原遗留的贡砖一般规格为长450～470毫

图 3-151 陈窑窑址位置示意图

图 3-152 陈窑窑址现状

米，宽 230～240 毫米，厚 120～125 毫米，每块砖上都印有清晰的窑主姓名，有的还印有烧造年代，如"万历八年窑主朱文造""嘉靖十四年，窑户陈清"等字样。遗址目前为耕地，2008 年 11 月，邢台市文物管理处组织文物勘探队对陈窑窑址进行了为期近 1 个月的考古调查勘探，发现了明嘉靖、天启，清光绪等不同历史时期烧制贡砖的窑址 20 余座。

9. 徐万仓遗址

徐万仓遗址位于河北省邯郸市馆陶县王桥乡徐万仓村南约 730 米漳河西侧，东距现漳河河道 160 米，西临漳河西大堤，北距漳卫河交汇处 1 千米（图 3-153）。2019 年大运河项目邯郸段调查队在调查大运河古河道的工作中发现该遗址，面积约 3 万平方米，文化层内有大量的砖瓦堆积。结合其紧临漳河、卫河之独特的地理位置及当地流传"河南八府来纳粮"的历史传说，为深入了解徐万仓遗址的性质及其可能在中国古代漕运中的作用和历史地位，更好地深入发掘大运河沿线文化内涵，2020 年初邯郸市文物保护研究所对徐万仓遗址展开调查勘探和试掘工作，试掘地点位于遗址东南部边缘，发掘区域地层可整体划分为 10 层（厚 1.7 米），10 层下为纯净的自然淤积层，可初步判定存在早中晚三期叠压的房址。遗址范围内普遍发现有用灶痕迹，并且以发掘区南部为多。灶址分为土灶和砖灶两类。在发掘过程中发现有大量的建筑用砖、瓦及生活用瓷器残片、铜钱、铁器、石器等。砖规格（300～310）×150×50 毫米，板瓦大头 220 毫

图 3-153 徐万仓遗址位置示意图

米，筒瓦直径135毫米。根据出土遗物分析该遗址为宋金元时期聚落址。早期房址北侧一处砖瓦堆积中发现夹杂有大量木炭、烧土及一些豆类、杏等炭化粮食或果实。目前暂未发现与仓廒有关的遗存现象。

10. 大名府故城

大名府故城位于河北省邯郸市大名县城东5～12华里一带，全国重点文物保护单位。大名县境内有漳河、卫河、马颊河三条河流，漳河在大名府故城遗址西北，卫河紧邻遗址，在东门口村东穿过。

大名府历史上曾有贵乡、魏州、广晋之名。为《禹贡》兖、冀二州之域，夏为观扈之国，春秋为晋地，战国时为卫、魏二国之境，秦为东郡地，汉置魏郡，后汉封曹操为魏王，理邺。自汉至魏晋，郡皆在邺。前燕慕容炜都邺置贵乡郡，北周大象二年（580年）始有魏州之名，"周静帝大象二年，又于贵乡郡之东界置魏州"[227]。隋大业三年（607年）罢魏州改为武阳郡。唐武德四年（621年）复改为魏州，建中三年（782年）田悦拒命称魏王改魏州为大名府，此为"大名府"一名初次使用，但唐朝廷未予承认。后唐同光元年（923年），升为东京兴唐府，三年（925年），改为邺都。晋天福初，改为广晋府。汉乾祐元年（948年），改广晋府为大名府，同时改广晋县为大名县，"大名县"作为县名始于此。北宋庆历二年（1042年）建大名为北京，成为北宋四京之一。金为大名府路，元为大名路，明复为大名府。

大名府故城所在地初建城池可追溯至前燕建熙年间，"州城，前燕慕容炜所筑"[228]，称贵乡郡。唐为魏州州治所在，宝应以后（肃宗年号）为魏博节度使治所，唐僖宗中和年间（881～885年）节度使乐彦桢利用旧河堤修筑为罗城，城址规模宏大，"约西城门外河门旧堤筑罗城周八十里"[229]，五代十国时期多次作为都城和州府，皆以大名府城为治所，"后唐建为东京，寻名邺都，晋汉因之，后周复为天雄军皆因旧城不改"[230]。北宋仁宗庆历二年（1042年），为抵御契丹南侵，"吕夷简议建北京以控扼河朔"[231]，其建议被北宋朝廷采纳，重建大名府城为北京，作为北宋陪都之一。南宋建炎四年（1130年），金太宗册封刘豫为"大齐"皇帝，定都大名府，亦伪称北都，依然续用北宋所建城池。明洪武三十四年（1401年），河决漳卫府城淹没，城池移建于今大名县城位置，大名府旧城成为遗址至今，称大名府故城（图3-154）。

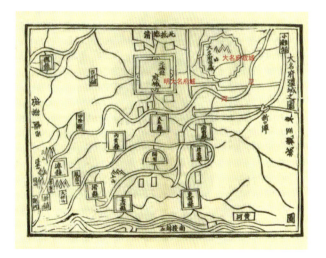

图3-154 大名府故城与明大名府城
（明正德《大名府志》）

227（宋）乐史撰，王文楚等点校，《太平寰宇记》卷五十四·河北道三，中华书局，2007年，1104页。
228（唐）李吉甫撰，贺次君点校，《元和郡县图志》卷十六·河北道一，中华书局，1983年，448页。
229（民国）程廷恒等修，洪家禄等纂，《大名县志》卷六·建制志，成文出版社，1968年，213页。
230（民国）程廷恒等修，洪家禄等纂，《大名县志》卷六·建制志，成文出版社，1968年，213页。
231（民国）程廷恒等修，洪家禄等纂，《大名县志》卷六·建制志，成文出版社，1968年，214页。

图 3-155 大名府故城东城墙残存墙体（东南向西北，数字化项目提供）

大名府故城遗址现存年代为宋，为北宋庆历二年（1042 年）在唐代罗城基础上重建的城池。本次重建后，外城规模较唐代罗城有所减小，"外城周四十八里二百有六步"[232]，外城设置主要城门九座、水关两座，"南面三门，正南曰南河，东曰南砖，西曰鼓角；北面二门，正北曰北河，其西曰北砖；东面二门正东曰冠氏，东南曰朝城；西面二门，正西曰魏县，西南曰观音；又上水关曰善利，下水关曰永济"[233]。宋熙宁九年（1076 年）对外城门重新赐名，《宋史·地理志》记载了赐名的史实，同时记载了东西子城和二重门的存在："熙宁九年，改正南南河门曰景风，南砖曰亨嘉，鼓角曰阜昌；正北北河门曰安

平，北砖曰耀德；正东冠氏门曰华景，冠氏第二重曰春祺，子城东曰泰通；正西魏县门曰宝成，魏县第二重曰利和，子城西曰宣泽；东南朝城门曰安流，朝城第二重曰异齐；西南观音门曰安正，观音第二重曰静方；上水关曰善利，下水关曰永济。"[234] 元丰七年（1084 年），善利、永济两座水关被废。北宋庆历年间重建外城的同时增建了宫城，宫城始建城门五座，后增设北门，"宫城周三里一百九十八步，即真宗驻跸行宫。城南三门：中曰顺豫，东曰省风，西曰展义。东一门，曰东安。西一门，曰西安。顺豫门内东西各一门，曰左、右保成。次北班瑞殿，殿前东西门二：东曰凝祥，西曰丽泽。殿东南时巡殿门，

232（民国）程廷恒等修，洪家禄等纂，《大名县志》卷六·建制志，成文出版社，1968 年，214 页。
233（民国）程廷恒等修，洪家禄等纂，《大名县志》卷六·建制志，成文出版社，1968 年，214 页。
234（元）脱脱等著，《宋史》卷八十五·志第三十八·地理一，武英殿本。

次北时巡殿，次靖方殿，次庆宁殿。时巡殿前东西门二：东曰景清，西曰景和。熙宁九年……内城创置北门曰靖武"[235]。

大名府故城分布范围面积约为 26 平方千米，遗址以大街、御营、双台三村为中心，现在的东门口、南门口、铁窗口、北门口四村原是大名府故城的东、南、西、北四门。大名府故城现存重点遗址区域主要包括大街遗址和府城墙遗址。大街遗址包括大街、御营、双台三村及双台村北宫殿区遗址，遗址区域内文化层丰富，建筑遗迹明显。府城墙遗址地表有明显遗存包括铁窗口村南引河北、红寺村北、红寺村东偏北、东门口村北到菅庄村南、南门口村西共五段城墙遗址，全长 750 米，平均宽 19 米，平均高 4 米，城墙遗址有明显的夯土层，唐、宋、元、明时期陶瓷残片丰富（图 3-155）。

2009 年邯郸市文物保护研究所会同大名县文保所组成联合勘探队，对大名府故城遗址宫城区域进行了勘探，首次确定了大名府宫城区域的

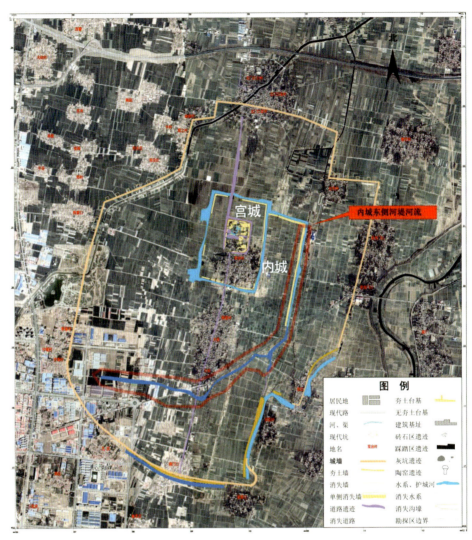

3-156 大名府故城总图（任雪岩提供）

地理位置和分布范围，初步确定了城门址的坐落位置、街道网络及建筑基址的大致分布，并了解了城内地层堆积等情况。

2015 ～ 2020 年河北省文物考古研究院对大名府故城遗址进行了调查、勘探、测绘，基本理清了大名府故城的城市布局和形制。大名府故城在城市布局上与北宋东京城较为相似，均属于三重环套平面呈"回"字形、宫城位于内城中心位置的城址，通过勘探已初步掌握大名府故城遗址

235 （元）脱脱等著，《宋史》卷八十五·志第三十八·地理一，武英殿本。

外城、内城、宫城三大主体的边界，包括城墙、城壕、护城河等（图 3-156）。通过考古调查勘探确定外城周长 24 千米，与前文文献所载规模"城周四十八里二百有六步"基本一致，对外城东南部及南部墙体、护城河的位置和形制有了一定认识，基本确定了大名府故城遗址南北向中心道路范围，并通过中心道路初步确定大名府故城遗址外城正南门"南河门"的大体位置。通过对宫城区域进行复探，确认了宫城区域的城墙范围以及宫城内部的建筑布局，明确了宫城区各城门相对位置（图 3-157），同时探明宫城区域内外道路 6 条和夯土台基 16 座，并确定了宫城墙体外侧城壕以及

图 3-157 大名府故城宫城遗址平面示意图（任雪岩提供）

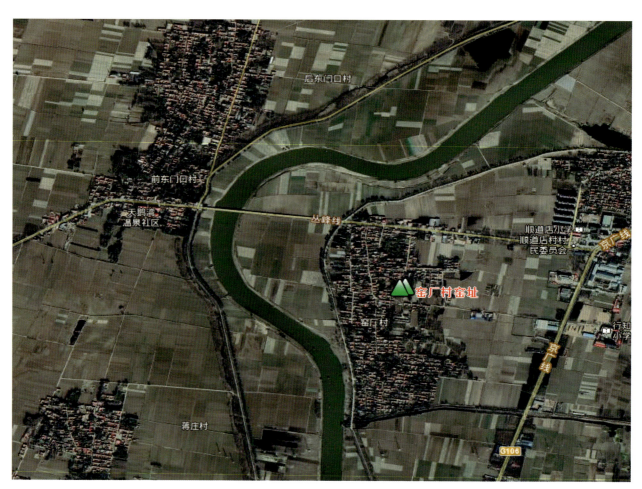

图 3-158 大名窑厂村窑址位置示意图

环绕城路的形制。本次考古还确定了外城与宫城之间的一道城的存在，定名为内城，并基本了解了内城范围及城墙形制，城壕宽度及走向，以及内城东部向东、向南延伸的一道堤坝与河流，同时在内城发现8条道路。

大名府故城从前燕始建至明代城废，延续使用一千多年间，一直是州、郡、府、县治所，是政治、经济、军事中心的大都市，其经济、文化都得到了很大的发展，特别是在唐、宋时期更为鼎盛。大名府故城在历史上还曾三次做过国都和陪都，在古代城市发展中具有重要的地位，为研究宋代城防体系模式提供了实物证据，是大名历史变迁的见证。大名府故城系一次性水毁，建筑基址、宫殿布局、街区民房都深埋于地下，文化层深度3～5米，六百余年来未进行过破坏，遗址保存完好，文化遗存非常丰富，是具有重要考古价值的北宋都城遗址，为研究都城发展史、古代都城的选址与布局及城市文化等提供了重要的实物依据。

11. 大名窑厂村窑址

大名窑厂村窑址位于河北省邯郸市大名县窑厂村内（图3-158），始于清代。该村紧邻卫河东堤，因烧制贡砖和生活器皿而得名。清代，因运河沿线交通便利，当时所烧制的成品均以卫河的航运为主，销售到各地，使得当地的陶窑发展很快，促进了当地经济的发展。新中国成立初期，窑厂村窑还烧制一些百姓建房所用青砖及生活用品，但随着运河航运能力的下降，窑厂村的烧窑业逐渐走向萧条，直至停产废弃。

现发现陶窑址多处，但都已废弃，村民砌墙所用早年烧制的大型青砖较多，曾在建房过程中发现"魏国公祠堂砖"铭文砖。在调查中，据村民描述，原窑厂村有窑口两百多座。烧制的青砖大多供给北京修建城墙及房屋，号称"贡砖"。烧制的生活用品主要销售给周边百姓。

12. 邺城遗址

邺城遗址位于河北省邯郸市临漳县县城西南约20千米处，全国重点文物保护单位。邺城最早见于春秋齐桓公时期，秦汉时期先后是邺县和魏郡治所。邺城遗址包括南北衔接的邺北城、邺南城两部分，邺北城为曹魏至十六国时期都城，建安九年（204年）曹操平袁绍营邺，并成为曹魏时期的五都之一，东晋十六国时期的后赵、冉魏、前燕均建都于此，北朝时期的东魏、北齐均以邺城为国都。邺南城在邺北城之南，建成于东魏元象元年（538年），城东西6里，南北8里60步，比北城增加了东市和西市，扩大了商业区和居民区，邺城毁于北周末年的战火。

1983年中国社会科学院考古研究所和河北省文物研究所共同组成邺城考古队，开始对邺城遗址进行全面调查、勘探和发掘，基本弄清了邺城城郭遗址的形制、平面布局、城门、城壕、街

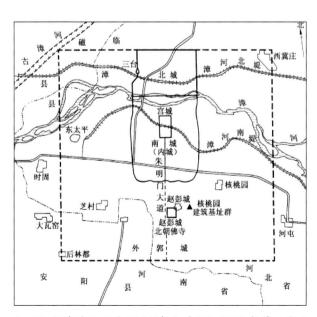

3-159 邺城遗址示意图（《考古学报》2016年第4期）

道、建筑基址等分布。20世纪90年代进行了复探，了解了遗址的范围和保存概况。自2001年开始，邺城考古队逐步将工作转移到邺南城外围的外郭城遗址。根据最新的考古成果，已经探明的遗址包括邺北城、邺南城及外郭城内的赵彭城北朝佛寺遗址、核桃园建筑基址群、各类遗址、遗迹（图3-159）。

邺城城郭遗址包括邺北城和邺南城，已探明城市元素包括城墙、城门、马面、护城河、道路、宫城墙、宫城门、宫殿建筑基址、沟渠等，城市格局和脉络基本清晰。邺北城平面呈长方形，南北长1700米，东西宽（东城墙至金虎台）2400米，有城门7座。城市格局特点是南北向的中阳门大道正对宫殿区的主要宫殿，形成全城中轴线，都城规划依据中轴线对称、规整分布，标志中国古代都城发展进入一个新阶段，并对此后历代都城规划产生重要影响。另一特点是，连接建春门至金明门的东西大道将邺北城分为南北两个城区，北区中央为宫殿区，宫殿区西为皇家苑囿铜爵园，东有贵族居住的戚里，南区则分布有衙署和居民里坊。邺南城建造于邺北城南边，平面呈长方形，南北长3460米，东西最宽处2800米，土筑城墙，东南、西南角城墙成圆角，有城门十四座，并有护城河环绕。邺南城北城墙利用了邺北城的南城墙，朱明门大道与宫城中轴线完全重合，构成全城的中轴线。唯一的宫城位于北半部中央，中央衙署和太庙设置在宫城南朱明门大道的两侧。2012年在东魏北齐邺南城内城东城墙外发现一处佛教造像埋藏坑，主要为东魏北齐时期，另有少量的北魏及隋唐造像，出土的佛教造像工艺精湛、造型精美、类型多样、题材丰富，多数为背屏式造像，多数造像有保存较好的彩绘和贴金痕迹。从魏晋南北朝至隋唐时期，中国都城逐步发展成为完备的封闭式里坊制的城

市，邺南城是这个发展环节中的重要一环。

赵彭城北朝佛寺遗址位于习文乡赵彭城村西南，邺南城墙外1300米处，即朱明门外中轴线大道之东侧。发现的遗迹有塔基、围壕、西南院落、东南院落及大型建筑遗址（图3-160）。该寺院为以塔为中心的多院多殿式平面布局，佛寺以佛塔为中心，发现界定寺院范围的不是围墙，而是围壕遗迹，壕沟边长约433～453米，寺院占地面积约19万平方米。西南和东南院落对称布置，院落的平面布局为四周环绕回廊式建筑封闭院落，南北中轴线偏北部位为大型夯土建筑遗址，殿堂基址建筑两侧通过连廊与四周廊房相连。寺院中轴线北端大型夯土建筑基址，南距塔基约240米处，为长方形夯土台基，东西长约38米，南北宽约24.2米。该遗址出土了大量的遗物，有各种规格的绳纹砖、板瓦、筒瓦和莲花纹瓦当、石柱础、石雕螭首等遗物。

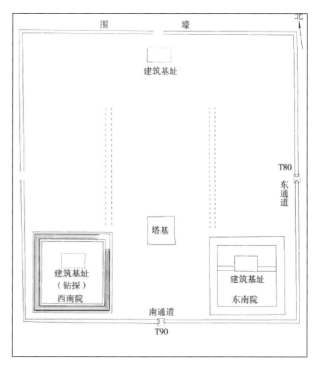

图3-160 赵彭城北朝佛寺平面示意图
（《考古》2013年第12期）

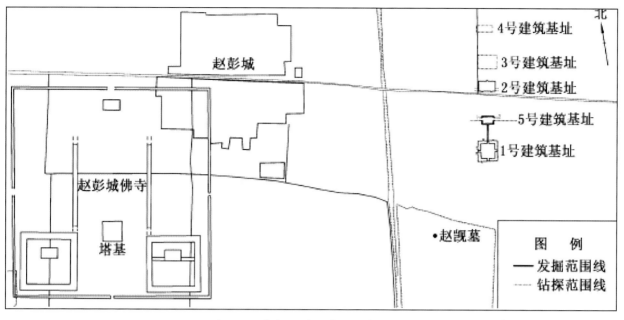

图 3-161 核桃园建筑基址群遗迹分布示意图（《考古学报》2016 年第 4 期）

核桃园建筑基址群位于东魏北齐邺南城中轴线朱明门外大街东侧，西距赵彭城北朝佛寺遗址东围壕约 600 米，北距邺南城南墙约 1200 米，1998 年发现五处大型夯土遗迹，呈南北向排列，均为建筑基址（图 3-161）。其中 1 号建筑基址位于最南端，为塔基遗址，夯土台基平面呈方形，边长约 30 米，台基四面均设踏道；地下夯土基槽平面正方形，边长约 42 米，深 3.65～4 米，上部为纯夯土夯筑，下部为用卵石和夯土交替夯筑而成[236]，出土遗物有石函、铜钱、釉罐、绳纹砖、板瓦、筒瓦、莲花瓦当等。5 号建筑基址是中轴线的第二座建筑遗址，平面布局为中心主体建筑和两侧连廊，中心主体建筑地上夯土台基东西面阔 23.75 米，南北进深 14.3 米；两翼连廊位于台基东西两侧偏北处，在台基东、西两侧和北侧局部残存铺砖散水。台基南侧甬道残宽约

3.1 米，由卵石和条砖铺成。出土遗物有板瓦、筒瓦、瓦当、勾头、鸱尾、砖等。核桃园 5 号基址独特的建筑结构和平面布局对了解北朝晚期建筑技术、探讨中古时期佛寺平面布局演变等问题均具有重要的学术意义[237]。

邺城先后为六个北方王朝都城所在，贯穿魏晋南北朝时期长达 370 余年，邺城遗址是承载这一历史时期政权更迭、政治制度、军事史的重要载体。邺城开创了古代都城建设中宫城集中布置，整体中轴对称的新模式，对后世尤其是北魏洛阳城和隋唐长安城的规划产生了深远的影响。都城规划布局严谨，主次分明，建造技术先进，是当时高超建筑技艺的典型实例。同时，邺城遗址是"建安文学"代表性人物的集中活动地和北朝佛教艺术的重要遗存地，具有重要的文化艺术价值。

236 中国社会科学院考古研究所 河北省文物研究所 邺城考古队《河北临漳县邺城遗址核桃园一号建筑基址发掘报告》，《考古学报》2016 年第 4 期，563～591 页。

237 中国社会科学院考古研究所 河北省文物研究所 邺城考古队《河北临漳县邺城遗址核桃园 5 号建筑基址发掘简报》，《考古》2018 年第 12 期，43～60 页。

图 3-162 宝庆寺正殿

（二）古建筑

1. 宝庆寺

宝庆寺位于河北省廊坊市香河县王指挥庄村西北，县级文物保护单位。宝庆寺始建于明永乐年间（1403～1424 年），原址在王指挥庄村西北运河堤北 1 里处，后因水灾频发，河水冲刷南岸，造成南岸崩塌严重，直接威胁宝庆寺的建筑安全，民国十年（1921 年），村民将宝庆寺迁至本村西北运河堤坝南（今址）。

宝庆寺为一进院落，坐北朝南，中轴线上原为山门、正殿，正殿两侧有东西耳房，院落中有东西厢房各二间、东西盝顶儿（平顶房）各两间。1976 年唐山地震中，宝庆寺受到严重破坏，东耳房震毁，西厢房于 2007 年坍塌。现仅存正殿一座，西配房存有基址，院落已不完整。正殿面阔三间，进深两间前出廊，建筑面积 77.66 ㎡，六架梁前单步梁，整体为小式硬山布瓦顶建筑（图 3-162）。2017～2018 年对正殿进行了修缮，目前保存完好。它创建、迁址、兴衰的历史直接见证了王指挥庄因运河而生、因运河而兴的发展历程。

2. 胜芳张家大院

胜芳张家大院位于河北省廊坊市霸州市胜芳镇内老城区中心地带，河北省文物保护单位。张家大院始建于清道光十年（1830 年），原房主为

图 3-163 胜芳张家大院全貌（西北向东南，数字化项目提供）

图 3-164 张家大院西院大门立面

图 3-165 张家大院西院过厅南立面

胜芳八大家之一的聚兴堂张家，张家大院系聘请北京工匠设计施工建成。

建筑群坐南朝北，东西两路各二进四合院格局，占地面积1648平方米，建筑面积1015平方米（图3-163）。

西路中轴线从北向南依次为倒座（明间为大门，图3-164）、过厅（图3-165）及正房（图3-166），每进院落两侧为东西厢房共四座，所有建筑均为清式传统木结构硬山建筑，合瓦屋面，过厅前后檐、其余建筑前檐设置隔扇、支摘窗等传统风格装修。

东路中轴线从北向南依次为倒座、过厅（穿堂鸳鸯厅，图3-167）及正房，一进院东西两侧为回廊，二进院东西两侧为厢房，东路建筑均为欧式风格，清水砖墙，过厅前后檐及其余建筑前檐均设置券门券窗，中轴线建筑为合瓦屋面，厢房及回廊均为平顶屋面。东西两路院落通过随墙门（图3-168）、回廊连通，院落均砌石阶、铺青砖地面，院内筑有更道，供守夜、巡夜之用。

在新中国成立前夕的平津战役中，这里曾是人民解放军孙毅所部的指挥所。1948年底，在这个大院里开办了天津市干部培训班，培训了大批进津接管干部。天津日报、天津广播电台、新华社天津分社均在此诞生。张家大院经过全面修缮，重现了昔日风貌，现已列为廊坊市文物旅游景点。

图3-166 张家大院西院正房北立面

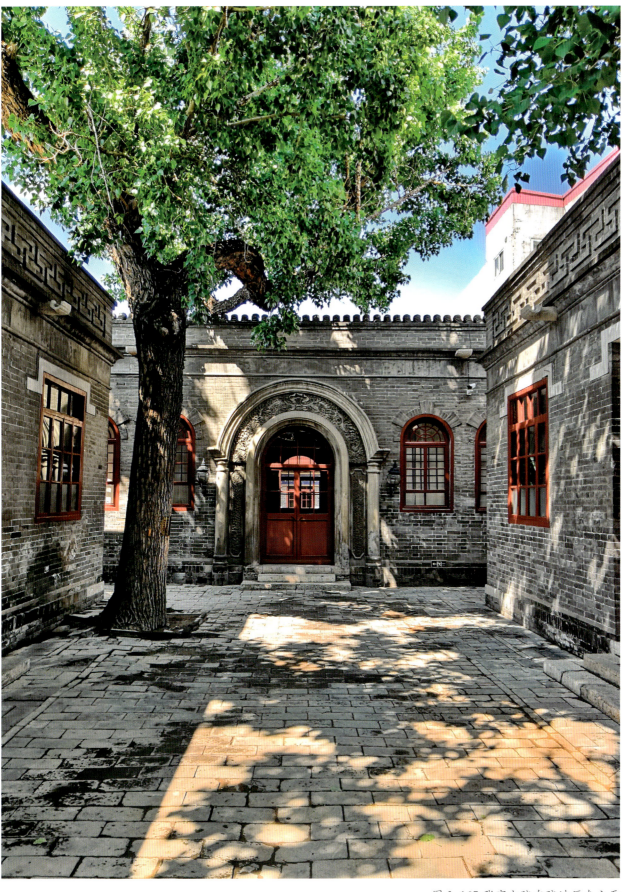

图 3-167 张家大院东院过厅南立面

图 3-168 张家大院西院前院通往东院随墙门

图 3-169 胜芳王家大院全貌

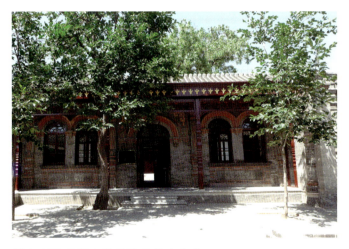

图 3-170 王家大院西院过厅南立面

图 3-171 王家大院西院正房南立面

3. 胜芳王家大院

　　胜芳王家大院位于河北省廊坊市霸州市胜芳镇内老城区中心地带，河北省文物保护单位。王家大院始建于清光绪六年（1880年），堂号为师竹堂，原户主为王子坚，大院从设计到施工，都由天津工匠，耗费白银三万余两。

　　建筑群坐北朝南，原为东西两路各二进四合院格局，整个院落共设置三道门，大门朝西。1976年唐山大地震中，东西两路一进院落建筑及大门、二门、三门均塌毁。目前仅存东西两路建筑的二进院落，占地面积652平方米，建筑面积518平方米，两院落建筑保存完好（图3-169）。

　　西路院落中轴线现存建筑从南向北依次为过厅、正房，过厅为欧式风格建筑，阴阳合瓦屋面，清水砖墙，前后檐均设置券门券窗（图3-170）；正房为传统清代风格民居建筑，阴阳合瓦屋面，前檐设置传统风格隔

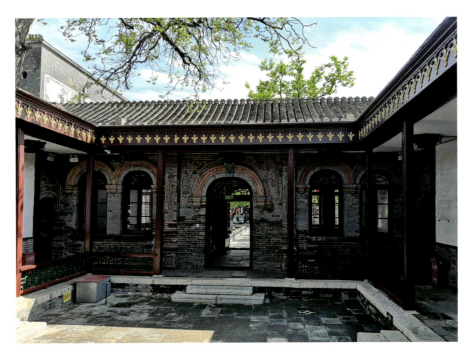

图 3-172 王家大院东院过厅北立面

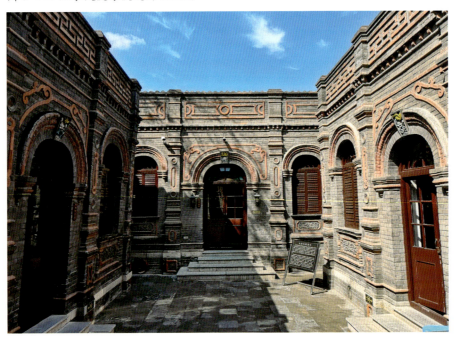

图 3-173 王家大院东院正房及东西厢房

扇和支摘窗，施油饰彩画（图 3-171）；正房与过厅之间以回廊相连。

东路院落现存中轴线上的过厅（图 3-172）、正房及两侧东西厢房（图 3-173）四座建筑，均为欧式建筑风格，阴阳合瓦屋面，清水砖墙，过厅前后檐及其余建筑前檐均设置券门券窗。

东西两院欧式风格均在券门门额、券窗下、砖柱等位置施精美砖雕，雕刻题材丰富，包括海石榴花、卷草、蝙蝠状卷草、牡丹、凤凰、绶带鸟、百灵鸟等图案，并在清水砖墙墙面上以特制红土砖拼砌各种图案进行装饰。王家大院近年经过了全面修缮，已列为廊坊市文物旅游景点。

4. 胜芳杨家大院

胜芳杨家大院位于河北省廊坊市霸州市胜芳镇内老城区中心地带，县级文物保护单位。杨家大院为两路一进四合院，之间有小门相连，所有建筑均为清式传统木结构建筑（图3-174）。正房为合瓦屋面，前檐施传统木装修（图3-175）。配房、倒座为囤顶建筑或囤顶与合瓦组合屋面。

院内西南角筑有更道砖阶，沿阶而上可至房顶，房与房中间有木制悬空要道连通。杨家大院于2018年进行了保护修缮。

5. 沧州文庙

沧州文庙位于河北省沧州市运河区晓市街9号，解放中路北侧，西侧毗邻正泰茶庄，河北省

图 3-174 杨家大院全景

图 3-175 杨家大院西院正房

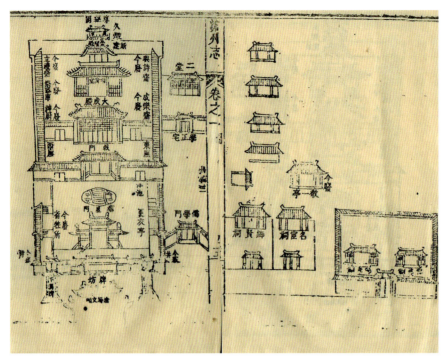

图3-176 清乾隆沧州文庙平面布局示意图（乾隆八年《沧州志》）

图3-177 沧州文庙（沧州文化广电和旅游局提供）

文物保护单位。沧州文庙始建于明洪武初年，"明初州判纪惟仁择城外大南门西小南门东幞头之处申请建立学宫"[238]。明宣德、正统、嘉靖、万历年间及清顺治、康熙、雍正、乾隆、道光、光绪年间多次增修、重修，民国元年再次修葺。据清乾隆版《沧州志》所载舆图可知，沧州文庙包括主院落和东侧院落，主院落中轴线从南向北依次为沧海文明坊、万仞宫墙、棂星门、泮池、戟门、大成殿、明伦堂、崇圣殿、尊经阁，两侧为省牲所、更衣亭、东西庑、东西厢房等建筑；东侧院落分布有学正宅、名宦祠、乡贤祠等建筑（图3-176）。经过多年变迁，文庙布局不再完整。2009年至2012年，对沧州文庙进行了修缮复建工程，修缮了原存之戟门、大成殿、明伦堂、东西庑等建筑，依据文献记载复建了戟门以南建筑。修缮之后，占地面积由原来的4110平方米增至7353平方米，建

238（清）庄日荣等纂修，胡淦总修，《沧州志》卷之三·学校，乾隆八年刊本。

筑面积由 1389 平方米增至 2074.12
平方米（图 3-177）。

　　沧州文庙坐北朝南，目前仅
存主院，主院落布局基本完整，中
轴线上从南向北依次为沧海文明
坊、万仞宫墙、棂星门、泮池、戟
门、大成殿、明伦堂。从棂星门进
入共由三进院落构成，一进院设东
西厢房，二进院设东西庑，三进院
设东西厢房。中轴线上的戟门、大
成殿、明伦堂三座建筑是保存较好
的明代建筑。戟门面阔三间，进深
二间，悬山布瓦顶建筑，前后檐置
装修，室内置中柱，两山墙体围护
（图 3-178）。大成殿是中轴线上的
重要建筑，面阔五间，进深三间，
歇山绿琉璃瓦顶建筑（图 3-179）。
大成殿檐下施双昂五踩斗栱，前檐
和后檐明间置装修，其余墙体围

图 3-178 戟门正立面

图 3-179 大成殿正立面

图 3-180 明伦堂正立面

图 3-181 明伦堂梁架彩绘及题记

护；梁架结构为五架梁前后单步梁。明伦堂是中轴线上的最后一座建筑，面阔三间，进深三间，硬山布瓦顶建筑（图 3-180）。明伦堂前檐置装修，其余三面墙体围护，前檐双步梁下施小方柱，柱间置装修，平面构成前出廊格局，前檐明间隔扇门，次间槛窗；梁架结构为五架梁前后双步梁，其梁架及彩绘保留明代建筑的突出特点（图 3 181）。明伦堂明间檩枋上保留的三处明清时期题记，年代分别是明万历丙辰（万历四十四年，1616 年）、清乾隆六十年（1795 年）、清道光二十四年（1844 年），记载了三次重修的史实，可以印证和补充地方志记载的谬误和不足，具有较高的历史研究价值。

沧州文庙整体修缮后，发挥了展示利用的功能，集文物保护、研究、展示为一体，致力于弘扬中华优秀历史文化、传承沧州本土文化。重修后的沧州文庙设有沧州历代乡贤展、沧州历代名宦展、文川武乡——沧州科举文化展、大哉孔子展等展览，并结合祭孔活动、国学讲座、民俗文物陈列、石刻展览、中华传统礼仪展示、我们的节日等文化活动，打造传统文化的传承地和沧州优秀历史文化的教育基地。

6. 清真北大寺

清真北大寺位于河北省沧州市新华区解放中路南侧，西距南运河东岸 800 米，河北省文物保护单位清乾隆《沧州志》载，"清真寺，一在南关清真巷，明建，国朝重修"[239]。查阅记录档案可知，明永乐初年（1403 年），回族九姓（张、王、李、刘、尹、代、马、回、吴）入沧

239（清）庄日荣等纂修，胡淦总修，《沧州志》卷之四·祠祀，乾隆八年刊本。

图 3-182 清真北大寺礼拜大殿
（东向西，沧州市文化广电
和旅游局提供）

图 3-183 清真北大寺礼拜大殿前殿（沧州市文化广电和旅游局提供）

州，拨地 40 顷，由吴氏主持修建，于永乐十八年 (1420 年) 落成，为沧州北大寺建设之始。清光绪三十二年（1906 年）地震，木构架和寺顶向东倾斜，动工修葺。民国初年重修寺院。20 世纪 60 年代，南配殿拆除建起楼房，清真北大寺遭到严重破坏，后为仪表厂占用，面目全非。1979 年，清真北大寺管理委员会成立，负责寺内事务。1980 年，党和政府拨款维修大寺，以期恢复原貌。1982 年经河北省人民政府批准，公布

为第二批省级文物保护单位。1989 年至 1990 年，伊斯兰教众集资，落架重修礼拜大殿。2006 年，伊斯兰教众集资，修整清真寺礼拜大殿。

清真北大寺现大门朝北，院落东西长 120 米，南北宽 50 米，占地面积近 6000 平方米。礼拜大殿为清真北大寺的主体建筑，位于东西中轴线上，坐西朝东，东西长 48.8 米，南北宽 25.9 米，建筑面积 1264 平方米，建筑高 25 米，由前殿、中殿、后窑殿三部分组成（图 3-182）。前

殿面阔五间，进深一间（图3-183）；中殿面阔七间，进深七间；后窑殿面阔三间，进深三间；共计六十三间。礼拜大殿结构形式独特，沿纵轴方向巧妙地将前殿、中殿和后窑殿连成一体，营造出宽敞的室内空间，满足大型宗教礼拜活动的功能需求。屋顶形式采用了卷棚—庑殿—重檐攒尖的连续勾连搭绿琉璃瓦屋面，尤其后窑殿为坡度非常陡峭的三个并立攒尖顶，整个屋顶远看如

数座山峰耸立，气势宏伟。

沧州清真北大寺为大运河沿岸和华北地区分布的众多清真寺之一，承载了丰富的中华传统文化、运河文化与伊斯兰文化，是研究我国回族发展演变、运河沿岸乃至整个华北地区伊斯兰教的传播与发展的重要实物资料。清真寺主殿即礼拜大殿，是宗教与中国传统建筑有机结合的产物，为研究明清清真寺的格局及建筑

图 3-184 泊头清真寺与运河位置关系示意图（西向东）

风格提供了可贵的实物资料。作为伊斯兰教民众的宗教活动场所，对弘扬党的民族政策、促进民族团结有着重要意义。

7. 泊头清真寺

泊头清真寺位于河北省沧州市泊头市清真街南端，东距运河西岸 300 米（图 3-184），全国重点文物保护单位。泊头清真寺始建于明永乐二年 (1404 年)，明末崇祯年间进行了大规模扩建，清代嘉庆、光绪及民国均有不同程度的修葺。礼拜大殿北山墙现存清代至民国题刻 3 块，记载了历代重修的史实，内容分别为"嘉庆三年重修""光绪三十四年重修""中华民国十七年重修"（图 3-185）。民国初年该寺曾遭到奉军炮击，新中国成立前曾是中共地下党组织活动的场所，并先后成立了"平民夜校""工人夜校"等

3-185 重修题刻（沧州市文化广电和旅游局提供）

图 3-186 泊头清真寺（东向西，沧州文化广电和旅游局提供）

图 3-187 泊头清真寺山门及广场

党的外围组织。20 世纪 60 年代泊头草帽厂进驻，寺庙建筑受到严重破坏。1982 年以后，国家宗教局、省文物局、泊头市政府等多次拨款，当地伊斯兰教群众也积极捐款对清真寺进行维修。

泊头清真寺坐西朝东，寺前是一广场，广场西南位置有一眼水井。清真寺由主寺、女寺两部分组成，占地面积 11200 平方米，建筑面积 3000 余平方米（图 3-186）。主寺建筑保存较为完整，从东到西由三进院落组成，沿中轴线布置山门、

望月楼、花殿阁、礼拜大殿四座主体建筑。第一进院，山门坐落在中轴线最东端，山门两侧设院墙与院门，院门两侧分别施撒山影壁（图3-187），往西为望月楼，望月楼前的两侧是南北义学。穿过望月楼进入第二进院，也可通过望月楼两侧设置的便门进入，院落沿中轴线铺设甬路，甬路两侧分别为南北陪殿，中轴线最西为礼拜大殿，殿前施月台，月台前端建花殿阁，南北分别建石桥与讲堂相连，从月台两侧通过石桥直

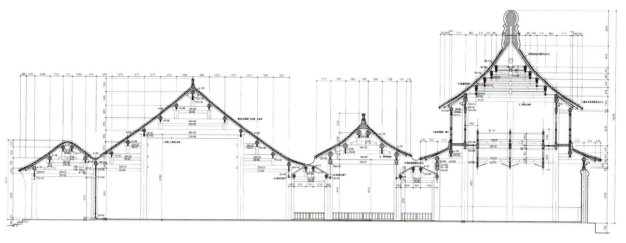

图 3-188 泊头清真寺大殿剖面

接进入讲堂。礼拜大殿由抱厦、前殿、中殿和后窑殿四部分组成（图3-188），在礼拜大殿前殿的南北山墙前端设腰墙、便门，将其后部分隔为第三进院。第三进院三面施围墙，北墙设门与其他附属建筑相通。女寺是一组汉回建筑风格相结合的古建筑群，原有建筑保留较少，大部分建筑为后建。礼拜大殿作为教民礼拜之重要场所，古代匠师们根据它的需求与功能采用了较为特殊的平面布局和结构形式。

泊头清真寺为大运河沿岸分布的众多清真寺之一，是我国华北地区保存规模最大的清真寺，承载了丰富的中华传统文化、运河文化与伊斯兰文化，是研究我国回族发展演变、伊斯兰教传播与发展的重要实物例证。泊头清真寺至今保存了完整的建筑格局，全寺集楼、台、殿、阁、桥等建筑形式于一体，规模庞大，配置齐全，格局严谨。主体建筑基本上保留着始建时的原貌，明代建筑特征较明显。总平面采用中国传统的院落式布局，讲究空间的主次对比，建筑结构上使用传统的木结构，功能上遵从伊斯兰的使用方式。尤

其礼拜大殿结构形式独特，沿纵轴方向巧妙地将抱厦、前殿、中殿和后窑殿连成一体，屋顶采用"勾连搭"的结构形式，使整座礼拜大殿的建筑形成一个整体，同时又体现主次轻重，在外观上也形成错落有致、富于变化的建筑外观，内部营造出宽敞的室内空间，满足大型宗教礼拜活动的功能需求，整座建筑起伏有序，造型优美，雄浑大气。

8. 开福寺舍利塔

开福寺舍利塔位于河北省衡水市景县县城中心大街北190多米处，全国重点文物保护单位。开福寺始建于明初，"开福寺在州治西北洪武中建，永乐初重修"[240]，明永乐五年（1407年）僧人正如朗修建开福寺，天顺丁丑（1457年）再次重修，明隆庆元年（1567年）开福寺僧人募建千佛阁，清康熙十一年（1672年），汛兵金应隆、承差高如斗重修开福寺，知州张一魁重修山门一座。舍利塔始建年代早于开福寺，开福寺建成后，舍利塔成为开福寺的主要建筑之一。据

240（明）樊深撰，嘉靖《河间府志》卷之三·建制志·古迹。

图 3-189 宋元丰二年题刻（数字化项目提供）

图 3-190 明正统三年《重修开福寺浮屠记》题刻
（数字化项目提供）

图 3-191《重修舍利宝塔记》题刻（清同治九年）
（数字化项目提供）

图 3-192 开福寺老照片（赵仓群提供）

176

民国《景县志》记载，"塔在县城西北隅开福寺内……四面各悬一铁匾，南面铁匾铸佛像三，东西北三铁匾均铸有齐隋重修字样"[241]，可知该塔曾在齐隋重修，故其始建年代至少应于北齐之前。宋神宗元丰二年（1079 年），光禄寺丞知冀州蓚县事常谔，按照宋代的建筑风格重建。民国《景县志》记载了舍利塔内外墙壁上曾有宋元时期两处题刻，"第一层内砖刻光禄寺丞知冀州蓚县事兼兵马常谔臣记，时大宋元丰二年己未岁

五月初十日，同施县君李氏等男璟琦球琥等，知蓚县事常谔臣书；第一层南面砖刻河间路景州蓚县开福寺前重修释迦文舍利宝塔记，大元至治三年八月十五日"[242]。目前，宋元丰二年（1079 年）题刻尚存，字迹部分风化，现存内容与县志记载一致（图 3-189）。大元至治三年（1323 年）的题刻目前不存，但仍能作为元代曾经修缮的史证。塔体现存的另两处题刻《重修开福寺浮屠记》（图 3-190）、《重修舍利宝塔记》（图

241（民国）耿兆栋监修，张汝漪总纂，《景县志》卷十四·古迹，1976 年，成文出版社，2063 页。
242（民国）耿兆栋监修，张汝漪总纂，《景县志》卷十四·古迹，1976 年，成文出版社，2063 ~ 2064 页。

图 3-193 开福寺舍利塔南立面

3-191），分别记载了明正统三年（1438年）和同治九年（1870年）再次重修的史实。

现存舍利塔为北宋元丰二年（1079年）重建，后经历代修缮留存至今（图3-192）。舍利塔为楼阁式砖塔，平面呈八角形，塔体十二层，塔檐十三级，塔身外观形制为八面棱锥体，顶置葫芦式塔刹，塔体通高63.85米，刹高2.05米（图3-193）。塔身为砖砌筒体结构，外围以城砖顺砖砌筑，中心为砖砌塔心柱，塔体四正面均辟券门，上饰门簪，其他诸面均饰几何图案盲窗。塔身每层均设有穿心式登塔砖梯，单层砖梯为南北向，双层砖梯为东西向，沿梯拾级而上，可达塔顶。每层檐下均施砖仿木斗栱，一层下檐形式为双下昂五铺作，其他各檐形式均为五铺作出双杪，顶部为叠涩收顶。

舍利塔为河北省现存有明确纪年的古塔之一，在河北省境内现存的宋代高塔建筑中具有代表性，其建筑形式对研究宋代建筑具有重要意义。舍利塔为纯砖结构建筑，体形修长高大，古人曾用"孑然一柱把天擎"来形容景州塔之宏伟高大，建筑年代久远，饱经历史沧桑，经历多次地震、水灾、战火的考验，至今依然屹立于华北平原。塔体结构设计科学合理，体现了当时社会科学技术水平和匠人的创造力，其结构、材料、施工技术和工艺具有重要的科学研究价值。舍利塔修建至今，一直是景县县城唯一的地标性建筑，造型宏伟、壮观，塔体的轮廓线及附属于塔身的塔刹、券门造型、不同几何纹饰的盲窗等均体现了古代匠师对建筑艺术的审美与追求。

图 3-194 十二里庄教堂（东南向西北，数字化项目提供）

图 3-195 圣方济各大教堂（数字化项目提供）

9. 十二里庄教堂

十二里庄教堂位于河北省衡水市故城县十二里庄村内，是华北地区较早的教堂之一，河北省文物保护单位。教堂始建于清康熙年间，光绪二十六年（1900年）后重新翻修，规模随之扩大，内设育婴堂、圣母无览原罪堂，附设孤儿院。民国十九年至二十一年（1930～1932年），教堂规模再次扩大，并重建楼房三座及圣母无览原罪堂。1942年被日本侵略军占用，教堂遭到严重破坏。解放战争时期，教堂曾作为中国人民解放军的后方医院。1949年，运河中学迁入，校方多次进行局部修缮，新中国成立后，政府和相关部门亦多次进行拨款修缮。

十二里庄教堂南北长145米，东西宽74米，总占地面积10730平方米，主要建筑包括圣方济各大教堂、上天之门小教堂、南楼（遗址）、中楼、北楼、神甫院、孤儿院及诊所（图3-194）。

圣方济各大教堂位于建筑群南部偏西，是一座哥特式建筑，建筑面积488.61平方米（图3-195）。正面原有30多米高的塔式钟楼在1967年被拆除，并同时将教堂拱顶改建为大跨度三角屋架，现正门上方仅修建一小钟楼。墙基为条石砌成，墙体及窗户下部都是原来建筑。教堂门内是方济各立像，教堂后方设祭台间，中间挂十字架耶稣像，东侧建供圣体间。祭台间对应大厅的两壁有壁龛，西侧壁龛内有若瑟像，东侧壁龛内为圣母玛利亚像。

图 3-196 上天之门小教堂（南向北，数字化项目提供）

图 3-197 中楼正立面（由南向北拍摄，2020 年董旭提供）

图 3-198 神甫院（南向北，数字化项目提供）

上天之门小教堂，位于北楼西侧，与北楼相连（图 3-196）。门窗均为心形尖券，瘦高的窗户采光较好，顶部采用拱顶加一层整体的陡坡，内部为一大厅，后方设有祭台间，为穹顶配以木架装饰，圣像挂于正面，祭台间东侧设有更衣室，仍保留原木地板。

南楼为原罪堂，现仅存房基，房基东部现建有圣母山。中楼为传教楼，北楼是生活楼，一层为半地下式，两座楼均是欧式建筑（图 3-197）。神甫院位于圣方济各大教堂的西侧，供神甫居住，有正房四间，西厢房三间（图 3-198）。孤儿院位于建筑群北部，原为南北两座一层硬山布瓦顶建筑，是教堂收容孤儿的地方，现仅存南侧一座建筑，目前作为诊所使用。诊所位于圣方济各大教堂的东南方向，亦为两座一层硬山布瓦顶建筑，曾经是修女为当地百姓看病之处，现为修女院。

10. 元侯祠

元侯祠位于河北省邢台市清河县滕蒿林村，县级文物保护单位。元侯祠为护国镇海济运平浪元侯灵应尊神祠，明代嘉靖年间书生滕经，自幼聪颖才高八斗，但社会黑暗，科考舞弊，导致考场失意，看破红尘投河身亡。嘉靖皇帝敕封北河平浪小圣，清康熙敕封护国镇海济运平浪元侯灵应尊神。民国六年（1917年）8月重修，本县高裴村晚清翰林王殿甲亲书"元侯祠"赠送匾额（图3-199）。现存祠堂一座（图3-200），匾额数块，碑刻数通。

11. 八里圈清真寺

八里圈清真寺位于河北省邢台市临西县八里圈村西北，河北省文物保护单位。清真寺始建于明朝宣德年间（1426～1435年），原占地规模较大，后

图3-199 元侯祠匾额

图3-200 元侯祠立面

图 3-201 八里圈清真寺（西南向东北，数字化项目提供）

图 3-202 八里圈清真寺西大殿正立面

图 3-203 八里圈清真寺侧面后半部分

被民房所占，现东西长 44.6 米，南北宽 36.7 米，占地面积 1600 多平方米（图 3-201）。主要建筑西大殿位于东西中轴线上（图 3-202），四周建有讲堂及对厅、沐浴室等建筑，西大殿由抱厦、前殿和后殿三部分组成（图 3-203），其中，前殿建于嘉靖年间，清道光年间增建抱厦，清末增建后殿，建筑面积 360 余平方米，为抬梁式木结构建筑，屋顶施布瓦，采用勾连搭的构造形式。抱厦、前殿均为硬山顶，脊高 7 米；后殿面阔三间，明间做攒尖顶，上施绿琉璃圆形宝顶，通高 12 米；两次间做歇山顶，高 8 米。

12. 大名古城墙

大名古城墙位于河北省邯郸市大名县城内，河北省文物保护单位。民国《大名县志》载："大名县城即前大名府城也，东距旧城八里，明洪武三十四年（即建文三年）旧城圮于水，都指挥使吴城始于御河北岸艾家口徙筑今城。"[243] 可知，大名古城墙始建于明洪武三十四年（1401年），由于原大名府城被洪水淹没，府城从旧址迁移至今址。

明成化八年（1472年），知府熊祥于四门上建城楼；明弘治年间（1488年～1505年），御史韩福、石录相继将城墙加高增厚、修葺女墙、警铺和角楼；明嘉靖三十九年（1560年），副使陈大宾在南门东学宫前开小南门，并在南门东侧建文峰塔；明嘉靖四十四年（1565年），知府姚汝循申请国银以砖石包修城墙，由同知刘宝主持修建事宜；隆庆二年（1568年），知府郑旻疏浚城壕修筑堤防，四年（1570年）知府王叔杲以小南门不利于科第予以堵塞；明万历二十年（1592年），漳、卫漫溢南城圮毁，知府涂

时相又重加修葺。

清康熙十二年（1673年），连日积雨导致城墙坍塌，自西而南迤逦约里许，元城知县陈伟修治如初，四十年（1701年）知府鲍复昌再将修葺，四十九年（1710年），知府俞吕增修女墙；乾隆二十二年（1757年），知府朱英加以补葺，三十二年（1767年），大名知县劳敦樟申国银重修；道光十年（1830年），知府辛文沚劝捐修补；咸丰三年（1853年），大名道何耿绳、知府武蔚文率大名知县黄赐履、元城知县杨子仪浚濠修葺城垣外面，知府毛文柏倡捐修筑内垣。

图 3-204 大名古城墙俯视正射影像示意图（数字化项目提供）

243 （民国）程廷恒等修，洪家禄等纂，《大名县志》卷六·建制志，成文出版社，1968 年，209 页。

民国十二年（1923年）镇守使孙岳改筑城楼，抗日战争胜利后，1947年城墙大部分被拆毁，瓮城及城楼等同时拆除。1989年，修葺北城门，城楼上建箭楼一座。2004年至2006年，县政府倡捐重修北门城楼及东门城楼。

大名城修建其始城墙为土垣，"大名府土方城"[244]。城墙周长9里，高3.5丈，为南北稍长、东西略短的方形城。四面居中各设一门，东为体仁门、西为乐义门、南称崇礼门、北为瑞智门。四门外均修瓮城，南北瓮城门向东开、取意"迎喜"，东西瓮城门向南开，取意"朝阳"。城外周围挖护城河一道，宽9丈，深4.5丈，连通支漳河和引河，四个瓮城外均置桥。城内格局以南北大街为中轴，东西大街在十字街与其交会，城内四角均挖水坑排水，主街有下水道与护城河相通。明嘉靖四十四年（1565年）改建为砖城。乾隆三十二年（1767年）重修后，城墙形制更加完备，"外长一千二百六十九丈八尺，里长一千二百四十丈四尺，高三丈，连垛口三丈六尺，女墙高三尺，水溜四十八道，炮台三十六座"[245]。

大名古城墙现南北长约1140米，东西宽近1000米，周长约4200多米，有马面36个（图3-204）。城墙已于近期修缮，恢复了垛口墙和宇墙，北门、东门、西门分别于2004年、2006年、2009年重建明代样式城楼，南门暂无城楼，基座保存较好。护城河均已疏浚，上面改建石桥，瓮城早已拆除，仅存部分基址埋于地下，上部建设为景观广场（图3-205）。城内道路格局未变，两侧商铺仅存少许，西街现存刘家花园旧址及明代古槐一株，东街现有国保单位"大名天主堂"，城内四角水坑仍旧保留。

图3-205 大名古城墙（西北向东南，数字化项目提供）

244 （明）正德《大名府志》卷之一·疆域志。
245 （民国）程廷恒等修，洪家禄等纂，《大名县志》卷六·建制志，成文出版社，1968年，210页。

图 3-206 大名清真东寺礼拜大殿

13. 大名清真东寺

　　大名清真东寺位于河北省邯郸市大名县大名镇一铺村南城墙外，北靠南护城河，南临东街。清真东寺始建于明正德十四年（1519 年），"回教之礼拜寺，治城南关小东街一处，明正德乙卯年建，万历二年、清雍正十年均重修，内设清真义塾一所，公捐义学地七十七亩"[246]。1947 年对寺内建筑进行了重修，1951 年对大门和耳房进行了修缮，1963 年大名连降的暴雨及 1964 年地震对寺内建筑造成损毁，后殿倒塌。"文化大革命"时期，拆毁了寺内部分建筑。1987 年对寺内建筑进行了重修，恢复了正常的宗教生活和教务活动。

　　该寺占地约 4000 平方米，寺内建筑多为传统木结构建筑，包括礼拜大殿、帮克楼、教长室、讲经堂、水房子等建筑。大门坐北面南，匾额上书"清真寺"三字。礼拜大殿坐西朝东，由抱厦、前殿、后殿三部分组成（图 3-206），屋面为勾连搭式样，满足室内讲经礼拜的需要，是大名县回族礼拜的主要活动场所。

246（民国）程廷恒等修，洪家禄等纂，《大名县志》卷二十五·宗教志，成文出版社，1968 年，1609 页。

14. 大名山陕会馆

大名山陕会馆位于河北省邯郸市大名县金滩镇金中村，距卫河东堤 200 米。据民国《大名县志》载："今者文明输入我邑，商胥能因世界潮流为转移，近年以来城中商业之发达有如朝暾初升蒸蒸日上。而中区之龙王庙、东区之金滩镇，滨御河以建商埠，其繁盛景象尤堪为全区之最。"[247] 可知，金滩镇因处在运河沿岸，经济繁荣，商贸业发达，山西、陕西商人在此经商越来越多，不断发展壮大。山陕会馆始建于清代中后期，当时为山西、陕西客商在此经商及接待同乡

的场所。随着运河航运能力的不断下降，以运河为主要运输渠道的商贸活动渐渐衰退，山陕商人的经营越来越不景气，山陕会馆的作用随之减弱，直至彻底废弃。山陕会馆坐南面北，占地面积约 1500 平方米，现存门楼（图 3-207）、东西配房各三间，正房五间。山陕会馆是山西、陕西商人明清年间在全国各地晋商所到之处联合捐资建设的共同聚会、娱乐、议事的场所，是明清商人会馆的典型代表，是运河沿岸经济、文化发展繁荣的见证。

图 3-207 大名山陕会馆

247（民国）程廷恒等修，洪家禄等纂，《大名县志》卷十·农工商志，成文出版社，1968 年，474 页。

图 3-208 金北清真寺入口照壁

15. 金北清真寺

金北清真寺位于河北省邯郸市大名县金滩镇金北村，市级文物保护单位。早在元代大名县就有回民迁入，又经过明代的大移民，回族人逐渐多了起来。金滩镇历史上曾是卫河上的重要码头，随着大批回族的聚集，逐渐进行传统的礼拜祭祀活动，于是修建了清真寺。

金北清真寺始建于元末，后历代修缮，寺内原有一重修碑记，据重修碑记载该寺为元末始建，后此碑在"文化大革命"中遗失。该寺原规模较大，"回教之礼拜寺……金滩镇一处，亦有义学义地"[248]，寺后原有水塘，现已被居民占用，南北两侧也被居民占用数米。现清真寺东西长约57米，南北宽约22米，占地面积约1300平方米，寺内主要建筑有礼拜大殿、讲经堂及水房，具有典型的穆斯林建筑风格。

清真寺正门面西，由寺门进去为照壁，照壁镶嵌在礼拜大殿后檐墙上，青砖砌筑，局部雕花（图 3-208）。礼拜大殿坐西朝东，由抱厦、前殿、后殿三部分组成，面阔11.55米，进深

248（民国）程廷恒等修，洪家禄等纂，《大名县志》卷二十五·宗教志，成文出版社，1968 年，1612 页。

图 3-209 金北清真寺礼拜大殿

图 3-210 金北清真寺抱厦梁架

图 3-211 金北清真寺前殿梁架

图 3-212 金北清真寺后殿梁架

21.80 米，屋面为勾连搭结构（图 3-209）。抱厦为六架梁前单步梁卷棚硬山布瓦顶建筑，面宽三间，进深二间，梁架间垫墩雕刻精美，保留了明代建筑特点（图 3-210）；前殿为七架梁前后单步梁结构（图 3-211），硬山布瓦顶；后殿平面长方形，屋面由为三个亭式攒尖琉璃顶组成，中部为八角攒尖，两侧为四角攒尖，略低，后殿屋架结构复杂，中亭梁架为三层方形和三层八角间隔设置组成，两侧为三层长方形和两层抹角组成，后殿檐下施一斗二升交麻叶斗栱（图 3-212）。

礼拜大殿平面布局紧凑、科学合理，后殿屋面巧妙设计了三个攒尖顶屋面，增加了建筑的立面效果；与其他清真寺不同之处，入口在西侧，在大殿后檐墙上设置砖雕影壁，增加了墙体的立面效果。

16. 大名龙王庙

大名龙王庙位于河北省邯郸市大名县龙王庙镇卫河南岸，市级文物保护单位。龙王庙始建年代不详，其历史可追溯至明代，"龙王庙在三角潭，成化七年巡按御史谭庆祈雪有感命有司重建"[249]。此庙为古人祭祀、祈福的场所，"三角潭即今龙王庙镇，在城东南十八里，先时方塘百亩，岁久不涸，或以为龙湫也，建龙王庙于其上，旧志称古庙灵湫，一水中分者皆在此处后刷而为河，村在河之东，水陆通衢，为一邑首镇"[250]。龙王庙坐东朝西，院落内现有正房三间（图 3-213），配房三间，另外，尚存明代重修龙王庙碑刻一通（图 3-214）。龙王庙镇曾是大名县首邑商业重镇，三省水陆码头，是来往货物的集散中心。镇中部现存一棵古龙槐树，其位置为当时货场中心，镇上原有南北二货场，北货场主要存放煤炭、石料、土产，南货场主要堆放食盐、瓷器等。大运河上原有木桥一座，1976 年拆除，现仅存木桥残桩。

图 3-213 大名龙王庙正房立面

图 3-214 明《大名县重修龙王庙记》碑刻

249 （明）正德《大名府志》卷之四·祠祀志。
250 （民国）程廷恒等修，洪家禄等纂，《大名县志》卷七·河渠志，成文出版社，1968 年，308 页。

（三）近现代代表性建筑及重要史迹

1. 马厂炮台

马厂炮台位于河北省沧州市青县马厂镇下马厂村，全国重点文物保护单位。马厂炮台所在位置为兵营驻地，民国《青县志》载："盛军故垒，清同治十年二月，直隶总督李鸿章奏调淮军盛字马步二十三营、仁字部队两营共员弁勇夫二万一千余人，由山东济宁州移至青县马厂，沿河东西两岸建二土圩……河西营圩地与人和镇隔河相对，屯驻未久即行迁移，现惟西面圩墙已经平毁，东南北三面则巍然尚存，河东营圩自盛军开拔后迄今三四十年，始终为军队驻扎……"[251] 可知，马厂炮台所在马厂兵营原名盛军故垒，清同治十年（1871年）沿运河东西两岸各建兵营一座，后西岸兵营很快废弃，东岸兵营一直为军队驻扎，清末曹锟曾率军再次驻防，国民党二十九旅也曾在此驻防，旅长李治之曾在炮台内建过军械所。新中国成立后中国人民解放军在此建兵营，并利用炮台做库房和人防工事，目前仍在此驻防（图3-215）。

马厂炮台原分布于南运河两岸（图3-216），规模宏大，"东以盛字马步十六营仁字两营驻之，圩墙二丈四尺，厚三丈六尺，周围十五里共设四门，中筑炮台九座，北设军市名人和镇；西以盛字部队七营驻之，圩墙高厚如东圩，周围九里余，共设三门，中筑炮台五座"[252]，总占地面积约4.78平方千米。运河东西两岸原共有十四座炮台，除

图3-215 马厂炮台及所处环境（西向东）

251 （民国）葛震霄等修，高遵章等纂，《青县志》卷之四·古迹，成文出版社，1967年，209-210页。
252 （民国）葛震霄等修，高遵章等纂，《青县志》卷之四·古迹，成文出版社，1967年，210页。

图 3-216 马厂炮台与南运河（南向北）

图 3-217 马厂炮台现存中央炮台（沧州市文化广电和旅游局提供）

中央炮台及其东北的月牙形炮台外，其余炮台均设置在河东河西城墙上，城墙周围有护城河环绕。马厂炮台现存河东、河西土城残垣数段，河东中央炮台一座及其东西营区十三座炮台遗址。中央炮台位于马厂兵营运河以东兵营的居中位置，共有三层，均呈圆形（图 3-217）。一层为夯土筑，高 4 米，直径 120 米；二层仍是夯土结构，高 3.5 米，直径 90 米；三层是三合土结构，由黏土、白灰、糯米汁夯筑而成，高 3.5 米，直径 30 米；三层炮台上修有暗道，洞口宽约 70 厘米。

马厂炮台从清代至民国，到中华人民共和国成立后，均有驻军设防，足见马厂兵营及炮台所居之地位置的重要性，历史上为兵家必争之地。马厂炮台是中国近代史上现存较少、较完整且规模较大的军事建筑之一，具有重要的教育和社会意义。

图 3-218 青县铁路给水所与运河关系示意图（南向北）

图 3-219 青县铁路给水所东南立面

图 3-220 青县铁路给水所西立面

2. 青县铁路给水所

　　青县铁路给水所位于河北省沧州市青县县城西南运河东岸的河滩地内（图 3-218），东邻"福泰花园"小区，河北省文物保护单位。津浦铁路于 1908 年开工兴建，1911 年竣工，青县铁路给水所作为津浦铁路的辅助设施与津浦铁路同时建成，并投入使用。1937年，卢沟桥事变后，日本侵占华北地区，青县铁路给

水所及车站给水塔被日本控制，并于 1938年对水塔进行改建，由德国建造时的木制水塔，改建为水泥结构水塔，高度增加到 33.6米，储水量由 50 吨增加到 100 吨。1949 年，给水所由沧州机务段管理；1952 年成立给水段，由沧州领工区管理，日供水量为 520吨；1960 年 10 月成立水电段，由沧州领工区管理；1965 年，由于南运河干涸，曾一度断水；1980 年为确保正常的不间断供水，铁路局打深井 2 眼代替运河水源，至此给水房内滤水和储水设施停止使用；但至今仍保存基本完好，其地下管道仍在使用中。现在青县铁路给水所为天津供电段所属。

　　青县铁路给水所由德国工程师设计，并由其供应材料修建，历经百年仍保存较为完好。给水所占地面积 3118.2 平方米，遗存内容包括给水所主体建筑、后期增建附属建筑、阀门井及考古勘探发现的铸铁和水泥管

道等。给水所主体建筑坐西朝东，为欧式砖木结构建筑（图3-219、图3-220）。面阔三间，进深六间，东西长19.8米，高6.5米，南北宽20.4米，高4.33米，建筑面积403.9平方米。墙体为红砖砌筑，最下为高2米的护坡，水泥抹面，四面墙体上身均设置清水墙面砖柱，砖柱之间东墙墙芯为水泥混摔麻面，其余三面墙墙芯均为水泥砂浆抹面。门窗均为欧式，东面明间下部北侧设置2扇对开门，门南为两个对开的小窗，上部为4个对开大窗，两次间各设置2个对开窗，南、北、西墙护坡以上各间均设置2个对开窗。室内南北侧为蓄水池，西侧为泵房。梁架为木制桁架结构，沿进深共设置7组三角形屋架，每组屋架沿面宽方向有3个三角形屋架组成，屋架间用横木加双面螺栓禁锢于立柱上，屋架纵向以斜杆与檩枋连接加强稳定。整个房顶为坡顶，中间建出

天窗，天窗四面全部为玻璃窗以利于采光通风，望板为美国松木板，上铺钉瓦棱镀锌板屋面，檐口南北两侧设置拦水槽及雨水管。

青县铁路给水所使用大运河水源，通过给水所中的储水池和滤水设备完成运河水的净化，然后通过地下管道供给铁路运输生产和部分铁路职工家属生活用水，是河北省保存较完好且基本保持初建时原貌的铁路给水所，在我国近现代建筑史上具有典型性和代表性，有重要的历史研究和工业研究价值。

3. 正泰茶庄

正泰茶庄位于河北省沧州市运河区解放路北侧60米沧州文庙西侧，西距南运河150米，河北省文物保护单位。民国三年（1914年），天津正兴德茶庄财东穆雪芹在沧州市修建一座分

图3-221 正泰茶庄全貌（沧州市文化广电和旅游局提供）

图 3-222 正泰茶庄前楼（东南向西北，数字化项目提供）

图 3-223 正泰茶庄正立面（沧州市文化广电和旅游局提供）

图 3-224 正泰茶庄后楼

号——正泰茶庄，其货源通过运河或津浦铁路从天津运来。正泰茶庄开业后一直经营很好，每年销售量达几十万斤。1937 年，七·七事变后正泰茶庄的营业略显萧条，基本尚能维持，日本侵占时期也能正常经营。1947 年，沧州城转为公私合营，并逐渐与天津正兴德茶庄脱离关系。1958 年关闭。1960 年成为百货公司仓库，后来为市商业

局下属副食品公司和糖烟酒公司批发部。1979 年后，商业局与供销社分家，成为供销社下属的副食品公司。1982 年 2 月 1 日经供销社领导批准，重新恢复老字号正泰茶庄并正式开业。2008 年正泰茶庄整体平移维修完成。

正泰茶庄坐北朝南，南北长 29.6 米，东西宽 12.5 米，总占地面积 370 平方米，有前后两座

二层楼房，共三十二间（图3-221、图3-222）。前楼一层五间为门市，二层除店员、管账先生、经理办公住室外其余也均为仓库、茶房。各仓库用房都有通风透光设施，符合储存茶叶的条件。前楼正立面门窗上方有砖刻镏金的十个大字"松萝、珠兰、红梅和正泰茶庄"，为沧州籍知名书法家朱佩兰书写（图3-223）。后楼除一二层房间外，尚有地下室四间，均为存放茶叶的仓库（图3-224）。正泰茶庄已有近百年的经营历史，是沧州有代表性的老字号，目前仍为茶叶经营及茶文化展示的场所，基本延续原有功能。

4. 沧州市面粉厂旧址

沧州市面粉厂旧址位于河北省沧州市运河区南川楼村西，北距解放桥500米，西距运河20米。面粉厂始建于1921年，初名为富利育记面粉公司，是当时沧州城最早的民族企业之一。公司最初占地1200平方米，建有五层砖木结构制粉大楼、动力车间、仓库、水塔，另有三座建筑，其中一座为办公室，两座为宿舍。1941年日本强占面粉厂，改名为沧县朝日面粉公司，为日军生产军粮。工人们在地下党的领导下千方百计与日军斗争，破坏生产。1945年8月15日，国民党河北省政府保定绥靖公署主任孙连仲派要员孙明德来厂接收，该厂由天津寿丰面粉厂接收。1947年6月15日沧州解放，面粉厂由沧州市人民政府接管，改名为沧州市大兴面粉厂。1948年11月25日，面粉公司移交由朱德总司令任董事长的北京新中国经济建设总公司，厂名改为沧县

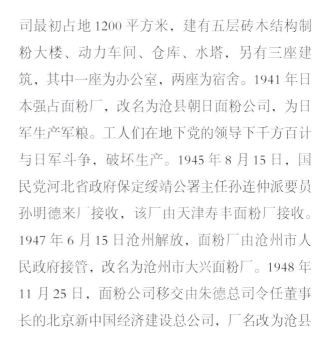

图 3-226 沧州市面粉厂旧址正立面

图 3-225 沧州市面粉厂旧址鸟瞰（沧州市文化广电和旅游局提供）

新中国面粉厂，成为中央机关生产单位，总公司选派在延安承担过警卫工作的老红军驻厂保护，并从北京总公司、冀中兵工厂抽调管理人员和技师加强面粉厂的生产管理。1970 年 5 月，沧州市面粉厂迁离南川楼村。

面粉厂旧址现存制粉大楼及西侧烟囱（图 3-225）。制粉大楼由东西两部分组成，东半部五层，西半部四层，外立面为清水砖墙并设置木质门窗（图 3-226）。东半部五层楼面阔五间，进深三间，外墙有砖柱凸出墙面；南面一层在中部设门，其余为长方窗，二至五层均为长方窗；东面设有出面粉的水泥挑板。西半部四层楼，面阔五间，两间为青砖墙面，三间为红砖墙面，南面一层在第二、第四间设门，青砖墙面二至四层为长方窗，红砖墙面只在四层设窗。墙体外立面设置铸铁落水管。西侧烟囱为水泥浇筑，烟囱筒体上还镌刻着"在总路线光辉照耀下，向社会主义

胜利前进"十八个大字。沧州市面粉厂旧址作为沧州市现存不多的民国时期工业建筑，见证了沧州城市和工业发展的进程。

5. 连镇铁路给水所

连镇铁路给水所位于河北省沧州市东光县连镇镇运河东岸（图 3-227），沧州市级文物保护单位。1911 年津浦铁路正式通车，因当时火车为蒸汽机车，每隔一段距离需修建给水所给火车加水。由于连镇交通便利，经济发达，在此修建了给水所，由德国工程师设计施工。此给水所以供应机车用水为主，以供铁路工作用水为辅，一直到 2000 年才停止使用。

给水所占地面积约 3900 平方米，主体建筑位于院落西南侧，东侧尚存泵房、管理用房等附属建筑多座（图 3-228）。主体建筑北侧有一个圆形蓄水池，为 20 世纪六七十年代修

图 3-227 连镇铁路给水所与南运河（东南向西北，王经摄）

图 3-228 连镇铁路给水所（西南向东北，王经摄）

图 3-229 连镇铁路给水所主体建筑

建。主体建筑坐西面东，南北长 19 米，东西宽 21 米，建筑面积约 400 平方米，墙体用红砖砌筑，坡形铁皮屋顶，屋顶中部出两个天窗（图 3-229）。建筑内部南北墙体上有方形柱，每侧 8 个，柱上置三角形木屋架，墙两侧各有东西向长方形水池两个。四面均置装修，其中东面一间开门，其余各间及南、北、西三面均开窗，门窗均为木质玻璃门窗，窗均为内外双层。给水所大门两侧题字"永远不忘阶级斗争""巩固无产阶级专政"。

图 3-230 孙福友故居正立面

图 3-231 孙福友故居背立面

6. 孙福友故居

　　孙福友故居位于河北省沧州市吴桥县孙龙村，是著名杂技宗师孙福友生前唯一留世建筑，河北省文物保护单位。故居建于 1934 年，新中国成立后一直为范屯乡政府所在地，1961 年后成为学校，后被村委会使用，目前村委会已搬出。

　　故居坐北朝南，东西长 21.75 米，南北宽 13.6 米，为一座二层砖木结构欧式建筑，原为平顶水泥屋面，四周设有女墙，近期由于屋顶漏雨增建机制红瓦屋面（图 3-230、图 3-231）。整座建筑布局方正，东西对称，一层面阔五间进深三间，中设十字形走廊四面分别开券门连通室内外，室外前置月台，西南角建有地下室，西北角设楼梯通二层；二层面阔五间进深一间前出廊，廊前置露台，其余三面原有木质围廊后被拆除。墙体为青砖砌筑，外立面为清水墙面，下部做水泥砂浆勒脚，前檐局部做雕饰。一层前檐明间和二层廊部设置欧式墙柱，二层廊部开券门 7 个，东西对称分布大小不等，券脸及券间墙面均做水泥麻面面层并做雕饰。二层露台三面均设置砖砌女墙，南侧明间为八字女墙中间池子芯装饰花卉图案，其余女儿墙墙芯均由花瓶状立柱构成。门窗为对称式设置，外立面每间均为券门或券窗，一层券窗四周装饰水泥花卉图案。一层穿过南北走廊出后门为一砖砌影壁，局部水泥砂浆抹面，下设须弥座，上身影壁芯水泥砂浆饰面。

图 3-232 益庆和盐店旧址

7. 益庆和盐店旧址

益庆和盐店旧址位于河北省邢台市清河县油坊村，原为大运河油坊码头存盐的货场，清代道光年间由山西蒲州商人所建，占地近十亩，旧址现存道光年间盐店账房五间，距今已有近二百年的历史，是清河县境内现存较早的建筑。另存十几间房屋为民国时期建筑，目前已整体维修，计划进行盐业相关主题展示（图 3-232）。

益庆和盐店是运河沿岸有名的大盐店，除二十余间仓库装满食盐外，又露天堆放如同小山似的散盐垛，日销售量达 3 万余斤，主要销往清河、威县、南宫、平乡、广宗、邱县、曲周等地。民国时期，盐归政府统一调配销售，清河县售盐总店设在油坊镇，"售盐地址有总店分店之分，总店设油坊镇，自民国十八年之后油坊被匪劫掠后始迁至城内东街路北"[253]。新中国成立后，在益庆和盐店原址成立了储运站，仍经营盐等物资。

盐店遗留了很多遗物，主要有盐砣、跳板、枕木、柱础等。盐砣是称盐衡器使用的"秤砣"，

图 3-233 益庆和盐店旧址盐垛秤砣

199

即土制天平中的"砝码"，盐店旧址现存道光二十九年（1849 年）制的青石盐砣一个，长 65厘米，宽 46 厘米，高 45 厘米，重 200 斤，上面刻有"振德"字样（图 3-233）。现存跳板为木质，为装卸货物时上下船使用，长 7.3 米，宽0.4 米，厚 0.12 米，中间有数道铁箍紧固。尚存枕木多根，枕木置于盐包下，主要起防潮作用，所以其材质多为吸潮性能好的杉木，每根枕木约两米多长。尚存青石柱础，直径 45 厘米，下方边长 60 厘米，高 62 厘米。

253（民国）张福谦修，赵鼎铭纂，《清河县志》卷五·政事志下，成文出版社，1976 年，384 页。

图 3-237 大名天主堂正立面（由北向南拍摄，数字化项目提供）

8. 大名天主堂

　　大名天主堂位于河北省邯郸市大名县城内东大街路南，全国重点文物保护单位。天主教于清同治元年（1862年）传入大名，"同治元年法国人郎某鄂某某来大名在府城东大街买宅两所为传教根据地"[254]。后随着教徒的增加，旧教堂狭隘难以满足教务活动，于是在东街南侧议建新的教堂即现存大名天主堂。现存《建堂碑记》记载了天主堂建设之缘由和起始时间（图3-234），据碑文可知，教堂于1918年7月2日开始建设，至1921年12月6日竣工，由耶稣会会长郝司铎嘉禄主持设计修建。除主体建筑材料砖瓦木石由国内筹备外，其他诸如石膏像、油画像、蜡树、管风琴、大钟表、门窗彩色玻璃等内装陈设，均按设计从法国定做。天主堂建成后，民

图3-234 大名天主堂《建堂碑记》碑（1921年，数字化项目提供）

图3-235 大名天主堂全貌（西南向东北，数字化项目提供）

---

254 （民国）程廷恒等修，洪家禄等纂，《大名县志》卷二十五·宗教志，成文出版社，1968年，1614页。

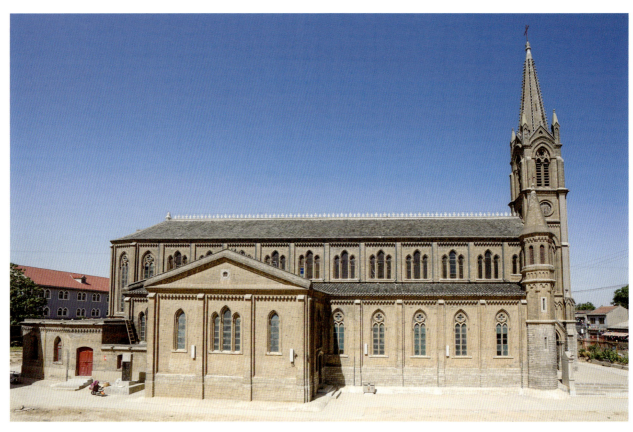

图 3-236 大名天主堂东侧立面（东向西，数字化项目提供）

图 3-238 大名天主教堂内部（北向南）

国期间一直是大名教区的中心和主教府所在地。1949 年至 1963 年为大名影院，1963 年至 1987 年为县防汛指挥部仓库，1987 年归还教会。2017 年新建消防系统，2018 年进行了防雷系统改造，2019 年进行了修缮加固，2021 年进行镶嵌玻璃的修缮维护。

大名天主堂为哥特式建筑，钟楼与礼拜堂一体，坐南朝北，平面为天主教堂常见

图 3-239 大名天主堂花窗玻璃

的"拉丁十字形"，东西向最宽为 30.06 米，南北向最长 60.48 米，占地面积 1360 平方米（图 3-235、图 3-236）。钟楼位于教堂北立面正中，高近 40 米，钟楼的东南、西南分别建有对称的陪楼（图 3-237）。大堂规模宏大，由北侧经过钟楼进入拱形大门便是门厅，门厅为两层，二层为唱经楼，通钟楼，管风琴放置于此。在门厅和陪楼之间设券门作为教堂的偏门。穿过门厅即为南北通透的中厅，中厅设置两排纵向青石柱，每列 9 根共计 18 根，中厅柱东西两侧为较矮的侧廊，侧廊中部东西两侧出横厅；中厅以南为圣坛，更衣室呈放射状分布在圣坛周围，单层平顶，储藏室位于圣坛东西两侧，连接横厅和更衣室，为一层平顶房（图 3-238）。

大名天主堂整体上呈现出哥特式建筑的主要特征，局部在建筑材料、建筑结构上结合了中国传统建筑的做法。教堂正面高耸的尖塔占据立面中心，有尖形拱门、大窗户及绘有圣经故事的花

窗玻璃。两侧扶壁上下贯通，逐层向上收进，大门左右两塔低于主塔，尤显主塔高耸。主钟楼顶端置十字架，侧墙设扶壁，向上逐层收进的扶壁与柱间细长的尖券窗、圆窗，构成东西立面的垂直线条，形成强烈的向上动势。外墙门窗洞采用的尖券砌筑方式，窗户的顶端有梅花形玻璃窗，每格窗户眼玻璃均用各种颜色绘制成葵形，每当阳光普照教堂内显得五彩缤纷，营造出浓厚的宗教气氛（图 3-239）。侧廊亦设置石立柱和砖砌壁柱，砖砌壁柱造型为细高束柱，柱头雕饰"涡卷"。中厅石立柱、壁柱柱础均为两层八角形柱础和两层圆盘形柱鼓组成。石立柱纵向间发砖尖券，上承中厅外墙，石立柱向上二层变为砖砌壁柱（簇柱）形式，与侧廊壁柱形式相同。礼拜堂顶部装饰以拱形券顶，为传统木装修做法，以板条作为龙骨外饰抹灰，外观为横向壁柱间为尖券，同时向斜向壁柱间为十字交叉肋拱，肋拱十字交叉处增加木雕圆盘，图案各不相同，均为十字架

等天主教题材符号。拱券位置以青灰做假缝，穹隆顶位置以白灰饰面。整个礼拜堂立柱、拱顶、侧肋线条分明，空间里布满垂直壁柱线、层层尖券线条，形成逐层递进的韵律感和向上的动势特征，室内空间显得极为高耸。外墙采用青砖砌筑的清水墙面，屋面采用北方传统建筑常用的合瓦屋面。大名天主堂为中西方建筑技艺结合的代表，充分体现了中国工匠高超的设计施工技艺。

9. 龙王庙石灰窑

龙王庙石灰窑位于河北省邯郸市大名县龙王庙镇，紧邻卫河。大名县龙王庙镇所处位置为卫河的重要码头，又是各种物资的集散地，商业贸易活动非常繁荣，为当地的生产和经营带来了

很大的优势。20 世纪 50 年代，随着国家基本建设的发展，建筑材料的需求增加。在此建造了石灰窑。大名属平原无山地区，没有生产石灰的石料，借助运河沿岸的有利条件，烧制石灰的石料皆由运河水运而来，又通过运河将石灰运往各地。20 世纪 70 年代末，因河道水量减少，航运中断，石灰窑停产废弃。

目前，遗留有两座连在一起的石灰窑，一座为土窑，一座为红机砖窑（图 3-240）。土窑近似圆台体，顶面有两个窑口，底面直径约 20 米，顶面直径 15 米，高 11 米。顶部窑口直径 3 米。土窑窑体内部为红机砖砌筑，外用素土夯实，素土外包夯实三合土，三合土厚度约为 40 厘米。窑体南侧三合土和素土残损后局部红砖包砌。土

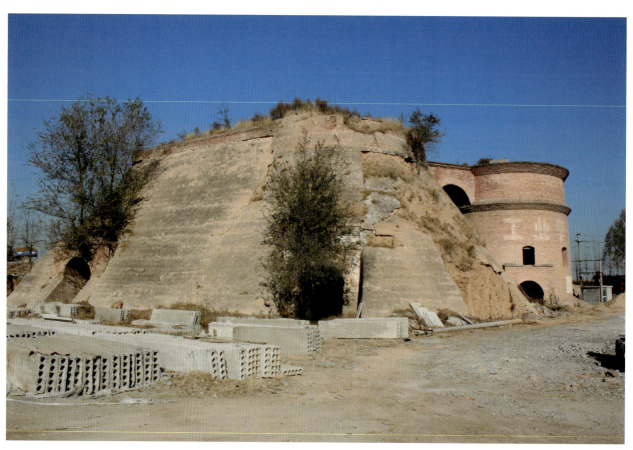

图 3-240 龙王庙石灰窑

窑西北部有上料和上人的通道。北侧红砖窑通过长 6.5 米的拱形券体与南侧土窑顶部相连。砖窑为一圆柱体，底面直径 10 米，顶面直径 9 米，高 11 米，顶部窑口直径 3 米，窑体全部为红机砖砌筑，窑体分三层，底层东西两面辟券门，与内筒相通，为出石灰之口。一层南北面辟门，其余为 6 个券窗，内部为回廊结构，内壁上有条形方孔，与窑体内筒相通，内筒为梭形，上下小，中部大，底部近似方形。龙王庙石灰窑规模较大，建造牢固，整体保存较好，反映了不同时期，窑体建造的变化。

10. 北留固石灰窑

北留固石灰窑位于河北省邯郸市魏县北留固村西南处，紧邻运河北岸。据当地村民介绍，此地原有码头，运河两岸货场较多，商业贸易活动繁荣。20 世纪 60 年代，随着建筑材料的需求增加。此处属平原无山地区，没有生产石灰的石料，借助运河沿岸的有利条件，大批烧制石灰的石料皆由运河水运而来，又通过运河将石灰运往各地。20 世纪 70 年代末，因河道水量减少，航运中断，石灰窑停产废弃。

石灰窑为红机砖砌筑，整体保存较好。砖窑为圆柱体，上部有两层砖拔檐，底面直径 9 米，顶面直径 8 米，高 10 米，顶部窑口直径 4 米（图 3-241）。内筒为梭形，上下小，中部大，底部近似方形。窑体分三层，底层南北两面辟券门，与内筒相通，为出石灰之口。二层东西面为方门，洞口尺寸 1.62×0.95 米，

其余为六个方窗，洞口尺寸 1.11×0.8 米。内部为回廊结构，二层层高 1.7 米，二层地面与底层券门对应处有圆形孔，直径 0.36 米，内壁厚 1 米，壁上有条形方孔，与窑体内筒相通，条形方孔高 1.4 米，里侧宽 0.12 米，外侧宽 0.26 米，外壁宽 1.94 米，窑体底部周围用水泥砂浆抹面，高 60 厘米，上部红机砖用水泥砂浆砌筑。

图 3-241 北留固石灰窑北立面

（四）石刻

1. 堤工段落碑

堤工段落碑位于河北省廊坊市文安县苏桥镇政府对面的大清河人文纪念馆内。石碑为清光绪元年（1875年）立，汉白玉材质，碑身下角出现破损（图3-242）。由于缺少合适的底座，石碑用铁架在后面作为支撑。碑刻阳面碑首"修守章程"四字，碑文内容为修筑千里堤的主要历史事件以及修守章程的由来，碑刻阴面为各村庄承修大堤应承担的丈尺数量。

2. 永济桥碑

永济桥碑位于河北省廊坊市文安县苏桥镇南苑口村村南的小公园内，县级文物保护单位，石碑已用铁栅栏围挡。石碑于民国二十三年（1934年）六月立，为青石质，由碑首、碑身、底座构成（图3-243）。石碑高2.45米，厚0.26米，宽0.82米，底座为石质，长1米，宽0.72米，高0.22米。碑额抹角，阳刻如意云纹，内中有暗八仙图案，底部中间有阴刻篆书"永济桥碑"四字；碑阴无字，碑额同样阳刻两朵如意云纹，底部中间阴刻篆书"永垂不朽"四字。碑文记述

图 3-242 堤工段落碑

图 3-243 永济桥碑

图 3-245 拆堤开沟碑拓片（孔祥武提供）

图 3-244 拆堤开沟碑

了建桥年代："吾邑苑口村，西接清河，东通析木，故清康熙三十三年建永济桥于此，为津保之襟喉"，并记述了此次维修的过程、内容及理事、监修人、维修工匠等姓名。

3. 拆堤开沟碑

拆堤开沟碑位于河北省邢台市清河与故城县交界处的小范庄村，清乾隆二年（1737 年）闰九月由清河知县金昌世、武城知县王殿显立。石碑高 2 米左右，由碑身、碑首、碑座三部分组成（图 3-244）。碑文记载了清河、武城（今故城县）两县相邻村民为防水患，经常因水利设施发生争斗，两知县调停，立碑为记，要求"嗣后武民不得潜地增高，将现在堆积之土，仍填拆口之内，并将未挖沟之土，再行壅蔽堤旁；清邑亦不得将续有淤塞之沟，不行勤加挑浚，则彼此均免垫溺之害，而有衽席之安"，当地人称之为"生死碑"（图 3-245）。

4. 沙圪塔诚碑

沙圪塔诚碑位于河北省邯郸市大名县西北沙圪塔乡沙圪塔村北，河北省文物保护单位。碑为青石质，座为龟座，淤埋地下，尺寸不详；碑身高 2.28 米，宽 0.89 米，厚 0.28 米；首高 0.99 米，

图 3-246 沙圪塔诫碑

图 3-247 沙圪塔诫碑拓片
（任志强提供）

宽 0.91 米，厚 0.3 米，碑首精雕二龙戏珠，额题"万古流传"四字，碑阳阴刻行书全文，共 10 行，满行 37 字，碑阴刻记沙圪塔等村民众姓名（图 3-246）。碑文主记山东、直隶两省官府解决民众水利争端事宜。为解决引漳入卫西溢情况，当时元城县（今大名）沙圪塔村北有一支河分流入卫，对岸馆陶县（当时属山东东昌府管辖）孟见寨等村，搭一土埝拒水，致使两县常为扒埝与护埝引起争端，发生械斗。山东东昌府与直隶大名府联合派员实地办公，另开挖一新支河，但新支河雨季堵塞危害馆陶，士民上请两省官员，令其对新开支河"不修不毁、听其自废"。两县县令各据本省指令，分别刻碑告诫民众遵守，此为元城县翁知县在沙圪塔所立之碑，意为告诫村民遵守。碑刻为乾隆贰拾柒年伍月八日立（图 3-247）。

第四节
河北大运河非物质文化遗产

一、分布情况

大运河孕育、积淀了类型众多、特色鲜明、内涵丰富、价值独特的非物质文化遗产，体现了大运河沿线人民生生不息的文化创造力，凝结着大运河文化的精华，是推进大运河文化带建设的重要文化资源和强大精神力量。联合国教科文组织《保护非物质文化遗产公约》和《中华人民共和国非物质文化遗产法》都对非遗项目进行了分类列举。如《中华人民共和国非物质文化遗产法》列举的包括：1. 口头文学以及作为其载体的语言；2. 传统美术、书法、音乐、舞蹈、戏剧、曲艺和杂技；3. 传统技艺、医药和历法；4. 传统礼仪、节庆等民俗；5. 传统体育和游艺；6. 其他非物质文化遗产。目前，国务院公布的国家级非物质文化遗产代表性项目名录将非物质文化遗产分为十大门类，分别为：民间文学、传统音乐、传统舞蹈、传统戏剧、曲艺、传统体育、游艺与杂技、传统美术、传统技艺、传统医药、民俗。大运河文化带核心区省级以上非遗代表性项目名录涵盖了上述十大门类，本书整理列出大运河文化带核心区省级以上非物质文化遗产代表性项目名录。

表 3-2 河北大运河文化带核心区国家级非物质文化遗产代表性项目名录表

序号	所属地市	县（市、区）	项目类别	项目名称
1	廊坊市	香河县	传统体育、游艺与杂技	中幡（安头屯中幡）
2		霸州市	传统音乐	冀中笙管乐（高桥音乐会）
3			传统音乐	冀中笙管乐（胜芳音乐会）
4			传统音乐	冀中笙管乐（张庄音乐会）
5			民 俗	灯会（胜芳灯会）
6		文安县	传统音乐	冀中笙管乐（里东庄音乐老会）
7			传统体育、游艺与杂技	八卦掌
8			传统体育、游艺与杂技	左各庄杆会
9			传统体育、游艺与杂技	苏桥飞叉会
10			曲 艺	西河大鼓

序号	所属地市	县（市、区）	项目类别	项目名称
11	沧州市	青 县	传统戏剧	哈哈腔
12		新华区、运河区	传统体育、游艺与杂技	沧州武术
13			传统体育、游艺与杂技	沧州武术（劈挂拳）
14			传统体育、游艺与杂技	沧州武术（燕青拳）
15		沧 县	传统舞蹈	狮舞（沧县狮舞）
16			曲 艺	木板大鼓
17		泊头市	传统技艺	生铁冶铸技艺（干模铸造技艺）
18			传统体育、游艺与杂技	沧州武术（六合拳）
19		南皮县	传统舞蹈	沧州落子
20		吴桥县	传统体育、游艺与杂技	吴桥杂技
21	邯郸市	馆陶县	传统戏剧	四股弦（冀南四股弦）
22		魏 县	传统戏剧	四股弦（冀南四股弦）
23			传统技艺	传统棉纺织技艺
24		大名县	传统美术	草编（大名草编）
25			传统技艺	食用油传统制作技艺（大名小磨香油制作技艺）
26	雄安新区	雄 县	传统音乐	冀中笙管乐（雄县古乐）
27			传统体育、游艺与杂技	鹰爪翻子拳
28		安新县	传统音乐	冀中笙管乐（安新县圈头村音乐会）

表 3-3 河北大运河文化带核心区省级非物质文化遗产代表性项目名录表

序号	所属地市	县（市、区）	项目类别	项目名称
1		香河县	传统音乐	香河西南街音乐会
2			传统舞蹈	香河大河各庄竹马会
3			传统体育、游艺与竞技	通臂拳（五行通臂拳）
4			传统美术	烧蓝技艺
5		霸州市	民间文学	杨家将传说
6			传统音乐	冀中笙管乐（北燕家务音乐会）
7			传统音乐	冀中笙管乐（王圈村音乐会）
8			传统音乐	冀中笙管乐（南头村音乐会）
9			传统音乐	冀中笙管乐（崔庄子音乐会）
10			传统舞蹈	大头舞（御览转秋千）
11			传统舞蹈	跨鼓
12	廊坊市		传统戏剧	霸州王庄子昆曲
13			传统体育、游艺与竞技	通臂拳（心聚六和软手通臂拳）
14			传统体育、游艺与竞技	东王庄飞叉
15			传统技艺	高桥尚家笙制作技艺
16			传统技艺	小辛庄戏靴制作技艺
17			民　俗	火神信仰习俗
18			传统舞蹈	高跷
19			传统技艺	红木家具制作技艺
20		文安县	传统音乐	冀中笙管乐（琉璃庄音乐会）
21			传统音乐	冀中笙管乐（蔡头村音乐会）
22			传统音乐	冀中笙管乐（西滩里音乐会）
23			传统音乐	冀中笙管乐（福新村音乐会）
24			传统戏剧	哈哈腔
25			传统体育、游艺与竞技	通臂（背）拳（少齐派）
26			传统技艺	辛庄传统制陶技艺
27			传统技艺	宫毯织造技艺
28			传统技艺	文安熬鱼烹饪技艺

序号	所属地市	县（市、区）	项目类别	项目名称
29	沧州市	青县	民俗	青县盘古文化
30			传统体育、游艺与竞技	青县麒麟拳
31			民俗	觉道庄老子祭奠
32			传统体育、游艺与竞技	连环绵掌
33			传统技艺	同聚祥酒酿造技艺
34			传统技艺	冬菜制作工艺
35			传统医药	青县点穴拨穴疗法
36			传统体育、游艺与竞技	李氏迷踪拳
37			传统体育、游艺与竞技	盘古王拳
38			传统戏剧	青县青剧
39			传统技艺	申家鸡煲
40		新华区	传统美术	刺绣
41			传统技艺	御河老酒酿造技艺
42		运河区	传统体育、游艺与竞技	查滑拳
43			传统体育、游艺与竞技	杨氏青萍剑
44			传统技艺	义昌永冬菜制作技艺
45			传统技艺	传统书法·古字书艺
46			传统技艺	明式家具制作技艺
47			传统技艺	沧州彧元堂传拓技艺
48			传统体育、游艺与竞技	通臂拳（沧州通臂拳）
49			传统体育、游艺与竞技	苗刀
50			传统体育、游艺与竞技	中幡
51			传统体育、游艺与竞技	六合拳
52			传统医药	师蜂堂中医诊疗
53		沧县	传统戏剧	哈哈腔
54			传统体育、游艺与竞技	弹（谭、潭）腿
55			传统体育、游艺与竞技	沧县传统武术
56			传统技艺	沧县镂空木雕雕刻技艺
57			传统技艺	沧县枣木加工技艺
58			传统医药	释迦宝山脱骨疽诊疗法

序号	所属地市	县（市、区）	项目类别	项目名称
59		泊头市	传统技艺	泊头火柴制作技艺
60			传统舞蹈	泊头小竹马
61			传统美术	泊头三痴斋泥塑
62			传统技艺	三井十里香酒酿造技艺
63			传统技艺	杨家烧饼制作技艺
64		南皮县	传统体育、游艺与竞技	二郎拳
65			传统体育、游艺与竞技	南皮八卦掌
66			传统美术	王厂錾铜浮雕
67			传统技艺	南皮阿杜土鸡制作技艺
68			传统技艺	南皮小米面窝头制作技艺
69		东光县	传统音乐	东光吹歌
70			传统音乐	观州锣鼓
71			传统体育、游艺与竞技	沙家门武术
72			传统美术	雕花陶球泥塑工艺
73		吴桥县	民间文学	杂技口艺
74			传统戏剧	独台戏
75			曲艺	拉洋片
76			传统体育、游艺与竞技	吴桥杂技·驯兽·驯鼠
77			传统体育、游艺与竞技	吴桥杂技·硬气功
78			传统体育、游艺与竞技	吴桥杂技·地摊魔术
79			传统体育、游艺与竞技	吴桥杂技·杂技唢呐
80			传统体育、游艺与竞技	吴桥杂技·大变活人
81			传统体育、游艺与竞技	吴桥杂技·马戏
82			传统体育、游艺与竞技	蹬大缸
83			传统体育、游艺与竞技	吴桥杂技·二龙吐珠
84			传统美术	石影雕
85			传统技艺	线装书工艺
86			传统技艺	传统杂技魔术道具制作技艺
87			传统技艺	手工挂面制作技艺

序号	所属地市	县（市、区）	项目类别	项目名称
88	衡水市	阜城县	传统美术	剪纸
89			民俗	阜城打囤
90		景县	传统舞蹈	疯秧歌
91			传统技艺	景县传统布艺
92			传统技艺	铜胎画珐琅技艺
93		故城县	传统音乐	漳卫南运河船工号子
94			传统音乐	运河传统架鼓
95			传统技艺	甘陵春酒酿造技艺
96			传统技艺	龙凤贡面手工制作技艺
97			传统医药	故城殷氏五行捏骨
98	邢台市	清河县	民间文学	武松与武大郎的传说
99			传统体育、游艺与竞技	清河曦阳掌太平拳
100			民俗	清河中华张氏传统祭祀
101		临西县	传统戏剧	乱弹
102			传统体育、游艺与竞技	弹（谭、潭）腿
103			传统技艺	手工挂面制作技艺
104	邯郸市	馆陶县	传统戏剧	馆陶木偶戏
105			传统技艺	馆陶黑陶制作技艺
106			传统美术	粮食画
107		魏县	传统戏剧	大平调
108			传统戏剧	魏县落腔
109			传统体育、游艺与杂技	梅花拳
110			传统技艺	孩模烧制技艺
111			传统技艺	饸饹制作技艺
112			传统技艺	木镟技艺
113			传统技艺	魏县花布染织技艺
114		大名	传统音乐	冀南鼓吹乐
115			传统戏剧	大名大平调
116			曲艺	坠子
117			传统体育、游艺与竞技	大名县佛汉拳
118			传统体育、游艺与竞技	二郎拳
119			传统美术	"南宫碑体"书法艺术
120			传统技艺	大名五百居香肠制作技艺
121			传统技艺	大名郭八火烧制作技艺
122			传统技艺	大名滴溜酒传统酿造技艺
123			传统技艺	二毛烧鸡制作技艺
124			传统技艺	清真馓制作技艺

二、代表性项目

由于大运河沿线核心区非物质文化遗产数量众多，本节仅分门类对各个区域内最具影响力的部分非物质文化遗产代表性项目进行介绍。

（一）民间文学

1. 杨家将传说

杨家将传说为省级非物质文化遗产代表性项目，在霸州及周边地区广为流传。距今一千多年前的宋辽时期，以霸州益津关为主关，以雄州瓦桥关、信安淤口关为两翼，共称河北三关。自宋咸平二年（999年）戍守河北边关，到宋大中祥符七年（1014年）去世，抗辽名将杨六郎在三关奋战了十六年。他用辉煌的战绩保卫了边关的安宁，保卫了北宋的疆土和边关人民的生命财产不受侵犯。杨六郎成了边关人民心目中的大英雄、"守护神"，深受边关人民的仰慕推崇。

今霸州市是三关中益津、淤口两关的所在地，是宋辽多年征战的主战场，直接见证了当年疆场拼杀的悲壮场面，见证了杨六郎叱咤风云，拒敌于关口之外的英雄气概。宋辽边境的老百姓渴望和平安宁，渴望有人替他们做主，驱逐侵略者，过上太平日子。杨六郎韬略绝伦、智勇兼备，守卫"三关"十六年英勇抗辽、屡立战功、威震敌胆，在霸州广阔的土地上，留下了众多的村名、地名、遗迹和传说。杨家将可歌可泣的英雄故事在益津大地家喻户晓，妇孺皆知，这些故事深深印在霸州人民的心中。根据1983年出版的《霸县地名资料汇编》和2003年出版的《霸州村镇要览》记载，全市共有34个村街名称来历与杨家将有关。在霸州全境到处可见杨六郎当年征战的遗迹，杨六郎抗辽的故事和传奇在霸州

图 3-248 传承人张耀增介绍杨家将的故事（王思琮提供）

图 3-249 杨家将传说相关史料汇编（王思琮提供）

图 3-250 信安镇六郎城出土的礌石（王思琮提供）

辈辈相传、代代不息，这就形成了具有霸州边关特色的杨六郎文化（图3-248～图3-250）。目前，全市已搜集整理与杨家将有关的传说故事不少于200篇。

2. 武松与武大郎的传说

武松与武大郎的传说为省级非物质文化遗产代表性项目。清河县历史悠久，禹贡之前，先民已在这里繁衍生息。自秦始置县，西汉至南北朝为郡国，唐宋则州治。清河人自古崇文尚武，仁人志士辈出，武松就是其中的杰出代表。武松与武大郎的传说为省级非物质文化遗产代表性项目，在清河县广为流传。

清河县是武松的故乡，还是中国历史上第一部现实主义长篇小说《金瓶梅》的背景故事原生地。古典小说《水浒传》是在民间口头文学历代传承和元杂剧折子戏不断演出的基础上，由文人汇集诸种资料而编撰的一部英雄传奇小说。而清河县由于是故事原生地，这里世代流传着诸多有关武松、武大郎、潘金莲等人物的原生态故事，其故事与传说远远超出了《水浒传》《金瓶梅》的描写和讲述，甚至有不少故事大异于以上两部古典小说的版本。武松的故事，除上述的以外，主要还有武松出山以前的故事，如"武松出世""武松井""武松大闹东岳庙""武松上太行山"等系列。武大郎、潘金莲的传说，则大异于上两部小说版本：武大郎身材高大，相貌堂堂，文成武就，进士及第，曾任山东阳谷知县；而其妻潘金莲，则是大家闺秀，知书达理，是贤妻良母等等。这些故事在清河县是世代相传，妇孺皆知，流传范围很广，不仅在清河县、在冀东南流传，而且在山东省的鲁西北广大地区都有流传。

这些故事的传播形式，首先是口头传说，即讲故事。在20世纪六七十年代之前，清河县农村多有粉坊、油坊、染坊、豆腐坊等，这些作坊白天是生产加工地，晚上则是聚集众人、消遣时光之地，农民农忙之余多来此处听故事。第二种传播形式，是说书艺人说唱。据老年人的记忆，在20世纪五六十年代之前，清河县城和农村，每到庙会和集日，皆有说书艺人设立的说书场、说书摊。曲种形式有木版书、河南坠子、大鼓书等，说唱内容都是水浒人物故事，在清末和民国之交，开始出现说唱"武老二"的（那时还没被命名为《山东快书》），专说武松段子，颇受人们喜爱。以至今天的清河人大都会说两句"闲言碎语不用讲，表一表好汉武二郎。家住直隶广府清河县，城东八里孔宋庄……"再一种传播形式是舞台表演。过去，清河县的地方剧种有清河乱弹、四根弦等，也多演出武松、武大郎的戏剧，来清河演出的外地演出团体，也多演出武松剧目，因为清河人对武松、武大郎的故事有特殊情感。从元初红字李二作杂剧《折担儿武松打虎》《窄袖儿武松》开始，到后来的《武松打擂》《挑担武松》《武松打虎》，一直到今天的《武大郎正传》等，不一而足，都是清河人爱看的。

武松、武大郎的故事流传至今，深深烙印于清河人的心中。武松"路见不平、拔刀相助、不畏强暴、迎难而上，明知山有虎，偏向虎山行"的精神，给予清河人特有的文化滋养，激励着一代一代清河人。相关部门对武松、武大郎的传说分别在20世纪80年代初和90年代末，进行过两次大的搜集整理，出版了《清河掌故》《清河民间文学集成》《武松武大郎潘金莲的传说》等，另有《武松的传说》《武大郎传奇》专著，而且还新编、上演了古装京剧《武大郎正传》。

第五届智化寺音乐文化节

图 3-251 胜芳音乐会演出场景（王会摄）

（二）传统音乐

1. 冀中笙管乐（胜芳音乐会）

冀中笙管乐（胜芳音乐会）为国家级非物质文化遗产代表性项目。冀中笙管乐流传于冀中平原，即北京以南、天津以西，沧州、定州一线以北近 30 个县市的鼓吹乐品种，民间俗称"音乐会"。因主要用管子领奏、笙等和奏，故又称"笙管乐"。"笙管乐"遍布整个冀中平原。各地农民以村为单位，借乐结会，在本地祭祀、礼仪、丧葬等民俗活动中演奏传承。

胜芳镇地处廊坊市霸州以东 35 千米处。清乾隆时，该镇先后建起了 12 道"音乐会"，其中以胜芳镇南音乐会最为著名。胜芳镇南音乐会是

寺院佛教音乐流传民间的产物，其传承方式为口传心授。胜芳镇南音乐会风格古朴，自创会以来，历经 200 多年而变异甚微，其演奏方式、演奏内容（曲牌）、使用乐器等都有严格定规，鲜有改动。清末开始兼收高腔、昆曲，成为镇内"两下锅"的最大音乐社团。新中国成立后昆曲逐渐淡出，但至今乐手们仍能吹奏昆腔。在当地众多音乐会中，幡旗、角灯、鼓架、茶挑等构成的宏大阵形成为镇南音乐会的特色。

胜芳音乐会曲目中既有佛教乐曲，也有俗世风格的村调，雅俗兼具，深受民众喜爱。除参与当地丧事民俗活动外，镇南音乐会每年还要出庙会演奏 3 次，并主办胜芳"琉璃佛"（即冰灯大会）。胜芳元宵灯会期间，镇南音乐会是唯一可

图 3-252 胜芳音乐会出会场景（蔡利摄）

芳音乐会的演奏编制与曲目和其他音乐会大同小异，所不同的是这里有豪华、奇特的包装：前面开路的是两副茶挑，挑担人不用手扶扁担却能扭出各种姿态；茶挑两头装有茶炉、茶具的盛器是用红木雕刻的极为精细的方形木笼，演奏的大鼓也装在两个同样工艺的更大一些的木笼内（图3-252）。行进中，长队两侧有 8 名壮士举着约 3 米高的红木雕刻的灯竿，上托 8 只以特殊工艺制成的牛角灯，使整体外观显得雍容华贵、富丽堂皇。这些道具多为清末制作，造型精美，雕绘典雅，古色古香，引人注目（图3-253）。

以参加"摆会"（众多民间花会出会时的程序之一）的乐社。

胜芳音乐会为僧传佛教吹打乐，所用乐器为管、笙、云锣、大鼓、大钹、大镲、铛子等。现能熟练演奏《山坡羊》《走马》《辞曹》《东游》《逃军会》等三十多支曲牌（图3-251）。胜

霸州胜芳镇南音乐会的演出仪式、阵形及具有独特风格的相关器物都是佛教音乐在民间的真实遗存，也是认识研究古典佛教音乐及当地民俗民风的重要资料。然而，由于各种因素的影响，胜芳南音乐会正面临着巨大的传承困难。

3-253 胜芳音乐会置于清中期的两面大鼓（杨锦乐摄）

2. 漳卫南运河船工号子

漳卫南运河船工号子为省级非物质文化遗产代表性项目。在河北大运河沿线的非物质文化遗产中，船工号子是与运河关系最为密切的，直接反映了漕运时期的生活场景。目前，船工号子在衡水市故城县、沧州市的泊头市和沧县均进行了整理，并分别列入了省、市级代表性项目名录，其中漳卫南运河船工号子为省级非物质文化遗产代表性项目。

漳卫南运河船工号子是一种历史悠久的传统民歌。故城运河船工号子，始于元代，鼎盛于明清，直至1978年随着水运的废止而衰落。大运河作为南北交通的大动脉，对

图 3-254 漳卫南运河船工号子简介及图谱（李志勇提供）

于中国的经济文化发展起到过巨大的历史作用，其中的漳卫南运河段自清河县进入故城，纵贯全境，自元、明、清乃至新中国成立之初，故城县的郑口镇、故城镇、建国镇一直是商品集散码头，运河中舳舻相继帆樯如林，为船队服务的季节性的篙工、纤夫及搬运工均来自沿河各村庄。为了便于协作，提高劳动效率，增加生活情趣，在集体劳动中漳卫南运河船工号子应运而生。它的音乐节奏与劳动的节奏相应相和，具有鲜明的律动性。经过上千年的演变，漳卫南运河船工号子即是劳动号子，又具有其独立的艺术形态，凝聚着故城运河船工们的聪明智慧，具有浓重的地域特点。

漳卫南运河船工号子种类繁多，可以分为船号和纤号两大类。船号包括起锚号、摇橹号、撑篙号、立桅号、打冲号、升篷号、落篷号、绞关号等；纤号则包括拉纤号、闲号等。作为河北省级非物质文化遗产，如今遗存下来的漳卫南运河船工号子在音乐方面高亢、有力而富于变化，歌词多是即兴创作，随意性很大，可以喊唱沿途风光历史人物，也可以喊唱名胜古迹，内容因"号头"的职业素养而异，不固定，极具独特的艺术魅力。在对漳卫南运河船工号子调查整理中还搜集到了一些与其相关的实物资料如漳卫南运河船工号子图谱等（图 3-254）。

（三）传统舞蹈

1. 狮舞（沧县狮舞）

　　沧县狮舞为国家级非物质文化遗产代表性项目。狮舞又称"狮子舞""狮灯""舞狮""舞狮子"，是中国传统百戏杂耍的重要组成部分。狮舞有着悠久的历史，它普遍流行于中国汉族地区，在春节等节日庆典活动中频繁出现，通过热闹欢快的表演寄托中国人祈求吉祥、消除灾害的美好愿望。中国各地的狮舞形态不尽相同，地域特色十分鲜明，一般分南狮、北狮两大类，南狮矫健凶猛，多表演高难技巧；北狮娇憨可爱，多以嬉戏玩耍为表演内容。

　　沧县位于河北省东南部，东临渤海，北靠京津，大运河穿境而过，县域环绕沧州市区。据历史典籍记载，沧县狮舞最早起源于汉朝，明朝时已广泛流传。沧州狮舞以同乐会形式存在，早期多在庙会和春节民间花会时活动。

　　沧县狮舞分为"文狮"和"武狮"两类，早期称为"狮戏"，多为"文狮"，以兴济为代表。文狮以逗为主，鼓点威武豪壮，有动有静，有紧有慢。动作以动物本能动作为主，模仿猫科类戏耍动作，表演时随着鼓点的变化而变化。武狮以黄递铺乡北张村为代表，由文狮发展而来，后来狮舞糅进武术、杂技中的动作，如叠立、走钢丝、上高凳、爬杆、高台翻滚、水中望月、巧走

图 3-255 沧县狮舞舞台演出（沧州市文化广电和旅游局提供）

图3-256 沧县狮舞室外演出（沧州市文化广电和旅游局提供）

立绳、荷花怒放等（图3-255、3-256）。狮舞鼓点火爆、热烈、欢快，以快节奏为主，鼓催狮动，狮随鼓动，时而让人惊心动魄，时而叫人目瞪口呆，时而让人欢呼喝彩。沧县现存的几个狮舞队多由北张村传承而来。目前被称为"北狮王"的沧县刘吉舞狮队，即由北张村传承而来。打击乐对狮舞起着引导作用，舞狮人根据鼓点的变化而表演，动作随节奏的不同而变化，打鼓者根据当时演出环境、观众需求而变化节奏。

沧县狮舞无论文狮还是武狮，引狮人和舞狮人都是习武者，武术功底较深。传统型的狮子头重七八十斤，狮皮重二三十斤，现代型狮头重十几斤。狮子队一般有大狮2～3头，小狮1～2头，大狮两人扮，小狮1人扮。

近年来，沧县狮舞保护、抢救工作成绩显著，建立了沧州龙狮基地，刘吉狮舞获全国第十届"群星奖"舞蹈比赛金奖，并多次参加全国性大型活动，极大地提高了沧县狮舞的社会影响。20世纪80年代以前，沧县各乡镇村村同乐会都有舞狮活动。目前，除黄浦乡北张、刘吉、纸房头乡南小营等有数支狮子队外，其他多数已不活动，沧县狮舞面临传承危机。

2. 沧州落子

沧州落子为国家级非物质文化遗产代表性项目。落子，也叫"乐子"，是河北省具有代表性的民间舞蹈之一，有近200年的历史，清末民初曾一度活跃，尤以南皮县、沧县为盛。沧州落子由一对对青年男女手执"彩扇""竹板""霸王鞭"等载歌载舞表演。落子初期，只有四人执鞭表演，清末民初以后，民间出现了半农半艺的落子艺人。他们广采博取，还吸收了武术、杂技里的一些技巧，逐渐形成了具有一定程式的较为

完善的以十人执"鞭"、六人执"板"、四人执"扇"为一队进行表演的歌舞队（图3-257）。

落子有文武之分。以唱为主的称"文落子"，表演时鞭、板、扇都用，女角扭动的舞姿就像随风飘摇的柳枝一样轻柔优美，婀娜多姿（图3-258）。把武术与戏曲里的筋斗穿插在舞中的叫"武落子"，武落子表演时只用鞭和板。单独进行扇舞表演时，是以男女对扇的形式，叫"撇扇"。

落子的服饰，最初只着生活服装。后来，为了美化多穿戴戏曲服饰。女角色扮如戏曲的武旦或花旦，男角色扮似戏曲舞台上的黄天霸、杨香武的形象。落子的舞姿、动律、连接动作及节奏的运用，都具有鲜明的武术特征，讲究"走似水上漂，跑似草上飞，跳似凌空燕，转似燕翻身"。老艺人要求落子的表演者必须要有武术功底，否则便不能更好地把握动作的韵味儿。男性动作有英武健美的形象特征，如男性最基本的贯穿动作"抒鞭"，其做法有"缠头抒鞭""裹头抒鞭""挽

图 3-257 沧州落子表演（沧州市文化广电和旅游局提供）

图 3-258 沧州落子表演——女角（沧州市文化广电和旅游局提供）

花抒鞭"等，这些不同的做法只是上身动作的变化，而下肢始终是屈膝的"虚步"和"跺子"。落子的"三道弯"，是女性贯穿始终的基本舞姿，由屈膝、拧腰（出胯）、腆腮三个因素构成，其中拧腰是最主要的。落子讲究曲线美，身体左右拧动的三道弯曲线，舞步进行时的蛇形曲线和身体上下起伏的波浪式曲线，形成了落子女性动作曲线美的特征。艺人们归纳为"屈膝拧腰、腆腮错肩、含胸拔背、颠脚夹裆、一蹬三颤"。著名艺人周树棠强调三道弯儿，讲究曲线美，他说："腆腮是表现情的，要做得含蓄、内在，要媚气。"人送他美称"大酸梨"。落子的动作，在节奏上有自己的特点。它的每一个动作都抢占两拍，抢拍的后半拍"起法儿"，弱拍为动作的运

动过程，到下一小节强拍的前半拍完成整个动作，后半拍又是下一动作的"起法儿"。依次反复，直到结束。

传统落子的表演有一个显著的特点，就是同一音乐、节奏、画面之中，男女间以不同的动作相配合，传情达意。在表演传统落子的进程中，表演者所演唱的曲目内容不断更换，但舞蹈动作、队形、服饰、道具却固定不变，从而造成舞蹈与歌曲内容无关的情况。新中国成立后，落子艺人曾被聘请到专业艺术院校任教。在此期间，民间艺人与专业舞蹈工作者合作，创作了以《茉莉花》《放风筝》等为素材的新作品，并搬上舞台，将落子推向了形式与内容相吻合的新阶段。

（四）传统戏剧

1. 四股弦（冀南四股弦）

四股弦为国家级非物质文化遗产代表性项目，是河北地方戏曲剧种之一。四股弦的主要伴奏乐器大弦亦名"四胡"，上有四根丝弦，剧种由此而得名（图3-259）。冀南四股弦流传于河北省南部地区，其中包括大运河沿线的馆陶、魏县。

馆陶县位于河北省南部，四周与七个县接壤，县治驻南馆陶。冀南四股弦起源于19世纪初，又名南柳子腔、四根弦，最早是以民间的花鼓戏发展而成，由山东临清传入馆陶，在民间俚曲的基础上，不断取长补短，并吸收乱弹、京剧、河北梆子等剧种的营养，逐渐演变成今天的四股弦。四股弦已有近200年历史，从1920年到抗日战争时期，四股弦有了突破性发展。"七七"事变后陷入低潮，1949年后重又得到复兴。

冀南四股弦在内容上，起初大多是反映民间家庭生活的小戏，后逐渐转变为演出历史传统戏和连台本大戏。其唱腔悠长舒缓，委婉流畅，有男腔、女腔之分。角色语言含蓄幽默，通俗易懂，为广大观众所喜闻乐见，当地至今还流传着"不锄地，不浇园，也要去看四股弦"的民谣。角色行当分为四生、四旦、四花脸，后演变为现行的生、旦、净、末、丑五大门类。演出时，大伙围桌而唱，伴以简单的动作，俗称"罗圈戏"或"坐板凳头"（图3-260）。冀南四股弦剧目众多，《刘金定下南唐》《贺后骂殿》《二进宫》《坐楼杀惜》等是其中代表性的作品。

图3-259 四股弦表演及伴奏乐器

冀南四股弦作为戏曲的发展，以唱的艺术诠释着近代文明，演绎着戏曲的结晶，是珍贵的民间戏曲文化遗产，具有很高的艺术价值。随着人民群众文化素质的不断提高，人际、单位、城乡之间交往的不断增强，这支民族戏曲的奇葩，也成为馆陶县精神文明交流的主要手段之一，曾引起了戏曲界的革命，大力推进了河北省、山东省、河南省等地的戏曲发展，影响巨大。

图 3-260 四股弦的舞台演出场景

2. 青县哈哈腔

青县哈哈腔为国家级非物质文化遗产代表性项目，是在青县、沧县、河间等广大农村民间歌舞基础上发展而来的，属哈哈腔中路，于明末清初基本成形。

青县哈哈腔的剧目繁多，在普查中，各哈哈腔剧团演出过的剧目有一百多出，如《杨二舍化缘》《四进士》《访苏州》《刘公案》《窦娥冤》《王小打鸟》《王小赶脚》《王定保借当》《二堂舍子》《小姑贤》《乌玉带》《鞭打芦花》《七人贤》《方四姐上吊》《大劈棺》《李香莲卖画》等（图 3-261、图 3-262）。剧目中相当一部分具有喜剧色彩，角色在演出中要有不同程度的幽默、诙谐可笑的表演特色。青县哈哈腔的音乐属板腔体，主要板式有头板、二板、三板、快三板、垛板、尖板等。各门当唱腔大体相同，可分为男腔、女

腔，男女同调，但旋律有所区别。伴奏乐器以四胡、板胡为主。打击乐伴奏受高腔影响，起初用大铙、大镲，梆子戏兴起后又改用梆子，同时，文场引进了梆子的主奏乐器板胡。伴奏乐曲有《海青欢》等几十首，多借用梆子曲牌。吹奏乐曲有《水龙吟》《泣颜回》等几十首，多由京剧借鉴而来。

青县哈哈腔的表演程式多源于民间舞蹈，表演特点细腻、逼真，具有清新、刚健的气息，给人以真实感。譬如旦角表演穿针引线中不慎将手指头扎破的细节，要求逼真到让观众见了都觉"疼"的程度。其他如日常生活中的打水、纺棉花、推磨、梳洗打扮等动作，也都惟妙惟肖。哈哈腔表演手段丰富，既能表演帝王将相、才子佳人的生活，亦能表演俚俗纷争的故事。青县哈哈腔行当齐全，主要分为生、旦、净、丑四类，根据角色、年龄、性格、身份特点又有细的区分，其中老生行中的"奸生"、净行中的"零碎花脸"

图 3-261 青县哈哈腔演出场景（沧州市文化广电和旅游局提供）

图 3-262 哈哈腔演出曲目游花园（新华社，范立伟摄）

等角色，是该剧种中独有的。各行当都有着自己的表演特点，如：文小生儒气十足，文雅潇洒，相貌端庄；而武小生却是英俊威武、年少气盛；穷生则弓身、抱肩，步履趔趄，一副可怜相。再比如同是旦角，青衣的表演沉稳庄重，行不露足，笑不露齿；花旦的表演则动作轻快，手脚利落，机灵活泼，性格外向，喜怒形于色。青县哈哈腔的服装和京剧、河北梆子、评剧相同。

青县哈哈腔是青县人民在生产劳动生活中积淀的优秀文化，质朴健康，是古老戏曲文化的遗存，是中华民族戏曲史的重要组成部分。

（五）曲艺

1. 西河大鼓

西河大鼓为国家级非物质文化遗产代表性项目，另有"大鼓书""西河调""梅花调""弦子鼓""河间大鼓"等名称，主要流传于河北及周边地区。西河大鼓源于木板大鼓和弦子书，清代乾隆年间，保定刘传经、赵传壁、王路三人首创木板大鼓、弦子书搭档演出，从而各地艺人效仿，初步形成鼓、板、三弦进行伴奏的说唱形式。自此数十年间，为西河大鼓孕育、草创之期，到了木板大鼓艺人马三峰一代，使西河大鼓逐渐成形，并得到一次较大的发展。首传弟子朱化麟创作出朱派艺术，为西河大鼓做出贡献。

图 3-263 2022 年西河大鼓书会（董辉提供）

图 3-264 2019 年西河大鼓书场开幕式（董辉提供）

西河大鼓表演时由一人自击铜板和书鼓说唱，另有专人操三弦伴奏（图 3-263、图 3-264）。其唱腔简洁苍劲，风格似说似唱，韵味独特。传统书目长、中、短篇都有，已知名目的中、长篇作品达 150 余部，书帽及小段有 370 多段，内容多为历史征战故事和民间通俗演义，情节曲折，语言生动，是在北方广泛流传的优秀民间艺术。西河大鼓自诞生之日起就受到流行地广大群众的喜爱，先后出现过马瑞河、朱化麟（朱大官）、毛贲（王振元）、王再堂（转眼王）、张双来等著名艺人以及《响马传》《呼家将》等经典书目，具有较高的历史文化价值。

朱派创始人朱化麟，艺名朱大官，河北文安小齐观村人。自幼从师马三峰学说大鼓书，颇有才华，早期即享有盛名。他还很喜爱河北梆子，能拉梆胡，曾为名髯生大吉高伴奏数年，这段经历，与以后在西河大鼓上的改进、创造有着密切的关系。朱大官嗓子很好，音域宽，音质美，吐字清脆，腔调豪放，善于白唱间用，穿插得当，灵活自然，有行云流水之妙。擅长说短、中篇，韵文皆实词，讲文演武，都很不错，尤以描述儿女家庭故事反映农村生活的书目更为出色。他一生绝大部分时间在冀中农村活动，与农民群众相处甚好，不论老少，皆视为之密友，他每到一村和每次演出后，就招呼人们到他住处闲谈，种菜养猪，家长里短，在他屋里都能成为热闹话题。

图 3-265 木板大鼓表演——追苍蝇（长城网，周亚彬摄）

朱大官在长期的艺术实践中，能立基于传统，和群众保持密切联系，不断地对原来的腔调和演唱技巧进行着改革、提高，并从地方戏曲、民歌小调中汲取营养，创造了一些新的调子和唱法，这就大大丰富了这一曲种的表现力。朱大官的成就，不仅仅在于始创一个艺术流派，还在于他对西河大鼓进一步的发展、成熟，起到了很大的促进作用，所以，他一直为西河界后人宗法、推崇。

朱派西河大鼓在河北中部遍地开花，第五代传人郑燕女士不仅传承了朱派艺术精髓，更是成

图 3-266 民国二十一年《沧县志》记载木板大鼓（沧州市文化广电和旅游局提供）

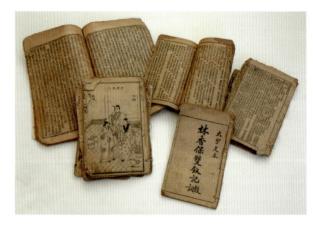

图 3-267 木板大鼓鼓词脚本（沧州市文化广电和旅游局提供）

立了北京郑燕西河大鼓文化艺术传播公司，为朱派说唱艺术的传承和弘扬进行着努力。

2. 木板大鼓

木板大鼓为国家级非物质文化遗产代表性项目。沧县位于河北省东南部，东临渤海，北靠京、津，大运河贯穿沧县境内，县域环绕沧州市区。木板大鼓是沧州独有的一种曲艺形式，有完整的唱腔结构和板式结构。木板大鼓的演唱形式为演员左手执木板击节站唱，所用木板为小木板，右手执鼓楗，按演唱需要击鼓。早期另有一人用中三弦伴奏，20世纪以来均改为大三弦（图3-265）。

沧州木板大鼓产生于沧县民间，据艺人口传和民国版《沧县志》《沧县文化志》等史料记载，沧州木板大鼓产生于明朝中晚期，清初在冀中广为流行（图3-266）。清乾隆时，著名沧州木板大鼓艺人李朝臣曾被召进宫说唱《西厢记》，深得皇帝赏识。清末咸丰、同治年间，庞凤城先生将沧州木板大鼓发扬光大。至今，木板大鼓尚留存很多早期鼓词脚本和折子（图3-267、图3-268）。纪晓岚在《阅微草堂笔记·滦阳消夏录》里，提到一位沧州木板大鼓艺人刘君瑞，文中称"沧州瞽者刘君瑞，尝以弦索来往余家"[255]（图3-269）。

沧州木板大鼓是河北曲种的重要代表之一，也是全国独有的艺术曲种，其唱腔音乐为板腔体，曲调简洁独特，粗犷浑厚，它对北方大鼓曲群产生过重大影响，西河大鼓、京韵大鼓、乐亭大鼓等都不同程度地吸收沧州木板大鼓的唱腔、曲调等发展而来，有专家称"沧州木板大鼓是京

图3-268 手抄鼓词的折子（沧州市文化广电和旅游局提供）

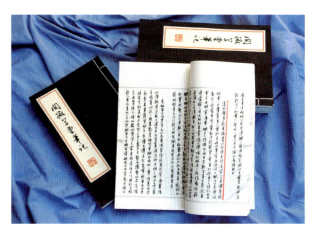

图3-269 纪晓岚《阅微草堂笔记》记载的木板大鼓（沧州市文化广电和旅游局提供）

韵大鼓的母根"，高占祥先生指出"西河大鼓是由清代乾隆年间流行于当地的弦子书和木板大鼓衍变而成"。可以这样说，没有沧州木板大鼓，就没有北方大鼓曲群。

沧州木板大鼓自产生至今流传数百年，几经时代的变迁，是真正土生土长的民间说唱艺术，通俗易懂，表达感情强烈，乡土气息浓厚，现编现唱宣传效果好，在广大农村其喜闻乐见的程度

---

255 （清）纪昀撰，《阅微草堂笔记》卷六·滦阳消夏录六。

图3-270 安头屯中幡表演（张怀永提供）

不亚于流行歌曲、电视、电影。沧州木板大鼓不仅具有娱乐功能，而且有重要的宣传作用，其顿挫淋漓的大悲调是社会下层人民心声的体现，典型地反映了燕赵自古多慷慨悲歌之士。据《沧县志》记载："江湖大鼓风行一时……其声调顿挫淋漓，足表燕赵感慨悲歌之声。"[256]《中国传统

民间艺术》《中国大百科全书》对沧州木板大鼓都有记载。

沧州木板大鼓采取"口传心授"教徒，很少有文字记载。木板大鼓的传统节目非常丰富，初以短、中篇为主，后来出现了长篇。目前留下100多个曲艺小段和《包公案》《大小五义》《呼

256（民国）张坤等纂修，《沧县志》卷之十二·礼俗，民国二十二年铅印本。

（六）传统体育、游艺与杂技

1. 中幡（安头屯中幡）

  安头屯中幡为国家级非物质文化遗产代表性项目。安头屯镇位于香河县城东南 7 千米，安头屯中幡起源于隋唐，在北运河航运过程中，当时帆用在船上，借以增加船的航速和调整船的航向。后来帆被用在民间玩耍，在玩耍中逐渐发展出各种花样和手法，经过人们多年的改进与创新，才发展成为有组织的民间表演艺术团体，取名为中幡会。中幡分筒、面、楼三部分，筒长 1 丈 8 尺，控制幡速减轻下垂惯力，幡面衬风，使幡的重心稳固平衡，仗杆衬幡面，飘带美妆幡容。目前，安头屯中幡常出现于节日庆典表演现场（图 3-270）。

  清代乾隆十六年（1751 年），乾隆皇帝从杭州沿运河回京，途经香河时，安头屯中幡为其表演，深得乾隆皇帝赞誉，诏令敕封安头屯中幡会幡面一对，上书"龙翔凤舞"，下书"人神共悦"，并赐黄马褂等全副值式（演出服饰）12 套，另赐打鼓、花钹、门幡等若干。清代咸丰元年（1851 年），咸丰帝举办登基大典，安头屯中幡老会进京参加祝贺，颁诏再次敕封幡面一对，上书"风调雨顺"，下书"国泰民安"，并御赐安头屯中幡会"重兴老会"会名，所有人员值式一套，其中"国泰民安"幡面保留至今。

  目前，安头屯中幡已积累了中幡技巧动作 100 多个。其中前把幡变换手法包括起幡托塔、摘肩托塔、晃肋托塔、托塔盘肘等 30 多个动作（图 3-271），后把幡变换手法包括插剑脑件、插

杨合兵》等 10 多部长篇。20 世纪七八十年代是木板大鼓的鼎盛时期，新段子《少女斗志》《贾宝玉夜探潇湘馆》等多次在中央人民广播电台和许多省电台播放。沧州木板大鼓自产生至今流传数百年，目前，沧州木板大鼓艺人能登台演唱的仅存 9 人，这一古老的艺术正面临灭绝的境地，急需抢救保护，将这一优秀非遗文化传承下去。

图 3-271 摘肩（张怀永提供）

图 3-272 左右背花（张怀永提供）

花脑件、左插剑灌耳蹲裆牙件等几十个动作（图3-272）。大挎鼓表演内容包括大鼓30调，每调均有鼓谱，分连打和摘打两类。花钹既可与镲镲、大鼓齐奏，也可单打，还可与镲镲穿插对打。花钹又有单人打与双人打、四人合打、六人合打、八人合打等表演样式。

现在，安头屯中幡大会有安一、安二、安三、安四4个村共同组织，有会员60多人，其中最优秀的三位青年人是韩士全、贾金川、何宝生。韩士全的老虎大撅尾、摘肩、背花表现出色，贾金川表演的就地十八滚、脑件技艺娴熟、表演精湛，何宝生的牙件、灌耳表演堪称一

图 3-273 吴桥杂技——稠吊

善，中幡表演越来越成为最受群众欢迎和喜爱的娱乐项目，不断吸引着越来越多的年轻人投身于中幡技艺的学习、表演、传承之中，为发展和繁荣民族优秀传统文化贡献着自己的力量。安头屯中幡对于凝聚人心、促进邻里和睦、活跃群众文化生活、推动新农村建设和构建社会主义和谐社会发挥着越来越重要的作用。

2. 吴桥杂技

吴桥杂技为国家级非物质文化遗产代表性项目。吴桥县位于河北省东南部，历史悠久。该县杂技文化底蕴丰厚，杂技艺人在国内外分布广、影响大，是世界闻名的杂技之乡。

吴桥杂技历史悠久，汉、唐时期达到兴盛，成为统治阶级的主要娱乐形式。至宋代开始，杂技走向了民间，成为市井百姓共享的民间艺术。1958 年农田建设中，在吴桥县小马厂村发现一座南北朝东魏时期（534 年～550 年）古墓，古墓的壁画上对杂技艺术做了生动形象的描绘，其中倒立、肚顶、马术、蝎子爬等杂技表演极为逼真，成为吴桥杂技悠久历史的见证。明代阁老范景文曾在《游南园记》中记叙了当时在吴桥旧县城南门外的祭台观看马戏的盛况。吴桥杂技展示人体技能技巧，门类齐全，节目阵容庞大，包括耍弄技艺、乔装仿生、动物驯化、硬气功、魔术等七大门类，共有 1100 多个表演节目（图3-273 ～图 3-275）。

吴桥杂技文化，伴随着中国杂技的发展沿革而形成，经历了中国历史的各个时期。为了适应不断变化的社会更替和复杂的演出环境，以吴桥为集中区域的杂技艺人族群不断丰富和创造了多彩的杂技文化。他们有了自己的行业神（吕祖吕洞宾），有了这个族群的崇拜和信仰，不断完善了其行业规章和禁忌，同时，创造了独立的行业

绝。安头屯中幡以其功夫过硬、技艺超群、动作娴熟、演技精湛、可观赏性强而成为民间花会一绝。当代，安头屯中幡经常参加国内举办的各种花会表演大赛，深受领导和观众的欢迎，并不断受邀参加国内各种大型活动的庆贺。多年来，经过代代中幡传承人的不断摸索、改进、丰富和完

图 3-274 吴桥杂技——转碟子

图 3-275 吴桥杂技——顶缸（梁兰新摄）

图 3-276 第十七届中国吴桥杂技节节目《淀上荷香》（长城网，张笑宇摄）

隐语"春典"（即黑话）。到了明代，已形成了信仰禁忌、行规流派、行业语言、技艺传承、杂技经营使用的"口""锣歌"等完善的行业文化体系。从清代到民国，是吴桥杂技经营和杂技文化发展最繁荣时期，其文化传承受到吴桥杂技艺人的特别重视，成为杂技艺人在江湖经营中安身立命的必备条件。

吴桥杂技文化在世界杂技发展历史中有着重要的历史地位和广泛影响。其艺术构成中有很多节目及道具制作是经千年传承发展和完善的艺术精品，部分技艺已成为人间绝唱。由于宋代以来杂技成为社会底层文化艺术，在历史典籍中少有记载，杂技文化少了许多人文关怀，抢救和保护

吴桥杂技文化无疑将对保持我国文化多样性，弥补杂技文化的史学欠缺起到很重要的作用。在杂技文化非物质构成中"口""锣歌"及"春典"是我国民间口头文学的重要构成，它包含着许多历史故事、诗歌、民歌民谣和传奇传说，是中国说唱艺术的宗源。吴桥杂技文化对弘扬杂技艺术，提高中国杂技的国际地位和产业地位，丰富地方旅游人文内涵，提高人民的精神文明文化生活，构建和谐社会有着重要促进作用。

新中国成立后至"文化大革命"期间，是吴桥杂技文化的转折期，杂技的组织形式、演出形式及分配方式发生了变化，吴桥杂技文化的存在和传承受到了冷落，很多传统节目绝招、

图 3-277 第十七届中国吴桥杂技节节目《"凌云狮秀一流星"》（长城网，张笑宇摄）

236

绝活已无人演习，濒于消亡。编纂"集成"及吴桥建设杂技人义旅游工程吴桥杂技人世界以来，则是吴桥杂技文化的抢救和复苏时期。1987 年，文化部、河北省政府在省会石家庄举办了以吴桥命名的第一届"中国吴桥杂技艺术节"，至今已成功地举办了 17 届（图 3-276、图 3-277）。2004 年，吴桥先后被命名为"全国文化产业示范基地县"和"中国的杂技之乡"。由于社会政治、组织形式、演出形式和经济条件的改变，传统吴桥杂技文化的生存和传承面临威胁，有逐渐走向消亡的危险，亟待挖掘和抢救保护。

3. 沧州武术

沧州武术为国家级非物质文化遗产代表性项目。沧州位于河北省东南部，东临渤海，西邻保定，南接齐鲁，北倚京津，号称京津南大门，距离省会石家庄 240 千米。沧州辖境古属燕齐，沧州人民自古以淳朴、刚毅、勤劳、勇敢、豪迈、直爽著称。由于地理、历史条件独特，讲武求备，尚武图存，武技广播蔚成风气，素有"武健泱泱乎有表海雄风"之说。据史料记载，沧州民间武术源于春秋，兴于明，盛于清，至乾隆时武术之乡之称已经形成，至清末武乡威名远扬海外。经历代薪火相传，到清末民初臻至鼎盛，有

"小梁山"之称。据统计，沧州在明清时期出过武进士、武举人 1937 名，乾隆年间沧州已成为华北一带的武术重镇。1992 年，被国家体委正式命名为全国首批"武术之乡"。

沧州的武术门派众多，有八极、劈挂、燕青、八卦、六合、查滑、功力、太祖等 53 个拳种，占全国 129 个武术门派拳种的 40.3%（图 3-278）。沧州武术在南有莆田（武当）、中有登封（少林）、北有沧州的中华武术大格局中举足轻重。沧州武术的代表性拳种有劈挂、燕青、门合、八极、八卦、功力、查滑、太祖八大门派。另外，疯魔棍、苗刀、戳脚、阴手枪等拳械，为

图 3-278 沧州武术不同门类（《沧州市非物质文化遗产图典（第一辑）》）

图 3-279 第十届中国·沧州国际武术节开幕式表演（河北新闻网，张昊摄）

沧州所独有。各门派均具有刚猛剽悍、力度丰满、长短兼备、朴中寓鲜的风格特点。近几百年来，沧州武术精英荟萃，涌现出丁发祥、霍元甲、王子平等大批高人义士，为御外辱、扬国威、光大中华精神做出了巨大贡献。

沧州武术还兼收并蓄，积累了雄厚的传统武术资源，近年来又吸纳跆拳道和规范武术套路等积极成分，取得新的发展。沧州武术刚劲威猛，技击性强，既有大开大阖的勇猛长势，又有推拨擒拿的绝技巧招。沧州武术在一招一式中承载着中华传统文化的阴阳、内外、刚柔、方圆、天地、义理等哲学元素和基本理念，渗透着儒、释、道多种思想和意蕴，具有浓郁的文化色彩。

沧州武术在被称为"国术"的中华武术中占有重要地位，是根植于民间的中华武术的源头、缩影和集大成者，是古老中华武术的重要遗存。沧州武术影响力巨大，至今，沧州已经连续举办了 10 届国际武术节（图 3-279）。发掘、抢救、保护沧州武术，其价值主要有三：其一是学术价值。纵观中华武术发展史，源起或流传于一个地级市的武林门类或独立拳械有 53 个之多的仅有沧州一家。有些拳种可看作中华武术的活化石，对沧州武术的发掘、抢救和保护，将有效带动和大力促进整个传统武术的弘扬和振兴。它的丰富内容和基本特征及其传承历史和教习方式，在中华武术中实属罕见。发掘、抢救和保护沧州武术，不仅对丰富和完善中华武术，乃至对世界武术文化的丰富和完善，都将起到积极的推动作用。其二是社会价值。发掘、抢救、保护沧州武术，对沧州乃至全国的精神文明建设，对丰富群众文体生活，提高人民身体素质，塑造人的顽强品格，倡导新的生活方式，构建社会主义和谐社会都将发挥重要作用。其三是产业价值。沧州武术具有浓厚民族特色和地域色彩，本身就蕴含着巨大的产业和商业价值。发掘、抢救、保护沧州武术，可以进一步激活武术培训、表演、竞赛、交流、器械生产、节庆会展、旅游观光等多种相关产业和市场，进而成为新的投资热点和新的经济增长点，有力促进沧州乃至全国的经济发展。

（七）传统美术

1.草编（大名草编）

大名草编为国家级非物质文化遗产代表性项目。大名县位于河北省东南部的冀、鲁、豫三省交会中心处，县内的西付集乡是民间草编技艺的主要发源地。

"张庄刘村大道边，男女老少编花篮"，这是在我省流传的民谣。用麦莛、高粱莛、玉米皮、柳荆条、马莲草、芦苇等编织的各种日用品、装饰品、玩具等，在河北随处可见。草编技艺在我国已有1500多年的历史。清雍正年间约1730年前后，草编传统手工技艺从山东掖县传入大名县西付集乡朱家村，后传至大名县卫河以东地区，掐编手工技艺遂传至大名县千家万户。

20世纪80年代以前，草编手工艺品在大名县及周边有一定的影响，但由于经济落后等原因，所制产品大部分供自家使用，只有部分手工草帽在市场上销售。大名县建草编厂后，开始从事草编手工艺品的深加工。所开发的草编产品约有千种，销至欧亚等国家，为大名县的经济发展和农民增收起到了积极的推动作用。

图 3-280 大名草编——屏风

图 3-281 大名草编——天花

图 3-282 大名草编——脸谱

图 3-283 大名草编——提袋

大名草编是大名县卫河以东地区的传统家庭手工艺，妇孺皆能，多以麦秆制作草帽、提篮等物品。在此基础上，经过民间艺人的研究，又增加了提袋、茶垫、坐垫、地席、门帘、果盒、纸篓、拖鞋以及用麦草制作的贴画、贴盒等。麦草贴画借鉴油画、工笔画等绘画艺术的技法，多表现花鸟虫鱼、虎啸深山、鹿鸣翠谷、悬流飞瀑等题材。大名草编产品类型丰富，是使用功能和艺术创作相结合的产物（图3-280～图3-283），用麦秆制作的草帽、提篮、提袋等物品有广泛的实用价值和艺术价值。

草编手工技艺是我国民间艺术的一项重要内容，它反映和体现了我国古代崇尚简朴的审美意识和观念。草编手工艺品对美化家庭、丰富人们生活有着积极的作用。近年来，由于经济的快速发展，加上大名草编工艺品制作费时、费力，从事此项手工艺的人员越来越少。

2. 石影雕

石影雕为省级非物质文化遗产代表性项目，是沧州市吴桥县的传统民间艺术。石影雕是雕刻在岩石上的影像，创作时利用尖部是金刚石的钢锥不断凿击花岗岩，黑色的石板上即留下或白或灰深浅不一、疏密不均的小点。石影雕利用黑白明暗成像原理来形成摄影效果，其画面细腻逼真、清晰生动、古朴高雅，且材质坚硬，可长久保存，堪称"中华一绝"。

吴桥县在古代各村均有石匠，其中不乏能工巧匠将石像雕刻得惟妙惟肖。吴桥田氏一族却独辟蹊径，意图摒弃大型石料，专在黑色石板上雕刻，虽是平面石板，却要雕刻出立体的效果。这门技艺传到第四代田济舟已见雏形，第五代传人方士英，因自小喜爱绘画，所以拜师学艺（图3-284）。她曾走遍全国各地的山区，同石匠一起探讨石雕工艺，在取其南北石雕艺术精华的基础

图3-284 石影雕作者方士英和她的作品（吴华龙提供）

图 3-285 石影雕作品 1（吴华龙提供）

图 3-286 石影雕作品 2（吴华龙提供）

上，大胆实践创新，逐渐探索出如今独具特色的石影雕艺术，并在不断地完善这门工艺。方士英的作品以人物肖像为主，辅以山水及虫鱼鸟兽，她所创作的人物肖像惟妙惟肖，富有立体感，可以细致到每根发丝、每条皱纹，尤其是人物眉目中流露出的神韵，恰到好处地表现了不同人物的气质（图 3-285、图 3-286）。其石影雕作品古朴高雅、细腻逼真、不变形、不变质，具有极高的艺术欣赏和收藏价值。

吴桥石影雕代表作品有《毛泽东》《周恩来》《胡锦涛夫妇》《温家宝》《奥巴马》《英前首相布莱尔夫妇》等中外领导人肖像，世界名画石影雕，著名主持人肖像及佛教名僧肖像、古代名人肖像等作品。吴桥石影雕作品，曾多次在国内荣获金、银奖，并被国内外多家博物馆收藏，为吴桥赢得了良好的社会效益和经济效益，为"杂技之乡"吴桥的文化事业增添了美丽的色彩，使吴桥向世界展示了除杂技之外的另一当地民间瑰宝。

（八）传统技艺

1. 传统棉纺织技艺

传统棉纺织技艺为国家级非物质文化遗产代表性项目，分布于河北魏县、肥乡县。我国传统纺织技艺历史悠久，自 7 世纪棉花从印度传入后，中国纺织业逐渐由麻纺向棉纺转变。到元代，棉花在中原已经广泛种植，在黄道婆纺织技

图 3-287 纺线

图 3-288 经线

图 3-289 印布

图 3-290 织布

术改革的影响下，河北魏县、肥乡县等地的纺织业逐步发展兴盛起来并传
承至今。

　　魏县地处河北省南部，位于邯郸市东南 51 千米处。魏县土纺土织历史
悠久，历经明、清，到民国和解放初期达到鼎盛时期。全县农村家家备有纺
车、织布机，成年妇女都会纺花织布。如杜爱英老艺人，16 岁开始跟母亲
学习纺花织布、刺绣、缝纫等技术，织布等一系列工序样样精通，哪家要
是织布了，都要请她去帮忙。

魏县的传统棉纺织技艺繁杂，工艺流程包括搓花结、纺线、打线、染线、浆线、络线、经线、印布、掏缯、闯杼、绑机、织布等12道工序（图3-287～图3-290）。决定纺织布条格、花纹的关键工序是经纬色线的设计排列和缯的确定。缯有二页缯、三页缯、四页缯三种，二页缯用单梭能织出白布和条纹布，经纬色线的有序排列则能织出多样的方格布。魏县广大妇女经过长时间的生产实践，创造出的条格、花纹布多达200余种。方格布有石榴籽儿、席子纹、筛子底儿、苏联大开花、苏联小开花等100余种。条纹布有合股线、菜瓜道、黄瓜道、半个脸等50余种。三页缯、四页缯布有阴阳脸、油菜绿、鸭梨黄、七色八棱图、豆腐丁儿等50余种。在魏县土纺土织的色彩表现中，很少看到沉闷灰暗的色彩，即使有时出现灰色或复色，但整体色彩风格依然是明快、鲜艳、热烈，使民间自用的土布焕发出生命的活力。

到了20世纪60年代，由于机器纺织业的发展，土布生产渐渐被冷落。20世纪90年代，人们重新认识到棉布渗汗保暖、无毒保健的优点，穿用棉布在农村、城市重新兴起。据调查，魏县有100多个村，3000多户置机生产土布。到1983年，魏县土纺土织生产除手纺手织传统工艺外，又增添了由机纺线手工织布的新工序。目前，全县有三家机线、整经加工点，促进了魏县土纺土织生产的发展。当前，由于机纺织品取代土纺织品的趋势仍然存在，老年人相继去世，青年人不愿意学习土纺织技术，土纺土织的技艺仍然存在着失传的威胁。保护土纺土织工艺的任务刻不容缓。

2. 生铁冶铸技艺（干模铸造技艺）

生铁冶铸技艺为国家级非物质文化遗产代表

性项目。河北省泊头市位于大运河畔，其前身为交河县，是闻名全国的"铸造之乡"，过去曾有"哪里有铸造，哪里就有交河人"的说法。泊头以其铸造历史悠久、铸造技术精湛、铸造人员众多而闻名国内外。

泊头铸造史可推至1000多年前，20世纪80年代，泊头市富镇出土了一尊3米高的铁佛立像（图3-291），经鉴定为五代十国时期铸造，成为泊头铸造史的有力佐证。明嘉靖《河间府志》载："河间行货之商……贩铁者农器居多，至自

图3-291 泊头市富镇出土的五代十国时期铁佛
（沧州市文化广电和旅游局提供）

临清、泊头"[257]，亦印证了泊头铸造的悠久历史。千余年来，随着技术进步和科学发展，泊头铸造工艺日益精湛，由古老的干模铸造发展到硬模铸造和金属模铸造，然后又发展到使用十几米高的冲天炉冶铸生铁。

到目前为止，泊头出土的千年以上铸造品都是以传统干模铸造工艺制成，这种铸造技艺包括制作内范、外范、减支、合型浇铸等一系列工艺。以黄土或胶泥制成要铸造的产品外形，谓之制作内范（图3-292）。制作外范时，先在内范表面涂上一层薄薄的蜡，再在外面覆上一层拌有碎麻头的麻刀泥，厚度视铸件大小而定。待外范晾干到一定程度，确定一个分型面，然后用锋利的刀沿分型面切开，刻上记号，使外层麻刀泥与内范脱开。减支是视铸件厚度，用刀、铲、钩、勺等锋利的工具削去内范表层。合型则是将外范按刻好的记号复原到内范外面，中间形成型腔，然后将分型面封死，做好浇铸口。

在干模技艺铸造的基础上，发展出了半永久性铸型的硬模铸造技艺，是100多年前由泊头的秦记铁铺经无数次实验发明的。其优点是可以一模多型、多模同

图 3-292 内范（沧州市文化广电和旅游局提供）

图 3-293 馆陶黑陶作品（殷俊亭摄）

257（明）樊深撰，嘉靖《河间府志》卷之七·风土志。

铸、连续作业。这种铸造技艺的关键是制作硬模，行话叫"浆模子"。浆模的原料是炉灰渣、胶泥、麻刀、炭渣、黄泥等。目前，泊头境内使用硬模铸造和勺炉的铸造企业只有一二家，泊头传统铸造技艺面临失传的危险。

3. 馆陶黑陶制作技艺

馆陶黑陶制作技艺为省级非物质文化遗产代表性项目。馆陶县地处华北平原中部，属古黄河和漳河冲积平原，古河道造成大量优质黏土的沉积，为这里制陶业的兴盛奠定了基础。黑陶历史悠久，主要分布在黄河中下游地区。民国十七年（1928 年）在山东章丘龙山镇出土了约公元前2310 年～公元前 1810 年的大量陶器，形成了以黑陶为代表的"龙山文化"，即"黑陶文化"。馆陶黑陶属龙山文化脉系，距今已有四千多年的历史，具有丰厚的历史文化底蕴。

馆陶黑陶种类繁多，有镂空类、挑点类、刻线类、浮雕类、雕塑类，品种达 1400 多种，造型既仿古又有创新，古朴典雅，美观大方（图3-293）。馆陶黑陶制作全部采用纯手工技艺，其工艺繁重、精细，选用得天独厚的黄河古道河床下纯净而细腻的红胶泥为原料，经手工淘洗、拉坯、晾晒、修整、压光、绘画、雕刻等工艺，工序多达十几道（图 3-294、图 3-295）。每道工序都有严格的要求，且需要特殊的专业技术，采用独特的"封窑渗碳"的烧制技术，成品率较低。

馆陶黑陶是高品位的艺术品，其价值已远远超出了原始文化的价值，有着较高的艺术价值和学术价值。随着人们的物质生活和文化素质的提高，对精神生活的需求不断增强，艺术品走进厅堂、宾馆、家庭，将成为一种时尚。随着人际、单位、城乡之间交往的增加，黑陶将作为一种珍贵艺术品而引起一场礼品的革命。今天，黑陶文化作为一项文化产业，将对物质文明和精神文明建设产生重要影响，陶冶情操，净化心灵，有利于构建和谐社会。

图 3-294 拉坯成型（殷俊亭摄）

图 3-295 镂空雕花（殷俊亭摄）

（九）传统医药

1. 师蜂堂中医诊疗

　　师蜂堂中医诊疗为省级非物质文化遗产代表性项目。师蜂堂中医诊疗由孙氏中医始创于清代嘉庆年间，遵从古训望、闻、问、切的四诊合参，是建立在整体观念和恒动观念基础上，阴阳五行、藏象经络、病因病机等基础理论的具体运用；汗、吐、下、和、温、清、消、补八法为常用疗法，由于病情复杂，故而常数种方法结合运用，以收奇效。师蜂堂中医诊疗中常用经方诊疗病患，孙氏中医又将其融会贯通，灵活机变，以

"用其方不用其药，或用其药不用其方"，展现了"师蜂堂中医诊疗"的精妙所在。

　　师蜂堂中医诊疗经过近 200 年的发展传承至今，积累了丰富的临床经验，逐渐形成了深厚的集传承、创新和发展于一体的中医文化体系。在基层行医内伤与外感常见疾病多得心应手，尤其擅长治疗不孕不育。在理论上提出固本与治标相结合，以固为本，兼重表急症，缓则先治其本，急则先治其标，待标症缓解之后，再固本复原，不使再犯。既体现了家传医术之绝，又体现了祖国医学辩证之思想。

图 3-297 元宵节上展出的大型胜芳花灯（王思琮提供）

图 3-296 元宵节灯会盛况（王思琮提供）

（十）民俗

1. 灯会（胜芳灯会）

　　胜芳灯会为国家级非物质文化遗产代表性项目。灯会是中国民间传统的群众性节庆活动，它流行于全国各地，多出现在元宵节期间，也有些地方在农历七月十五举行灯会，不同地区的灯会特色各不相同。

　　胜芳镇位于霸州市以东 40 千米、河北著名湿地——东淀中游北岸，属霸州市管辖。胜芳花灯源远流长，明初已闻名京津华北一带。胜芳灯会是一个庞大的独立发展系统，由盂兰盆灯会、元宵冰灯和元宵花灯三部分组成。盂兰盆灯会又称中元灯会，在每年农历七月十五晚上，渔民会在水中投放河灯，以悼念逝者。99 只舴艋小船在河内一字排开，每船乘三人，一人持篙，二人放灯。"灯手"由油浸色纸作底盘，上面用粉色纸做成一尺大小荷花灯。燃蜡后，一个一个次序放入水中，供两岸围观民众观赏。元宵冰灯和元宵花灯活动都在元宵节期间举行，整个元宵灯会历时 5 天，自正月十三开始至正月十八结束（图3-296）。元宵冰灯诞生于河南苇荡间高地渔民聚居区。佳节将至，渔民自东淀采来大块冰凌，运至早已搭好的宏大苇棚内。能工巧匠昼夜不息，各显绝技，精心雕刻成 100 多尊神佛像。胜芳元

图 3-298 元宵节大型灯组——金鸡报晓（王思琮提供）

宵灯会的会演形式，最早是在街心老爷庙前中心广场搭起一座高 2 米，面积 60 平方米左右的灯台，俗称鳌山，灯台上吊满精选出来的数百种自制花灯。元宵灯会期间，白天有 70 多道古老民间花会踩街巡演，戏院书馆、酒肆茶楼等处全天义演。入夜，百姓云集鳌山周围观灯听唱，民间艺人轮流表演，到处喧哗沸腾，一派兴旺景象。改革开放以来，随着地域环境及城市建设的变化，胜芳灯会又增添了一些新的表演形式。

胜芳传统花灯有 2000 种之多，以动物、植物、人物、器物、建筑、神佛等题材的作品为主（图 3-297 ～ 图 3-299）。这些彩灯是在特定的地域环境、生产生活方式和民俗风习中产生出来

的，它们工艺严谨，制作精细，造型美观大方，风格上自成体系，其中一些花灯形式独特，为胜芳所独有，如猪八戒灯有几｜张嘴可以同时张合等等（图 3-300）。

近年来，充分利用高科技手段和新技术材料，制作技艺融声、光、电、行、色为一体，花灯种类更加纷繁，有巨型灯、过街灯或组合灯等。置身胜芳元宵灯会，令人叹为观止。

一年一度的元宵灯会充分展示了胜芳人民的聪明智慧和创造精神，它丰富和活跃了当地人民春节期间的文化生活，为社会的安定和谐及传统民间文化的传承发展做出了贡献。

图 3-299 元宵节大型灯组——龙腾盛世（王思琮提供）

图 3-300 胜芳花灯中代表花灯——猪八戒
（王思琮提供）

第四章
河北大运河
遗产价值特征

Hebei Grand Canal
Heritage Value
Characteristics

第一节
中国大运河突出的普遍价值

中国大运河是世界上最长的人工开凿的河道，是中国古代建造的伟大水利工程，是人类利用自然、改造自然的突出范例，是一个经历代疏浚、修葺、改造，并沿用至今的人工河道体系，是一项体量巨大的活态、线性文化遗产，是世界上唯一一个专门为确保粮食运输安全，

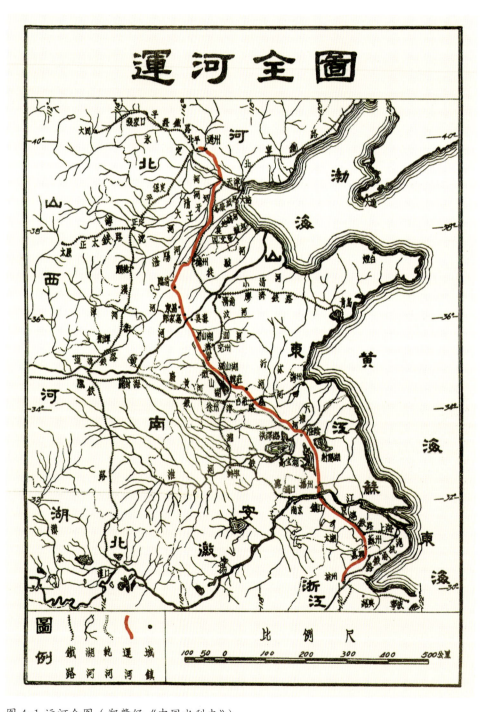

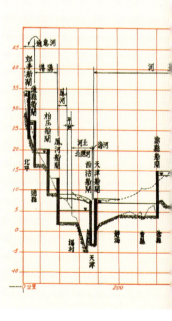

图 4-1 运河全图（郑肇经《中国水利史》）

以达到稳定政权、维持国家统一的目的，由国家投资开凿、国家管理的巨大运河工程体系，是中国悠久历史的缩影，是中国人民勤劳和智慧的结晶，是中华民族弥足珍贵的物质和精神财富，是中华文明传承发展的纽带。大运河水利工程营建思想是我国传统科学技术思想的反映，集中体现于合理利用自然、科学规划以及因地制宜的技术措施等方面。大运河的开通促进了沿线的经济发展和文化繁荣。

在中国大运河被列入世界文化遗产之前，国际上已经有8处运河或人工水道列入了世界文化遗产名录。突出的普遍价值一直是世界文化遗产的认定标准，《操作指南》明确了世界遗产突出的普遍价值的标准共包括10条，其中前6条为文化遗产的评估标准，在大运河申遗文本的编制过程中，中国大运河的突出普遍价值亦是围绕6条标准去论证，认为中国大运河申报遗产突出的普遍

价值符合其中的 (i)、(iii)、(iv)、(vi) 共 4 条标准，《申报世界文化遗产文本——中国大运河》中对上述 4 条标准进行了详细的阐释，要点梳理如下：

(i) 作为人类天才的创造力的杰作。

大运河是人类历史上超大规模水利工程的杰作。大运河以其世所罕见的时间与空间尺度，证明了人类的智慧、决心与勇气，是在农业文明技术体系之下难以想象的人类非凡创造力的杰出例证。一是大运河将不同历史时期的区间运河连通为一条统一建设、维护、管理的人工河流，这是人类最伟大的设想之一。它跨越五大流域与浩瀚国土，克服巨大高差与复杂地形，其选线、定位、施工与维护在当时的历史时期和科技条件下，是难以想象的创举（图 4-1、图 4-2）；二是为解决高差问题、水源问题而形成的重要工程实践是开创性的技术实例，是世界水利工程史上

253

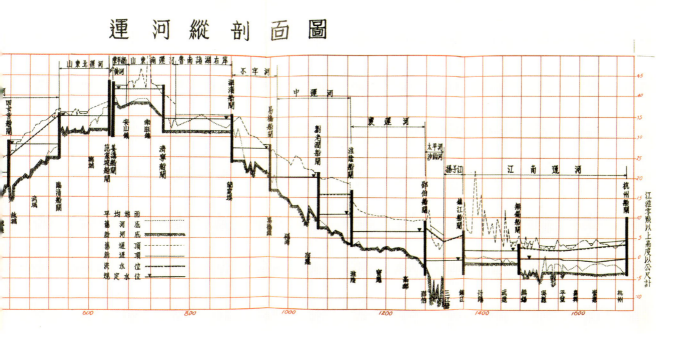

图 4-2 运河纵剖面图（郑肇经《中国水利史》）

的伟大创造，如处于大运河全段水脊的南旺枢纽是大运河上最具科技价值的节点之一，极具代表性（图4-3）；三是大运河是一项超大规模、持续开发的巨系统工程，是人类农业文明时代工程技术领域的天才杰作。

(iii) 能为延续至今或业已消逝的文明或文化传统提供独特的或至少是特殊的见证。

大运河见证了中国历史上已消逝的一个特殊的制度体系和

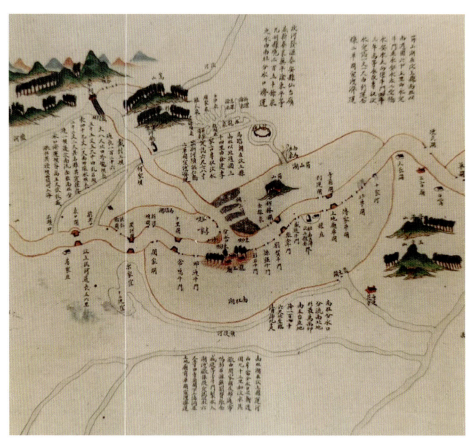

图4-3 清光绪《山东运河全图》之南旺分水枢纽

文化传统——漕运的形成、发展、衰落的过程以及由此产生的深远影响。漕运是大运河修建和维护的动因，大运河是漕运的载体，大运河线路的改变明显地受到政治因素的牵动与影响，见证了随着中国政治中心和经济中心改变而带来的不同的漕运需求；大运河沿线现存的河道、水工设施、配套设施是漕运这一已消逝的文化传统的最有力见证，如现存的总督漕运公署遗址是漕运管理机构旧址（图4-4）。此外，与之相关的大量历史文献和出土文物进一步佐证了大运河与漕运的密切关系。由于漕运的需求，深刻影响了都城与沿线工商业城市的形成与发展（图4-5），围绕漕运而产生的商业贸易，促进了大运河沿线地区的兴起、发展与繁荣，也在大运河相关遗产中得到呈现。

(iv) 是一种建筑、建筑群、技术整体或景观的杰出范例，展现人类历史上一个（或几个）重要阶段。

大运河是世界运河史上的突出、独特范例，它展现了农业文明时期人工运河发展的悠久历史阶段和巨人的影响力，代表了工业革命前土木工程的杰出成就。大运河是世界上延续使用时间最久、空间跨度最大的运河，被《国际运河古迹名录》列入作为世界上"具有重大科技价值的运河"，是世界运河工程史上的里程碑；大运河从7世纪形成第一次大沟通直至19世纪中期不断发展和完善，针对大运河开展的工程难以计数，几乎聚集了人工水道和水工程的规划、设计、建造技术在农业文明时期的全部发展成就；作为7世纪至19世纪中国最重要的运输干线，大运河显示了水路运输在国家和区域发展、环境变迁与文化交

图 4-4 总督漕运公署遗址（图片来源于百度百科）

流方面最强大、深远的影响力。

(vi) 与具有突出的普遍意义的事件、活传统、观点、信仰、艺术或文学作品有直接或有形的联系。

　　大运河是中国自古以来的大一统思想与观念的印证，并作为庞大农业帝国的生命线，对国家大一统局面的形成和巩固起到了重要的作用；大运河通过对沿线风俗传统、生活方式的塑造，与运河沿线广大地区的人民产生了深刻的情感关联，成为沿线人们共同认可的"母亲河"。

　　世界遗产委员会认为，大运河是世界上最长的、最古老的人工水道，也是工业革命前规模最大、范围最广的工程项目，它促进了中国南北物资的交流和领土的统一管辖，反映出中国人民高超的智慧、决心和勇气，以及东方文明水利技

图 4-5 运河畔的城镇（刘潞《帝国掠影》）

术和管理能力方面的杰出成就。历经两千余年的持续发展与演变，大运河至今仍发挥着重要的交通、运输、行洪、灌溉、输水等作用，是大运河沿线地区不可缺少的重要交通运输方式，自古至今在保障中国经济繁荣和社会稳定方面发挥了重要作用。

第二节
河北大运河遗产价值综述

—

河北大运河是中国大运河遗产体系的重要组成部分，是沟通南北不可或缺的重要段落，河道涉及了十大遗产河段的北运河、南运河、卫河（永济渠）三大河段，490多千米的在用河道全部为相应历史时期运河主线，总长度占中国大运河主线总长度（2670千米）的18.3%。河北大运河遗产既存在作为大运河遗产的突出普遍价值，又具有不同于其他段落的独特性。依据《操作指南》（2019）和《国际运河古迹名录》（1996）对运河遗产价值的界定，对河北大运河遗产在技术、经济、社会、景观四个范畴的价值进行简要概括，以此认知河北大运河遗产的整体价值。

技术方面，河北大运河主要体现在科学规划选址、合理利用自然河道，用连续的平面坐弯技术有效解决了河流的落差、因地制宜的险工技术、科学规划的多处减河用以调节运河水位保证通航需求等。

经济方面，历史时期的大运河主要服务于漕运这一特定目的。国家通过设立专门管理机构分段分级管理，从而保障了漕运的畅通，满足了国家粮食运输、军资调配和赋税、官盐等重要物资的运输需求。河北段大运河在历史上一直是漕运干线的重要组成部分，在保障漕运方面起着不可替代的作用，同时大运河的开通促进了河北运河沿线城市和村镇的兴起与繁荣。

社会方面，大运河的开通营造了新的自然环境、生态环境、生产环境，促进了河北运河沿线区域经济、文化的繁荣与发展，使之成为对外交往和扩大中外文化交流的前沿地区，中外优秀文化得以迅速传播，形成了以其博大的包容性和统一性、广阔的扩散性和开放性、强大的凝聚力和向心力为特点的运河文化，对中华民族多元一体文化的形成和发展起着重要的推动作用。

景观方面，大运河的开凿影响了所经过地区的地形特征和人文环境，形成了一条丰富多彩、各具特色的线性活态景观。河北大运河是这一线性活态景观的重要组成部分，大部分段落保留了原生态的景观风貌，既有别于江南运河舟楫往来的繁忙航运水道景观，又有别于隋唐运河苍茫悲壮的遗址景观。河北大运河既包含在用河道又包括遗址河道，大运河城镇段的繁华与郊野段的静谧共存，春夏秋冬景色各异，呈现出雄浑壮阔、独具特色的北方运河景观。

第三节
河北大运河物质文化遗产价值阐释

河北大运河物质文化遗产包括水利工程遗产和相关历史文化遗产两大类，水利工程遗产直接反映了大运河的历史变迁和水利工程的巨大成就，相关历史文化遗产则见证了大运河的开凿所带来经济发展、文化繁荣及社会生活的变迁等。水利工程遗产历史悠久，体系完整，特色鲜明，凝聚了中国古代水利科学规划思想和营建技术的辉煌成就。列入世界文化遗产名录的南运河沧州—衡水—德州段、连镇谢家坝和华家口夯土险工"两点一段"是河北大运河最具突出价值的典型代表。相关历史文化遗产类型多样，文化内涵深厚，是大运河遗产不可或缺的组成部分，是运河价值得以体现的载体。不同类型的文化遗产从不同的侧面反映了河北段运河沿岸城镇兴衰与布局、工商业发展、军事建设及儒学、宗教等文化传播的发展过程，这些文化遗产散落在大运河沿线，承载着大运河的千年记忆和深厚文化。2015版《准则》明确了文物古迹的价值包括历史、艺术、科学、社会和文化五个方面，本书从这五个方面对大运河物质文化遗产进行详细的价值阐释。

图 4-6 南运河吴桥段清淤过程中出土遗物（吴华龙提供）

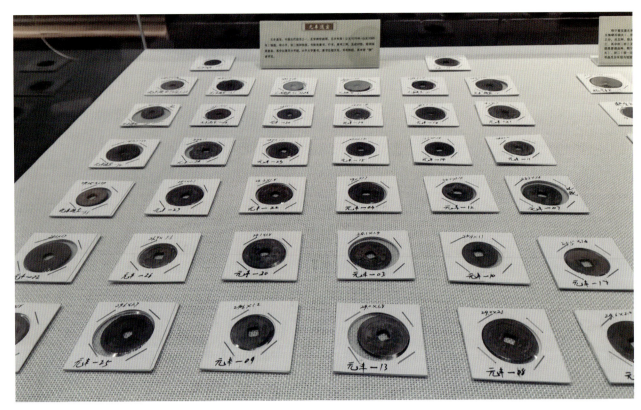

图 4-7 南运河吴桥段清淤过程中出土宋元丰钱币（吴华龙提供）

一、历史价值

（一）水利工程遗产

　　河北大运河始于东汉末年曹操开凿的白沟和平虏渠，历经两晋和南北朝，隋唐时为永济渠的一部分，宋金元称御河，元代以后为京杭大运河的构成河段。在历史上隋以后大运河全线贯通时期，河北大运河一直是国家漕运干线不可或缺的组成部分，对我国南北方物资调配、经济文化交流起到了极为重要的作用。大运河水利工程遗产及相关历史文化遗产承载了大运河从开凿至今的丰富历史信息，是体现大运河水利工程技术巨大成就、漕运文化传统、沿线经济文化发展繁荣的直接见证。

　　河北大运河水利工程遗产按功能的延续性分为在用类和遗址类。在用类水利工程遗产体系完整，不仅保存了完整的古代河道、堤防及部分纤道，还保存了明清时期开挖的几条减河和古代及近现代水利工程设施。这些水利工程遗产携带了丰富的历史信息，充分反映了大运河在各个不同历史时期的工程技术水平，进而揭示了大运河功能逐渐演变的过程，具有很高的历史价值。河北大运河现存河道基本沿袭了隋代永济渠的走向，历史信息丰富。2021 年在世界遗产段——南运河吴桥段清淤工程实施过程中，清理出土汉代至民国的瓷器、瓷片、钱币及其他遗物共计 2000余件，直接印证了南运河河道的流经位置，见证了河北大运河历史上航运的繁荣（图 4-6、图4-7）。捷地分洪设施保留了明清时的龙骨石、闸台、民国时期的启闭机、清代宪示碑和乾隆碑等，历史信息丰富，反映了各个历史时期多次改建的史实。南运河现存多处夯土险工，包括世界文化遗产点华家口夯土险工和连镇谢家坝以及近年发现的青县胡白庄夯土坝，充分反映了此项河工技术地域应用的普遍性，为研究夯筑技术的发展提供了实物资料。卫运河上的多处砌体险工，见证了近代以来险工技术的发展历程。现存的现代水利工程设施，均依据当时的航运、输水、灌溉等功能而设计建造，部分水工设施保留了题刻等丰富历史信息，是运河功能延续的直接见证。

河北大运河水利工程遗址包括了古河道、码头、沉船点、闸、桥等类型，现存遗址及部分遗址的出土文物携带了丰富的历史信息，具有较高的历史价值。永济渠遗址的调查发现，印证了文献记载中河北段运河的悠久历史，为进一步研究隋唐永济渠的走向提供了新的实物资料。兴济减河遗址对于研究我国古代大运河体系给排水规划、研究减河在运河航运中发挥的重要作用提供实物资料。金门闸始建于清，经历了由坝易闸最终废弃的历史，反映了清代的水利工程技术水平及统治阶级对水利工程设施建设的重视，是研究我国古代水利科学技术水平的实物。在大运河遗产的调查中，发现现状河道存在多处沉船点（图4-8），部分进行了考古发掘并出土了丰富的遗物，码头及沉船遗址既能从节点上印证大运河

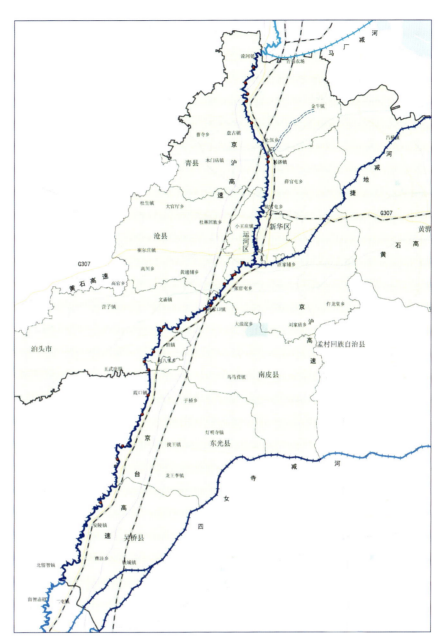

图4-8 南运河沧州段调查发现的沉船点

的流经位置，又是河北段大运河沿线经济繁荣的实物例证。

（二）相关历史文化遗产

河北大运河相关历史文化遗产包括古遗址、古建筑、近现代建筑、石刻等类型，不同类型的遗产从不同的侧面反映了河北段运河沿岸城镇发展、经济繁荣及文化传播的过程，同时见证着运

河沿线的重要历史事件，是大运河遗产不可或缺的一部分，是运河价值得以体现的载体。

古遗址包括古城址、聚落遗址、古窑址及寺庙遗址等，为研究河北运河沿线城镇发展史、军事与手工业发展史、宗教发展史等方面提供了实物资料。现存古城址涵盖了曹魏至明代各个重要历史时期，与河北大运河的开凿与发展有着密切关系，是大运河沿线城市发展和变迁的例证。

河北大运河始于曹操开凿的白沟，而白沟系曹操为攻打邺城所开。邺城虽然早在战国时期就已出现，当时只是魏国的一个县，因西门豹和史起先后为邺县县令，在此惩治地方恶势力并兴水利，而闻名于史。西汉时期，邺城为魏郡郡治所在，东汉时为冀州州治所在，两汉时期虽然有所发展，但只是一个比县级城镇稍大一些的地方性政治中心。曹操开通白沟攻占邺城之后，为军事目的和邺城的建设发展需要，先后开凿了平虏渠、泉州渠、新河、利漕渠等渠道，大大改善了邺城的交通条件。利漕渠开通后十余年，在河北平原中部，又有鲁口渠和白马渠两条运河被开通。邺城通过漳河、白马渠、鲁口渠，可与北面的邯郸、真定等城镇沟通，通过漳水、利漕渠与白沟—清河—平虏渠这条水运干道，南可穿过黄河经睢阳渠等与淮河流域相沟通，北可经泉州渠通达燕山南麓，还可进入渤海。此时，黄河以北地区已经形成了以邺城为中心的水运网络。水运交通的便利极大促进了邺城的发展，此后直到北齐灭亡，邺城在长达350多年的历史时期都是黄河以北华北平原的政治、经济和文化中心。邺城遗址历史信息极其丰富，不仅承载了自身的都城建设历史，还承载了河北大运河的早期变迁历

史，是三国至北朝时期最重要的大遗址之一。

大名府的发展与隋唐大运河息息相关，唐代先于永徽中（650～655年）开永济渠，"灵龟，永徽中历魏州刺史，政尚清严，奸盗屏迹，又开永济渠入于新市以控引商旅，百姓利之"[258]，后又于开元二十八年（740年）在城西开西渠，"开元二十八年九月刺史卢晖移通济渠自石灰窑引流注于城西，夹水制楼百余间，以贮江淮之货，故有西渠之名"[259]。北宋大名府时期城内大运河河道（时称御河）穿城而过，大名府与外界水上交通极为发达，沿河地段成为大名府城中的商业繁华区域。河北段考古调查发现的邯郸境内永济渠遗址从大名府故城内西北侧穿过，与文献记载高度吻合。大名府故城因运河而繁荣，明代又因运河水患而损毁，同时承载着城市和大运河的历史变迁，为研究运河与城市的变迁提供了重要的实物例证。

贝州故城遗址和临清古城遗址均是河北大运河沿线的重要代表性城址，在相应历史时期极为繁盛，其城市兴衰与大运河的发展密不可分，两处城址有明确的文献记载，目前考古工作刚刚起步，随着考古工作的逐渐深入，必将发现更加丰富的历史信息，从而更深刻地认识其文化内涵，具有重要的考古研究价值。

沧州旧城和毛头城址是沧州不同历史时期的州治所在，一起构成了沧州城市发展史（图4-9）。沧州旧城始于西汉，兴盛于唐宋，衰落于明代，曾作为唐、宋、元、明四代州治，旧城南侧原有与运河相连的古河道——浮水，便利的水上交通曾经极大促进了旧城的繁荣。毛头城是今天沧州市区的前身，明代因运河沿线便利的交通

258《旧唐书》卷六十四·列传十四，收录于《四库全书荟要》卷4980。
259（宋）乐史原著，王文楚等点校，《太平寰宇记》卷五十四·河北道三，中华书局，2007年，1107页。

对沧州府治的迁建产生了重大影响，沧州府治由沧州旧城移至运河东岸今幞头城址位置，自此，城区迅速发展繁荣至今。城址范围内曾发现过较多文化遗存并出土过丰富的地下文物，见证了沧州市区的悠久历史。

海丰镇遗址为大运河遗产中重要的聚落遗址，海丰镇是金元时期北方海上丝绸之路北起点，海丰镇的繁荣与古柳河息息相关，自隋唐起，随

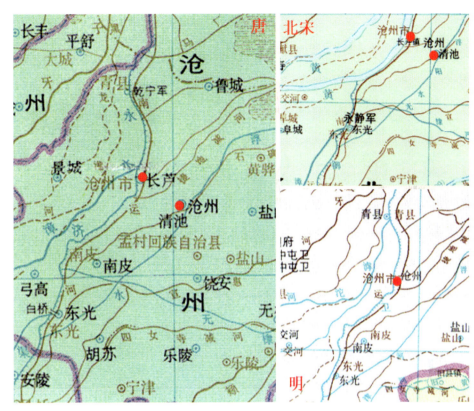

图4-9 唐、宋、明时期沧州州治与运河

着大运河水上交通的日益发达，海丰镇通过古柳河与大运河连接，古柳河成为海丰镇连接大海的唯一内河水道，承担河北乃至全国的瓷器等物产从海丰镇港口运销海外的重任，宋金元时期，这种交流达到了一个巅峰状态。海丰镇遗址是河北大运河内河水运与海运的重要纽带，是中外经济文化交流的实物例证。

现存多处古窑址均紧邻运河，为明清北京城的建设生产砖瓦等建筑材料，并通过大运河运至京城，极大促进了都城建设，现存古窑址及采集的各类砖瓦构件是这一史实的例证。

古建筑包括儒学建筑、佛教建筑、清真寺和天主教堂等类型，是大运河沿线多元文化融合的见证。现存古建筑涵盖自宋代至清末的各个年代，遗存建筑本体和附属文物蕴含着丰富的历史信息，是研究建筑历史变迁、选址布局和建筑建

造技艺的实物例证。开福寺舍利塔为河北省运河沿线的重要早期建筑之一，至今仍保存着不同时代的多处题刻，相关历史文献亦有详细记载，其所承载的丰富历史信息对研究舍利塔及其所在区域的历史变迁具有重要意义。沧州文庙是运河沿线儒学建筑的代表，留存了较为完整的平面布局和主体建筑，局部留存了明代彩画和明清题记，对研究运河沿线建筑技艺和儒学文化具有重要的史证价值。运河沿线的多处清真寺和天主教堂等宗教建筑是中外宗教文化传播和发展的见证。

近现代建筑包括名人故居、军事设施、工业遗产、商业建筑等，反映了运河沿线工商业的繁荣，见证了运河在河北近现代交通和航运史上的重要地位。马厂炮台是河北大运河遗产中唯一的一处军事设施，是中国近现代多次重要历史事件的发生地，见证了清末以来中国历史发展的进程。

图 4-10 马厂炮台分布的弹洞炮眼

青县马厂镇处在南运河与津浦铁路之间水陆交通枢纽的地位，自清代建立兵营以来就成为拱卫京津的重要军事基地。光绪二十年（1894 年）清政府在马厂兵营成立"定武军"，后移驻小站由袁世凯接管，改称"新建陆军"，定武军是北洋军阀武装力量的奠基石，是最早的近代化军队之一。民国《青县志》载："民国六年七月马厂誓师反对清室复辟"[260]，马厂誓师是段祺瑞为讨伐张勋复辟而进行的誓师，在中国近代史上书写了浓墨重彩的一笔。1937 年"七七"事变后，国民革命军第二十九军之三十七师和三十八师的部分旅团沿马厂减河和流河以西设防，阻击日寇，军队的前线指挥部设在马厂。此次战役中，日军矶谷兵团在此受重创，兵营遭敌机疯狂轰炸，后又被日军拆毁，唯有中央炮台得以留存至今，成为日本侵略中国的历史见证（图 4-10）。马厂炮台所承载的丰富历史信息，对研究我国近现代军事史以及军事设施在运河沿岸的选址、布局等有重要意义。

南运河沿线现存多处铁路给水所，大部分位于河北，其中青县铁路给水所和连镇铁路给水所已列入河北省大运河文化遗产名录。给水所利用大运河水源为津浦铁路提供生产生活用水，见证了河北省东部交通大动脉从大运河至津浦铁路的发展历程，是水陆交通与陆路交通的桥梁和纽带，是大运河水利功能的延续。正泰茶庄、益庆和盐店旧址、山陕会馆等相关商业建筑是大运河航运促进沿线商业繁荣的直接见证。

现存石刻记载了河北大运河及相连河道的建设、管理、争议处理等内容，是体现大运河建设发展和政府对水利管理极为重视的实物见证。

图 4-11 沧州市区北部城郊结合处南运河景观（王韬摄）

图 4-12 南运河郊野段河道景观（白素萍摄）

二、艺术价值

河北大运河沿线风光优美，自然环境和人文环境古朴，原生态特点突出。大运河河道、水工设施及相关历史文化遗产与周边环境融为一体、

相得益彰，构成了河北大运河丰富多彩而又独具特色的文化景观和遗产廊道，呈现出极高的艺术价值。

大运河河北段是中国大运河中河道样态最为真实、原生态风貌保存最为完整的河段，是中国

图 4-13 沧州城区欧米伽弯处运河景观（王韬摄）

大运河遗产原真性的集中体现。现存大运河河道后期人为干预较少，河道样态真实，堤防体系完整，大部分段落保留了原生态的河道形态和景观风貌（图 4-11），其中沧州、衡水南运河段尤为突出。"弯道代闸"不仅满足了功能需求，而且与周围环境一起形成了独特的美学景观，在大运河郊野段，构成了"河—滩—堤—林—田"特色突出的北方平原田野景观格局（图 4-12）；运河穿过的多个城区，城市的发展建设并未改变多处弯道的河道形态，城镇段运河已经成为城市景观和城市水系的重要组成部分（图 4-13）。

历史上，河北大运河沿岸自然景观优美，名胜古迹众多，大运河和其他文化遗产构成了独特

的历史景观。青县乾宁八景中，"卫河秋涨""驿亭甘井""神堤烟柳""范桥古渡"四景与运河直接相关，分别描绘了运河水、运河驿站、运河大堤和运河渡口的景象，青县运河沿岸还曾经分布着峭帆亭、漱江亭等景观建筑，成为运河沿岸之胜景，"峭帆亭……其地在县城东北而立卫河西岸堤上，西距大陈庄百余步，当日漕航络绎，掩映于两岸烟树间，帆影舻歌娱人耳目亦胜"[261]。故城县甘陵八景亦有"卫水归帆""南埠商舻""斜阳古渡"三处景观直接描绘了运河沿岸的繁荣景象。清河县信城八景的"御河远帆""贝州晚霞"则分别描绘了运河和贝州故城的优美景色。古沧州的鲸川八景中"水岸观灯"

261（民国）葛震霄等修，高遵章等纂，《青县志》卷之四·古迹，成文出版社，1967 年，266 页。

记载了水月寺观灯桥夜间美景，"沙堤风柳""客船晚烟"则描述了大运河的自然和人文景观。香河县淑阳八景中"古渡春荫""西河霄鼓"亦描绘了大运河沿线优美和繁华的盛景。

　　作为河北因运河迁址而发展至今的城市，沧州城区的河道形态并未因城市发展建设而改变，运河两侧曾经分布着众多亭台楼阁、园林别院，蜿蜒的河道与这些人文建筑构成了独特的运河城市景观。其中，楼阁建筑包括清风楼、望瀛楼、朗吟楼、南川楼、水明楼、度帆楼等，这些建筑中有的为公共建筑，如朗吟楼清代即成为游憩和文化交流场所，"朗吟楼，在南关卫河之浒，夏

月郡人多游息于此，又左有岳阳阁距楼丈余，康熙四十年建，上有复道通于楼，因阁有屋后塑像亦名武侯阁"[262]，乾隆皇帝南巡曾登楼题诗，民国时期楼阁虽不复存在，但乾隆碑刻得以保留，"今楼阁具废，片瓦无存，地址夷为菜圃，唯高宗手迹贞珉摹刻尚矗立于朝暾夕阳斜风细雨之中"[263]。水明楼和度帆楼则分别是清代名臣纪晓岚和其外祖父张雪峰在运河岸边的私有建筑，均是欣赏运河优美景色的登临之处，"水明楼在城南上河涯，献县纪氏别墅也，久废，纪昀《滦阳消夏录》云'余有庄在沧州南曰上河涯，有水明楼五楹，下瞰卫河帆樯往来栏楯下，与外祖雪峰

262（清）庄日荣等纂修，胡淦总修，《沧州志》卷之十三·古迹，乾隆八年刊本。
263（民国）张坪等纂修，《沧县志》卷之四·古迹，民国二十二年铅印本。

图 4-14 沧州城区段运河夜景（魏志广摄）

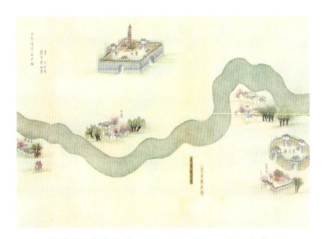

4-16 清代景州塔与南运河（张鹏翮《治河全书》）

以艺花为业，二百亩间碧竹千竿名花满胜，严冬雪降而暖窖唐花芳菲，益觉可赏，是以雅人淑秀四时游履相错也，秋末菊有佳色来者益盛，可谓沧曲公园。"[265]

　　相关历史文化遗产承载了运河的景观艺术价值，是运河景观的重要组成部分。同时部分历史文化遗产本体或附属文物精美，呈现出很高的艺术价值。开福寺舍利塔是大运河沿线的重要景观建筑，塔体造型精美、工艺精湛，具有极高的景观艺术价值。景州八景之一的"古塔风涛"即是舍利塔的生动写照，地方志中阐明了这一景观之意："每晨气清爽在四十里外即可望见，因上层铁网与洞户被天风鼓荡时作水涛声，故有古塔风涛之称。"[266] 郡人孙博的《古塔风涛诗》则更

张公家度帆楼皆游眺佳处'"[264]（图 4-15）。民国时期，运河东岸的佟家花园村因艺花而闻名，呈现出四季鲜花盛开的优美景观引人入胜："城南里许有村曰佟家花园，地邻河曲村民数十户均

264（民国）张坪等纂修，《沧县志》卷之四·古迹，民国二十二年铅印本。
265（民国）张坪等纂修，《沧县志》卷之四·古迹，民国二十二年铅印本。
266（民国）耿兆栋监修，张汝浒总纂，《景县志》卷十四·古迹，1976年，成文出版社，2063页。

图 4-15 水明楼所在上河崖村运河景观（王韬摄）

加形象地描绘了这一壮美景观："孑然一柱把天擎，底是寻常抱不平。天籁长空翻地势，秋空下界涌潮声。客途远讶蛟龙怒，僧寺频看鸟雀惊。绝顶静观真景象，却疑身世在蓬瀛（图 4-16）。"[267] 相关历史文化遗产包括多处宗教建筑，泊头清真寺和大名天主堂为其中最为典型的代表，呈现出很高的艺术价值。泊头清真寺礼拜大殿在外部风格上保持了中国传统建筑风格，建筑整体起伏有序，造型优美，雄浑大气，格局严谨，主次分明，空间赋予变化。大名天主堂外观为哥特式建筑风格，尖塔高耸，室内高大宽敞，穹隆拱顶，周围墙上有各式多格窗户百余个，保留了始建时所镶嵌的五彩玻璃，对花拼接，花形图

图 4-17 邺城遗址出土北齐佛像（河北省博物院藏）

267（明）樊深撰，嘉靖《河间府志》卷之三·建制志·古迹。

案各异，整座建筑工艺精细、装饰精美。邺城遗址、海丰镇遗址等遗址出土了大量精美文物，尤其是邺城寺院的佛像及附属装饰艺术融合了西域风尚与本土特质，达到了极高的水平，是当时佛教美术遗存的典型之例（图4-17）。

三、科学价值

河北大运河水利工程遗产和相关历史文化遗产在规划选址和设计建造方面既反映了我国不同历史时期的科技发展水平，又体现了因地制宜的地方特色，具有很高的科学研究价值。

大运河的营建充分反映了大流域统一规划的意图，在认真勘察自然地形的基础上，针对整个系统进行研究统一规划，确定整体线路，解决不同段落的技术问题。河北大运河水利工程遗产均体现了因地制宜、因势利导的水利工程营建思想，现存的各类水利工程设施代表了不同历史时期工程技术水平，是研究我国水利科学成就的重要实物。水利工程遗产的突出价值体现在科学规划的运河线路、平面设置的多处弯道、完善的堤防系统、各种类型的险工应用、科学设置的减河和减水闸坝工程等方面。

在运河线路规划方面，优化解决制定运河开挖选址方案，充分利用自然河道和早期的人工河道，达到短期高效的目的。三国时期曹操开凿的

图4-18 河北南运河世界遗产段弯道（局部）

运道，很长段落利用了清河故道，隋代开凿永济渠利用曹操开挖的白沟—清河—平虏渠水道，四女寺减河局部利用了黄河故道。在不同历史时期，为解决水源问题，先后实施了"遏淇水如白沟"和"引漳入卫"工程。

河北大运河采用人为延长河道长度的方法合理解决河道落差大的问题，体现了古代运河工程规划的科学性。历史上即使在漕运发达时期，河北段运河上未建任何节制工程，而是在平面布局上设计多处弯道，人为延长了河道长度，以解

决水位落差过大的问题，实现了航道水深的调整，同时满足了行洪需求，提高了通航质量，故有"三湾抵一闸"之说（图 4-18）。同时，南运河水源来自漳河，漳河含沙量高，多处弯道的规划设计亦考虑到防淤的因素，《运河湾曲说》一文详细阐述了南运河设置弯道防淤的原理："会通一津，全以各闸节蓄。而临清以北，则环曲而行不复置闸，世遂有三湾抵一闸之说，而不知前人用曲之意，全为漳水而设。漳水之浊虽减于黄河，而易淤亦与黄河等，然而治漳之法与治河又有不同。黄河来源甚高，建瓴而下，彻底翻掀，顺其所趋，则沙随水涨，绝无壅阻。遇曲则势逆，势逆则脉滞，水过之处，余沙易，渐渐长，路愈曲而势愈逆，脉愈滞，迫之使怒，横决随之，故以逢湾取直为上策，循其性而行所无事也。漳水浊渽稍轻，而来源平坦，无奔激振荡之力。若津道径直，缓缓而行，则水浮沙沈，随路淀积，疏之不胜疏矣。今多用湾曲，使之左撞右击，自生波澜，鼓动其水而不使之少宁，则沙亦带之而去，无复停顿，是纡折之，正以排瀹之耳。岂仅以此为节蓄之方哉！若知其防淤，而概以黄河逢湾取直之义施之，则求通反滞，大失曩贤规画之精意矣。"[268]

河北大运河现存河道保留了较为完善的堤防系统（图 4-19），各种形式的堤防在选址、设计及施工技术上均有很高的科学性。现存的堤防包括了缕堤、遥堤及月堤在内的堤防形态（图4-20），格堤由于河滩耕种基本无存。缕堤是临近主河床的大堤，是实现"束水攻沙"的骨干堤

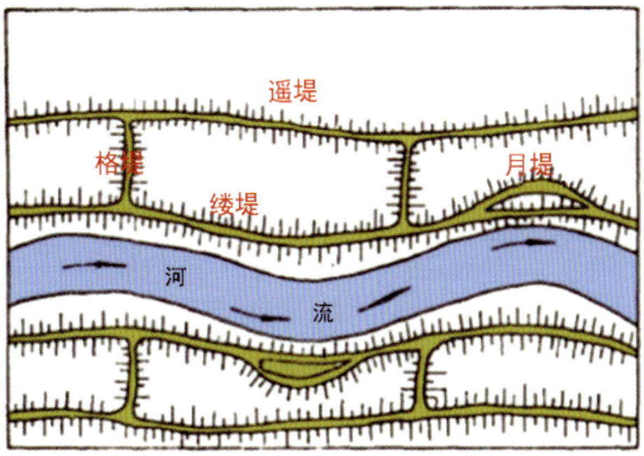

图 4-19 运河堤防系统示意图

防，亦名束水堤。《河防志》云："近河之侧，以束河流者，曰缕堤，亦曰束水堤，束水攻沙之义也。"[269]《治河方略》中对"束水攻沙"的治河策略进行解释，"筑堤束水，以水攻沙，水不奔溢于两旁，则必直刷乎河底，一定之理，必然之势"[270]。清嘉庆年间包世臣在《对坝逼溜说》一文中评价缕堤作用时说："潘氏之法，遥堤相去千丈。中有缕堤，相去三百丈。河槽在缕堤之中，急流东下，日刷日深。故其初每年有大汛一二次溢出缕堤，漫滩直逼遥堤，三四日即退。三年之后，河槽刷深，至五丈之外，不复漫过缕堤矣。"[271] 由于缕堤离主槽较近，容蓄水量有限，遇到大汛，流量超过主槽容蓄能力时，势必漫溢。可见，缕堤只照顾到河床断面、流速和水流挟沙能力之间的关系，却难以解决攻沙与河槽容蓄洪水之间的矛盾。所以，在缕堤之外设置遥堤以增加河床对洪水的容蓄能力，"其去河颇远，筑之以备大涨者，曰遥堤"[272]。遥堤与缕堤

268（清）《皇朝经世文编》卷一百四·工政十·运河上。
269 中国水利史典编委会办公室整理，《中国古代河工技术通解》，2018 年，中国水利水电出版社，354 页。
270 中国水利史典编委会办公室整理，《中国古代河工技术通解》，2018 年，中国水利水电出版社，356 页。
271（清）《皇朝经世文编》卷一百二·工政八·河防七。
272 中国水利史典编委会办公室整理，《中国古代河工技术通解》，2018 年，中国水利水电出版社，354 页。

图 4-20 吴桥县口上王村南运河河道及堤防

配合运用，按照潘季驯的说法，"缕堤拘束河流，取其冲刷也""遥堤约拦水势，取其易守也"，较好地解决了防洪与攻沙的矛盾。格堤则是位于遥堤和缕堤之间隔一定距离修建的横向堤防，以防洪水溢出缕堤后，沿遥、缕二堤之间漫延并冲刷堤根。由于格堤阻滞漫溢洪水的横行，因此，也有促淤的作用。《河防榷》阐述了格堤的精妙之处："防御之法，格堤甚妙。格即横也。盖缕堤既不可恃，万一决缕而入，横流遇格而止，可免泛滥；水退，本格之水仍复归槽，淤留地高，最为便益。"[273] 另外，在大堤的薄弱位置修筑月堤，"因堤埽单薄，河形冲射之处，恐大堤不能御暴，堤后筑堤，两头湾贴大堤，其形如月，故

曰月堤"[274]。月堤对防御洪水至关重要，《河防志》对月堤的重要性进行了论述："防河如防寇，然故设险者，城有月城，御险者，堤有月堤，水之性至柔，而亦至刚，其激于一往也，可以穿山溃石。其遇坎而止也，如强弩之末，势不能穿鲁缟，故月堤为防河之至要也。"[275] 同时河北南运河河道地势高，两侧低洼，除了修建堤岸以防决溢外，在堤防顶冲归湾之处外面坚固月堤，利用月堤对大堤背水低洼处进淤，河水可以借此淤积而浑入清出，大堤借此而保固。利用月堤放淤加固堤防亦是河北运河修治中因地制宜的独特范例，"放淤以筑堤，惟直隶南运河有之"[276]。

河北大运河河道四季水量极不均衡，夏秋季

273 中国水利史典编委会办公室整理，《中国古代河工技术通解》，2018 年，中国水利水电出版社，357 ～ 358 页。
274 中国水利史典编委会办公室整理，《中国古代河工技术通解》，2018 年，中国水利水电出版社，357 页。
275 中国水利史典编委会办公室整理，《中国古代河工技术通解》，2018 年，中国水利水电出版社，356 页。
276（清）王履泰编撰，《畿辅安澜志》卫河卷七，武英殿聚珍版。

水大极易漫溢决口，因河道多弯曲，水流在弯道处对堤岸的冲击力较大，决口多发生在弯道位置，所以培修堤防、加固险工极为重要。从古至今，在运河弯道处修建了以夯土、砖、石等为材料的各个类型的险工，有效地解决了运河堤坝的防冲问题。其中，南运河现存夯土险工以连镇谢家坝、华家口夯土险工为典型代表，采用黄土、白灰加糯米浆夯筑，基础钉锚柏木桩，其结构合理，坝体弧形曲线符合流体力学原理，受力面合理，最大限度缓解了河水的冲刷。卫运河现存多处砖石砌体险工，以郑口挑水坝、朱唐口险工、油坊码头遗址及险工为代表，三处险工均包含了青砖砌体坝，虽经历过多次大洪水的侵袭，其主体结构仍保存完好。现存的多处险工体现了各个时代的高超技术水平。至今，运河险工依然是运河修治过程中的重要项目，在保障运河航运、行洪、输水、灌溉等功能方面有着不可替代的作用。

河北大运河堤坡多植柳，对于堤防安全有着至关重要的作用。《行水金鉴》载："凡沿河种柳，自明平江伯陈瑄始也。其根株足以护堤身，枝条足以供卷埽，清阴足以荫纬夫，柳之功大矣。"[277]《景县志》载："河堤栽柳，旧志载共六千余株，现在茂荫可观云云。查此项数株关系极重，第一，根株盘结可以坚固堤岸，第二，遇河水涨发时可以伐取其枝干，缚挂于堤内，近水处免致堤岸为水浪所冲刷。"[278] 由此可见，植柳的作用主要体现在下述方面：一是自身可以坚固堤岸，柳树根系发达，在河堤栽种柳树可以有效防止堤身水土流失，进而起到坚固堤防的作用。

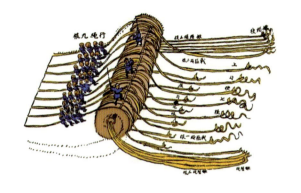

图 4-21 卷埽（《申报世界遗产文本——中国大运河》）

二是柳是古代埽工的主要构筑材料，河堤植柳便于就地取材，有效减小了埽工建筑材料的运输成本。埽工是中国古代特有的一种河工建筑物，可用于护岸、堵口或筑坝，是我国传统河工技术的一项重要发明创造（图4-21）。埽工技术始于先秦，成熟于宋代，明清多有改进和发展，古代水利文献对埽工作用多有记载。《河工要义》载："埽者，所以护岸而捍水者也。或称埽段，亦曰埽个。堤系积土而成，溜逼堤根，时虞汕刷，于是就堤下埽，以御水势，喻诸战事，埽实堤工之前敌也。"[279] 埽工被喻为"堤工之前敌"，在土堤最薄弱的堤根部位提前设置，可以在洪水到来之时有效抵御水流对堤根的冲刷，体现了古代水利工程非常重视预防之策。三是用于河堤抢险，河水暴涨时可以砍伐堤防种植的柳，构造成龙尾埽以抵御洪水冲刷。《治河方略》云："埽亦有名龙尾，又曰萝卜，皆头大尾小之形也。伐大树连梢，系之堤旁，随水上下，以破啮岸浪者也。"[280]

277 中国水利史典编委会办公室整理，《中国古代河工技术通解》，2018 年，中国水利水电出版社，384 页。
278 （民国）耿兆栋监修，张汝猗总纂，《景县志》卷十四·舆地志，1976 年，成文出版社，237-238 页。
279 中国水利史典编委会办公室整理，《中国古代河工技术通解》，2018 年，中国水利水电出版社，425 页。
280 中国水利史典编委会办公室整理，《中国古代河工技术通解》，2018 年，中国水利水电出版社，434 页。

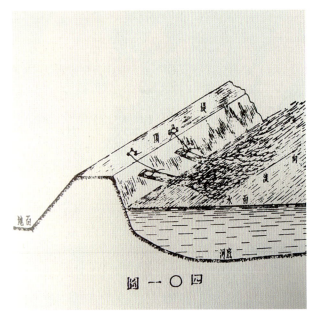

图 4-22 龙尾埽（《中国古代河工技术通解》）

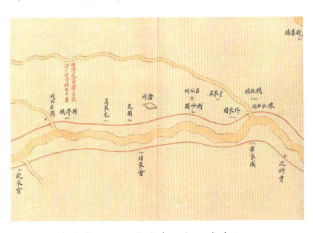

图 4-23 清代南运河上捷地减河与兴济减河

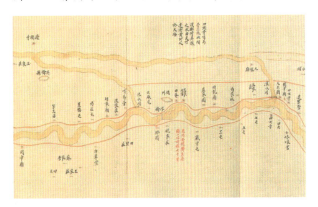

图 4-24 清代南运河上的四女寺减河与哨马营减河

《新治河》载："（龙尾埽）溜逼堤根，不及做埽，或埽已陡墊，不及补厢，用此可以救急。法以大树连皮带枝伐来，以绳系桩，倒挂水中。可以抵溜，可以挂淤，十余枝为一排，每排用绳编联，恐单株见溜滚摆，转致伤堤。"[281] 可见，龙尾埽属于埽工的一种（图 4-22），是比较简易的埽工做法，因就地取材施工时间短，为河堤抢险赢得了时间，所以在治河中得以广泛应用。除上述主要功能之外，河堤植柳还兼顾了景观因素，同时为修守堤防的夫役提供乘凉之处。

为应对运河容易漫溢决口的问题，另一项措施便是开挖减河用以宣泄洪水，调节运河水位以保证漕运通畅。《至正河防记》载："减水河者，水放旷，则以制其狂；水臻突，则以杀其怒"[282]，《河工简要》又云："运河建筑滚水坝，遇水小则拦水济运，水大则由坝顶滚泄保堤工"[283]，上述文献内容阐明了减河与减水坝的重要作用。河北大运河上现存的减河均为明清时期开挖，减河的位置均经过周密的分析和详细的踏勘得以确定，大流域整体规划意图明显（图 4-23、图 4-24）。减水闸坝选址均位于地势低洼、易于溃坝的要害之处，"造滚水坝即减水坝也，为伏秋水发盈漕，恐势大漫堤，设此分杀水势，稍消及归正漕，故运坝必择要害，卑注去处……"[284]，减水闸坝根据不同时期的水量大小改建，以保证最佳泄洪效果。目前，河北大运河现存的减水闸坝包括捷地分洪设施和红庙村金门闸两处，是减水工程的典型代表。

作为河北南运河上现存完整的古代减水工程

281 中国水利史典编委会办公室整理，《中国古代河工技术通解》，2018年，中国水利水电出版社，434页。
282 中国水利史典编委会办公室整理，《中国古代河工技术通解》，2018年，中国水利水电出版社，434页。
283 中国水利史典编委会办公室整理，《中国古代河工技术通解》，2018年，中国水利水电出版社，399页。
284（清）王履泰编撰，《畿辅安澜志》卫河卷五，武英殿聚珍版。

遗存，捷地分洪设施始建于明代，明清至民国各个历史时期多次依据功能需要和现场勘察情况进行改建，特别是乾隆三十六年（1771年）的改建工程为乾隆皇帝现场考察后钦定，现存沧县捷地镇的乾隆御碑碑文中详细记载了改建的缘由和决策过程："杨廷璋因去夏南运河涨溢，议于天津城芥园左近建减水坝以备宣泄。昨亲相视，以其地逼近津城，若于此泄涨无异于开门揖盗，因于上游另相善地施工，俟回銮再为阅定。后阅捷地、兴济二处，可改闸为坝，则上游已得畅消……但是否可行，不能自信，因命裘曰修至其地，会同杨廷璋、周元理履勘集议，皆亦为宜，拆去闸墙改为减水石坝，并将闸底龙骨石拆低一尺，则河水不待平槽即可预杀其势，并疏下流引河至歧口归海处，一律深畅，以归久远。兹复莅相度，其议遂定。"由此可知，减河的规划改建不仅考虑到了宣泄洪水的需求，还充分考虑了天津城的防洪问题，充分体现了统治阶级对漕运相关水利工程的重视和决策的科学谨慎。

红庙村金门闸原是北运河上青龙湾减河的渠首工程，目前因减河改道而成为遗址。减河开凿之初即设置减水坝，减水坝的位置最初离河口较远，而坝基又建于至洼之区，石坝建成后泄洪效果不佳。时任直隶河道总督刘勤奏疏："其青龙湾引河一坝，因相距河身远至四里有余，而坝基又建于至洼之区，测量临河滩岸较之坝面高六、七尺，以至盈槽之水，哽咽不下。每遇水势略小之年，不能分泄涓滴。若值水浩瀚，坝口仅得过流，堤工已有漫溢之虞，此坝竟成虚设。"[285] 故

此，乾隆二年（1737年）将减水坝向上游移建，接近减河河口，洪水的分泄路径得以畅通，坝口过水一丈有余，得保平稳，而河西务数万生灵获以安全。乾隆三十七年（1772年）再次改建，增筑南北闸台并将金门位置落低一尺。金门闸的多次改建基于对各个时期泄洪效果的评估和详细勘察，体现了古代水利工程因地、因时制宜的科学性。

新中国成立后建造的各项水利工程设施均依据功能需求，经过科学的规划和设计进行建造，设计施工均体现了相应历史时期的较高工程技术水平。周官屯穿运枢纽作为其中的典型代表，有效解决了三条河流立交的问题，穿运子牙新河渡槽建成时为东亚最大的渡槽，体现了建国初期我国水利工程高超的科技水平。

相关历史文化遗产在选址、设计建造方面也体现了较高的科学性。古城址依水而建，布局各有特色，体现了古代城市规划建设之成就。作为河北大运河遗产中最有代表性的城址之一，邺城遗址在中国都城发展史上具有极其重要的地位。曹魏邺北城是中国历史上第一个单一工程制度的都城，其轴对称的城市格局、明确的功能分区布局均具有划时代意义。邺南城承袭了曹魏邺北城，同时借鉴了北魏洛阳城进行规划建设，是中国都城发展史上一次成功的实践。邺城遗址科学严谨的规划布局和高超的建造技艺，对隋唐及以后的都城建设产生了重要影响。古窑址均紧邻河堤建造，既便于原材料的就地取材，又大大减少了材料和成品的运输成本。开福寺舍利塔是运河

285 海河志编纂委员会，《海河志》第一卷，中国水利水电出版社，1998年，391页。

沿线早期建筑的典型代表，建筑结构科学合理，清真寺、天主教堂等宗教建筑既考虑了功能的需求又将中国传统建筑技术灵活运用，均呈现出高度的科学性。

河北运河沿线存在多处铁路给水所，作为津浦铁路的附属设施，利用运河作为水源的给水所仅存在天津和河北境内，并经过了统一规划。纵观津浦铁路线路图，津浦铁路从山东德州至天津独流的段落，线路走向几乎与南运河平行，穿越了河北运河沿线的所有城镇，为利用运河水源建设给水所提供了可能，从北往南依次在天津独流和河北青县、沧州、泊头和连镇设置铁路给水所5处（图4-25）。给水所位于河滩地或紧邻河堤外侧，设置蓄水池和抽水、过滤设备等设施，并通过地下管道将净化后的水输送至车站附近同步建造的水塔，满足铁路和部分城市供水的需求。铁路给水所的规划设计充分体现了因地制宜的科学性。

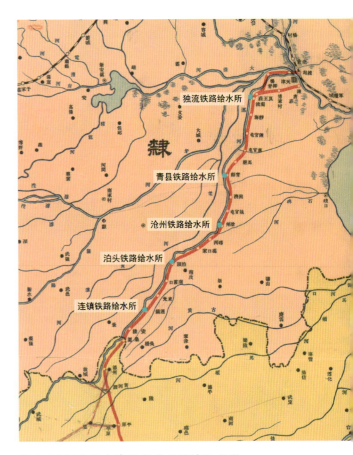

图4-25 河北境内津浦铁路及铁路给水所

四、社会价值

从三国时期曹操为满足军事需要开凿的白沟、平虏渠，至隋代永济渠，至元以后京杭大运河，河北段大运河始终为这条举世闻名的漕运干线不可或缺的组成部分，满足了各个不同历史时期军事、都城建设、漕粮及商品运输的需要。元朝大运河开通后，"江淮、湖广、四川、海外诸番土贡粮运，商旅懋迁，毕达京师""浙右之地，若苏、湖、常诸郡，土壤肥沃，民务细作，岁赋租米数百万石，酒粮以供京师"[286]。此外，从南方通过大运河运到北方的不仅有粮食，还有食盐、茶叶、各地土产、手工业品及海外贡物。明代，因为实行海禁，大运河几乎成为南粮北运的唯一水路通道，实际上成了明王朝的生命线，承载了主要的南北物流和人流，尤其是明成祖定都北京后，明代漕运发展到一个新阶段，漕运数额空前增长。同时，除漕运外，明代运河已经成为全国最主要的水路商品流通干线，商船数量日益增多，至明代后期，在运河上的商品流通量已超过全部的漕运总量。江南所需棉花及其所产布匹之间的交流全靠大运河完成，江南的丝织品也是经由大运河运抵北方各地，还有茶叶、纸张、瓷器、铁锅等大宗商品也是通过运河沟通交流的。

286（元）苏天爵撰，《元朝名臣事略》卷二《丞相淮安忠武王》。

清代初期和中期，政治相对稳定，经济比较繁荣，漕运基本沿袭明代，仍以内河航运为主，大运河航运繁忙（图4-26）。至道光年间，由于运河受到黄河泛滥的影响，导致漕船通行困难，一度改道海运，但在河道情况好转之后又恢复了以往的运输方式。清代漕船北上时，运输者大多携带南方的手工业品及南货特产，在北方市场上经营的包括棉、丝织品在内的多种手工业制品及各类南货食品，不少经由漕船从南方运销而来的。在漕船南返时，运输者则主要携带北方的梨、枣、核桃、柿饼之类果品和小麦、黄豆等粮食，以及棉花等北方特产。乾隆时，清廷还规定各地漕船南返时可带数额不等的免税煤炭。咸丰三年（1853年），漕运停止。咸丰五年（1855年），黄河改道北流，大运河被拦腰截断，京杭大运河整体的水运就此结束，但尚有多个区间段

落通航，在各自区域内仍发挥着重要作用，河北境内的南运河、北运河和卫河依然能够通航。

19世纪40年代以后，我国逐步从封建社会转变为半殖民地半封建社会。1860年，天津被迫开放为商埠，天津口岸进出口贸易急剧增长。同时，以李鸿章为代表的清朝洋务派，也在天津开办了一批近代军事工业和民用工业，使城市工业和商业得以发展，人口增加。天津逐步成为中国的重要贸易口岸。河北境内以天津为中心的北运河、南运河、西河、东河、卫河等内河航道仍能通航，内河航运仍是河北内地与沿海城市天津之间最主要的运输方式。南运河从漕运停止以后，水量仍较充足，在天津至临清478千米航段，可通行50～100吨的木帆船，每年航行期可达10个月，临清以上与卫河相接，是连接冀豫两省的一条重要通道。1900年前后，载重50吨的民

图4-26 清乾隆时期黄运交汇处繁忙景象（刘潞《帝国掠影》）

船在丰水季节，从天津至河南道口约有 822.5 千米航道可以通航。据民国《大名县志》载："今之洋货者皆舶来品，故虽是陆地商业其货物由河道远至者居大多数，是宜以提倡国货为急务也。我邑庙滩两镇濒御河建商埠，帆影往来蜂岔云屯，其船只大小多寡，输入输出之主名聊志其大概如左：大船每只十万斤，次者七八万斤，小者三四万斤；船之只数，运煤小船约百二三十只，余多河南省大煤船及杨柳青天津等处粮船杂货船亦约近百只；输入物品，煤油、食盐、煤炭、糖、杂货等类约计每年二三百船，输出物品，鸡蛋、花生、白油、米、麦、豆、谷等类，约出入相抵。"[287] 上述文献所载内容足证民国时期卫河—南运河航线运输的繁忙。北运河从漕运停止以后，因航道荒于治理航运量有所减少，在天津至通州 150 千米航段，丰水期尚能通行载重 25～35 吨的木帆船。后天津开埠不久，俄国商人为节省茶叶运输费改变了以往全部由陆路运输的做法，开始把中国南方产的茶叶经海上运到天津，通过北运河，从天津再用船运至通州，继而转用骆驼运往俄国。

随着铁路运输的发展，河北境内内河民船运输所占比例有所下降，但 1922 年至 1928 年北伐战争期间，因铁路常常被破坏，河北内河民船运输有所发展。在河北民船运输物资种类中，棉花所占比重很大，南运河流域之吴桥、东光、南皮、南宫等县及山东临清、德州等地为御河棉产区，所产棉花输入天津多通过南运河以民船运输，连镇、泊镇、沧州都是装运棉花的重要码头。国民政府定都南京后，铁路、公路及内河轮船运输业虽然得到一定的发展，但其发展速度缓慢，河北内河民船运输依然是重要运输方式，民船运输的货物品种除棉花、小麦之外，煤炭也成为大宗货物之一，河北境内南运河航线是煤炭运输的主要航道，并延伸至卫河，沿线码头众多，其中输入量超过 5000 吨的即有大名、龙王庙、临清、德州、桑园、连镇、泊头、沧州等码头。

解放战争时期，冀中解放区利用运河河道进行物资和人员运输，为解放战争的胜利提供了保障。1946 年 5 月，南运河沿线的泊头镇新中国成立后改为市的建制，由于津浦铁路运输中断，南运河航线的船舶运输成为南北物资运输的主要通道。在平津战役中，南运河沿线的泊镇、沧州等地的运输站，调动了大批船舶、马车投入了支前运输的行列，在不能行船的结冰航道上，他们赶制了大批冰床进行物资运输，发挥了重要作用。新中国成立初期，卫河—卫运河—南运河航道仍为海河流域航线最长航运之利最大的一条河流。

今天河北境内的大运河是海河流域五大水系的漳卫南运河系和北运河系的重要组成部分。20 世纪 70 年代航运中断后，运河的主要功能转变为泄洪、灌溉、输水等。河北段现存减河均为明清时期开挖，经历代疏浚，在运河通航时期对调解运河水位，保证通航需要起到了重要作用，目前，南、北运河现存减河仍能进行有效运用，在各自水系承担着重要的泄洪任务。至今，大运河及相关水利工程设施仍然发挥着重要作用，降低了运河沿线洪涝灾害时的经济损失，保障了人民群众的生命财产安全，一定程度上满足了工农业及生活用水的需求。

河北段运河的开通促进了沿线经济的繁荣发展，沿线兴起了许多城镇，形成了许多商业中

287 （民国）程廷恒等修，洪家禄等纂，《大名县志》卷十·农工商志，成文出版社，1968 年，477 页。

心，发展至今。运河城市以沧州和泊头最具代表性，都因运河迁址或建制，并逐渐发展繁荣。沧州是河北省运河穿过的唯一地级市，因运河沿岸的发达交通，明代移州治于此，成为南北来往要冲、水旱两路的咽喉，两岸商贾云集，各个行业依运河而兴盛，城区迅速发展，繁荣至今。在运河东岸和古城西城墙之间的一个狭长的地带，面积不足城内的三分之一，却成为发达的商业区，至清末民国时期河运停止以后依然繁荣，"至光绪年河运停止，然民船往来有运输货物者，有乘载行旅者皆以沧为营业中心"[288]。泊头是因运河漕运而兴起发展的另一城市。据民国《交河县志》载："泊镇在县东卫河西岸，商贾辏集，筑城于此，置新桥驿。"[289]《南皮县志》又载："运输便利，尤易发达商业，就泊头镇一处论之，两岸商贾云集，为东西数百里所未有，皆此河之功也。"[290] 可知，明代因其运河之便利，在此设新桥驿，并筑城置泊头镇。明清以来，得益于运河的发达交通，泊头逐渐发展繁荣。清后期，泊头已称运河巨镇，民国初期，则东西两岸商家众多，商贸经济繁荣，为津南一大商埠。

除沧州和泊头城区外，河北大运河沿线的兴济镇、连镇镇、郑口镇、油坊镇以及大名的金滩镇和龙王庙镇均因运河的发达交通而繁荣兴盛，成为运河沿岸的商业重镇。据《故城县志》载："郑家口镇，在县西南二十五里滨临卫河，为南北水陆要冲，居民稠密，贾肆繁多，前志景之南埠商舻。"[291] 郑家口镇即郑口镇，是今故城县城

所在地。《大名县志》载："今者文明输入我邑，商胥能因世界潮流为转移，今年以来城中商业之发达有如朝暾初升蒸蒸日上。而中区之龙王庙、东区之金滩镇濒御河以建商埠，其繁盛景象尤堪为全区诸镇之冠。"[292] 上述文献所载足证运河对沿岸商业之重要作用。直至民国时期，运河沿岸的这些城镇依然是各自区域内商业繁华之地，多设置商会，如青县商会设置在兴济镇，"我青邑商务精华尽在兴济一镇，故商会之设不在县城而在兴济，于民国二年开始成立"[293]，清河县商会设置在油坊镇，"清河县僻，处河北省之东南隅，县小民瘠商业落后，无重要商埠，唯油坊镇临运河商家稍盛，于民国十三年二月刘喜元倡办商会于油坊镇"[294]。

元以后，京杭大运河成为中国经济的大动脉，也成为我国与世界交流的重要通道，许多外国使者、商人、留学生、旅行家等进入中国去京城，均是取道大运河往来，而河北段运河是去京城内河路线的必经之路。大运河的开通给中外经济交流和贸易往来提供了便利条件，中外经济贸易往来不断。各国与中国朝廷的往来多通过贡赐等形式，中国各地所产诸多商品如茶叶、丝绸、瓷器、金银制品以及其他各种土特产品，经运河源源不断地运往世界各地。同时，大量的国外商品如硫黄、银铜、香料、珠宝、象牙等通过运河运入中国。大运河沟通了世界，促进了中外经济贸易的繁荣发展。

288 （民国）张坪等纂修，《沧县志》卷之三·建制，民国二十二年铅印本。
289 （民国）高布青等修，苗毓芳等纂，《交河县志》卷四·经政志，成文出版社，1968 年，560 页。
290 （民国）王德乾等修，刘树鑫等纂，《南皮县志》卷一·舆地志上，成文出版社，1968 年，55 页。
291 （清）丁灿等纂修，张焕等续修，《故城县志》卷二·疆域，成文出版社，1976 年，221 页。
292 （民国）程廷恒等修，洪家禄等纂，《大名县志》卷十·农工商志，成文出版社，1968 年，474 页。
293 （民国）葛震霄等修，高遵章等纂，《青县志》卷之七·时政，成文出版社，1967 年，512 页。
294 （民国）张福谦修，赵鼎铭纂，《清河县志》卷五·政事志下，成文出版社，1976 年，342 页。

五、文化价值

大运河的开通促进了运河沿线区域文化的繁荣与发展，使之成为对外交往和扩大中外文化交流的前沿地区，中外优秀文化得以迅速传播。通过南北文化交融，不断减少区域文化的差异而呈现共同的文化特征，从而使各个区域文化融合为中华民族的多元一体的大一统文化。大运河经历了千年的沧桑风雨，养育了一代又一代的运河儿女，积淀了内容丰富、底蕴深厚的文化内涵，形成了以其博大的包容性和统一性、广阔的扩散性和开放性，强大的凝聚力和向心力为特点的运河文化，对中华民族多元一体文化的形成和发展起着重要的推动作用。

大运河不仅是中外经贸往来的桥梁，同时也是中外文化交流的纽带。元代实行对外开放的政策，诸国向中国派遣大量留学生、僧侣求学求法，还有许多商人、旅行者来运河区域游历。同时，中国文人、僧侣也时常前往他国游历学习。明代，朝贡使者往来于运河之上，留下了许多文化交流的佳话。朝鲜崔溥《漂海录》与日本遣明使策彦周良《入明记》均详细记载了大运河沿岸的风土人情。明后期，西方传教士来华沿运河传教，在传播基督教的同时，他们把西方的自然科学、数学、音乐等则传播介绍到中国，影响着运河区域的文化事业，促进着中华民族文化的全面发展，使中国人接触到了西方科技的进步。随着对中国文化了解的深入，他们又把中国的传统文化翻译介绍到西方，使中国的儒家思想、政治制度、历史地理、风土人情、伦理道德等为西方人所了解，并对欧洲文化产生了一定的影响。

河北大运河作为中国大运河的重要组成部分，其独具特色的运河文化是中华民族优秀传统文化的重要组成部分。河北大运河上大量的渡口、码头等运河特有节点的产生，促进了沿岸城镇、村落的形成和发展，进而推动了河北运河文化的发展，丰富了运河区域文化的内容。同时，便利的航运也促进了我国不同民族文化的融合。河北大运河现存各类丰富的物质文化遗产是河北运河文化的实物见证，承载着漕运文化、河工文化、城市文化、商贸文化、建筑文化、儒学文化、军事文化、工业文化、宗教文化、杂技文化等丰富的多元文化内涵。

漕运是大运河修建的动因，因此漕运文化是运河文化的核心。漕运是我国历史上一项重要的经济制度，是中国历代封建王朝将征自田赋的部分粮食运往京师或其他指定地点的运输方式。中国历代政府通过修建维护运河河道、水利工程设施、附属设施，并制定与之配套的相应管理体系，保证了通过大运河进行持续、畅通的粮食、物资运输。首先是河道及各类水利工程设施的规划建造，乾隆御碑碑文中的诗句"置闸缘蓄流，设坝因减水。其用虽曰殊，同为漕运起"，充分说明了水利工程为漕运服务的目的。各类附属设施和管理机构是保障漕运不可或缺的组成部分，河北段运河沿线历史上存在多处驿站、粮仓、浅铺等附属设施及管理机构，对保障漕运畅通起到了重要作用。

粮仓是漕运时期的重要附属设施，金代在河北运河沿线曾经设置多处粮仓。明代，河南为漕粮征集地，多在今河北境内兑运。《魏县志》载："回隆镇……明初，河南及大名府属兑运在此，后改于元城小滩镇。"[295]《馆陶县志》载："考旧日豫粮受兑原在馆陶之窝头镇后渐移至上流之

295　（清）雍正《魏县志》卷之一·疆域。

小滩镇，又移至卫辉府"[296]，又载："监兑分司，原在大名府元城县金滩镇，明万历十二年移驻馆陶，署今县治北，二十八年复还金滩。"[297] 由上可知，卫河沿线的魏县回龙镇、大名金滩镇及馆陶窝头镇先后成为漕粮兑运之地，并设置户部直属的监兑分司。兑运之地，均建设规模比较大的水次仓，用以储存兑运之粮，另外在大名艾家口、清河渡口驿等地，均有设置水次仓的记载。

水驿是运河沿岸的另一附属设施，具有传递情报、招待官员及兼顾漕运功能等作用。明成祖迁都北京后，为沟通南北经济，大力发展漕运，特开辟了南京至北京的水路驿站40余处，其中在河北境内有7处之多，从北向南依次为流河驿、乾宁驿、砖河驿、新桥驿、连窝驿、良店驿（桑园驿）及渡口驿。清乾隆版《沧州志》载："砖河驿，在州南十八里卫河东岸，极冲。"[298] 民国《青县志》援引清代文献载："乾宁水驿，在县西南兴济废县一里（《大清一统志》），在县东南三十里，明置，极冲……流河水驿，在县东北流河镇，明永乐二年置，南至乾宁驿七十里，在县东北三十里卫河西岸，极冲。"[299] 民国《交河县志》载："新桥水驿，在县东五十里，明洪武二十五年置，俗曰泊头驿，极冲。"[300] 可见，河北境内水路驿站因处在漕运干线的重要位置，多数为"极冲"级

别（最高级别）的驿站，一直沿用至清代，对于保障朝廷与地方信息畅通和漕运通畅，促进南北及中外文化交流起到了重要作用。

尽管河北境内大运河沿线昔日的粮仓、水路驿站等已经不复存在，但其承载的悠久历史和漕运文化已经深深融入了当地的文化传统中，成为运河文化的重要组成部分。

大运河物质文化遗产同时承载着内涵深厚的文学价值。运河的开通使河北运河区域成为人才荟萃之地，文风昌盛之区。历史上，以运河及运河沿岸的自然和人文景观为素材的各类诗词歌赋等文学作品层出不穷。相关历史文化遗产中，邺城遗址的文学价值尤为突出。邺城遗址是"建安文学"的发祥地，作为曹魏时期的标志性建筑，金虎、铜雀、冰井三台巍峨壮观，其上亭台楼阁鳞次栉比，既具有军事意义，又是曹氏父子吟诗作赋的场所。邺城人才汇聚、文风盛行，以曹氏父子和"建安七子"为代表的建安文学在中国文学史上有举足轻重的地位。3世纪至6世纪的300多年间，汉、羌、鲜卑、氐等民族先后在邺城建立政权，使之成为中原北方地区民族融合之地、多元文化碰撞的舞台。同时，邺城皇家寺庙的发现及大量佛教造像的出土，证实了邺城作为北朝时期佛学文化中兴地的重要地位。

296（清）刘家善等纂修，《馆陶县志》卷之二·舆图志，成文出版社，1968年，108页。
297（清）刘家善等纂修，《馆陶县志》卷之三·建制志，成文出版社，1968年，137页。
298（清）庄日荣等纂修，胡淦总修，《沧州志》卷之二·建制，乾隆八年刊本。
299（民国）葛震霄等修，高遵章等纂，《青县志》卷之四·古迹，成文出版社，1967年，262～263页。
300（民国）高布青等修，苗毓芳等纂，《交河县志》卷四，经政志，成文出版社，1968年，560页。

第四节
河北大运河非物质文化遗产价值阐释

04

第四章
河北大运河遗产价值特征

hebei grand canal
Heritage Value Characteristics

280

河北大运河沿线非物质文化遗产类型丰富、数量众多、具有鲜明的地方特色。大运河非物质文化遗产是大运河千年历史的见证和运河文化的重要载体，蕴涵着运河两岸民众特有的精神价值、思维方式、想象力和文化意识，体现着他们的生命力和创造力。千百年来，大运河滋养了两岸世世代代的劳动人民，勤劳的运河人民创造了丰富多彩的非物质文化遗产。大运河是延续千年、至今仍在使用的活态线性遗产，大运河非物质文化遗产是大运河作为活态遗产的有力实证。作为大运河文化遗产的重要组成部分，非物质文化遗产既是运河的生命记忆和活态基因，也是确定运河文化特性、激发运河创造力的重要因素，是运河的精神家园。

关于非物质文化遗产的价值内涵，学术界有着广泛的认知和探讨，相关的法律法规在非物质文化遗产代表性项目列入标准中，明确了价值所包含的方面。《中华人民共和国非物质文化遗产法》第十八条："国务院建立国家级非物质文化遗产代表性项目名录，将体现中华民族优秀传统文化，具有重大历史、文学、艺术、科学价值的非物质文化遗产项目列入名录予以保护。"《河北省非物质文化遗产条例》第十一条："县级以上人民政府应当将本行政区域内体现当地优秀传统文化，具有历史、文学、艺术、科学价值的非物质文化遗产项目经认定后列入本级非物质文化遗产代表性项目名录，并报上一级人民政府文化主管部门。"基于上述法律法规，本书依据非物质文化遗产代表性项目名录的评定标准，从历史、文学、艺术、科学四个方面对非物质文化遗产的价值进行简要阐释。

一、历史价值

河北段大运河沿线的非物质文化遗产历史悠久，是运河沿岸生产方式、生活场景、道德习俗等的真实反映，体现了不同历史时期运河沿线的生产力发展水平，对于研究运河的历史、运河沿线城镇村落发展变迁、不同历史时期的运河沿线生产生活方式以及科学技术水平具有重要意义。民间文学源于历史事件、历史人物和社会生活的各个方面；传统音乐、传统戏剧、传统舞蹈等表演类的非物质文化遗产在题材、内容和形式等方面均反映了不同历史时期运河沿线当地民众的生产生活；传统技艺反映了不同历史时期的生产力发展水平；传统医药见证了我国独有的中医药的传承发展；传统美术体现了不同历史时期和地域的审美标准；民俗则反映了地方特色的文化传统。

在河北运河沿线众多的非物质文化遗产中，与大运河关联极为密切的非物质文化遗产，包括船工号子、吴桥杂技、沧州武术、中幡等，直接见证了河北大运河的发展历史和运河文化。运河船工号子直接因为大运河的发展产生，再现了运河夫役的生活场景，是漕运文化的直接见证。

吴桥杂技的发展和传播与运河息息相关。吴桥杂技艺人以运河沿线为主要活动区域，特别是明清以来，漕运的发展带动了沿河流域经济的发展和人口的增加，以及码头、村镇的兴起，为吴桥杂技艺人的表演提供了优越的场所。在吴桥流传的一首杂技艺人的锣歌中唱到："小小铜锣圆悠悠，学套把戏江湖走；南京收了南京去，北京收了北京游；南北二京都不收，条河两岸度春秋……"，其中"条河"是民间对运河的俗称，歌词证明了历史上吴桥艺人在运河两岸开展表演活动的史实。

沧州武术的发展与大运河密切相关，运河漕运的发展直接促进了沧州武术的发展繁荣。大运河纵穿沧州境内，沧州及沿线城镇为南北水路交通要冲，为京、津、冀、鲁、豫商品流通必经之地和商品集散中心，亦为官府巨富走镖要道，故沧州镖行、旅店、装运等行业兴盛。各业相争，必握高强武技才可立足。明清以后，沧州武术逐渐走上了职业化道路，沧州镖师成为带有明显地域特点的职业，清末，"镖不喊沧州"已为南北镖行同遵之常规。

安头屯中幡始于大运河，兴于大运河，其传承发展与大运河有着直接的联系。隋唐以后，大运河的空前发展促进了沿岸城镇的兴起，运河沿线孕育了各类民间表演艺术，安头屯中幡是其中的典型代表，是运河直接孕育的表演艺术。安头屯先人在北运河的商船上讨生活，辛苦忙碌过后，船工们便把幡杆拿来玩耍，作为闲暇之余的文化娱乐，并逐渐发展演变成后来的中幡表演，清代乾隆和嘉庆皇帝的两次御赐足以证明了安头屯中幡在运河沿岸的影响力。

二、文学价值

大运河沿线的部分非物质文化遗产项目，如民间文学、传统戏剧、曲艺等均体现出较高的文学价值。民间文学本身即是文学的一种重要类型，"是中国文学的三大干流之一"[301]，与古典文学、通俗文学共同构成完整的中国文学体系。民间文学是由我们国家里面占最大多数的劳动人民所创造和继承发展的文学，它所反映的生活、思想感情和所表现的艺术特色具有自己独有的特点，是我国优秀文化的重要组成部分，是各民族交往交流交融的成果，在民族认同感中有着重要地位。如杨家将传说故事具有典型的边关特色，其核心是爱国精神和民族气节，具有深厚的文化底蕴，是我们中华民族宝贵的精神财富。传统戏剧、曲艺等表演艺术基于剧本和脚本，这些剧本和脚本题材广泛，来源于历史和生产生活的方方面面，是用不同艺术形式诠释的文学作品。四股弦、哈哈腔、木板大鼓等运河沿线代表性戏剧及曲艺项目经过千百年的发展，均流传下来数量众多的经典剧本和脚本，成为独具特色的文学作品。

另一方面，大运河沿线类型丰富的非物质文化遗产是文学的创作素材，部分经典文学作品源于非物质文化遗产。作为运河沿线的代表性非物质文化遗产，吴桥杂技在文学作品中得以精彩呈现。据《吴桥县志》载，明代阁老范景文的《游南园记》中对吴桥杂技中的马戏表演进行了详细描写："闻有祭风台，盍往观之。御骑以往，至则数健儿在焉，见所乘马，翘腾不胜，气作命取，驰骤道上。于时人马相得，据鞍生风，蹄蹴电飞，着眼俱失急于雾中，细辨之，见马上

301 钟敬文：《民间文学的地位与作用》，《杭州大学学报》第 13 卷第 3 期，1983 年，

起舞，或翻或卧，或折或踞，或坐或骑，或抱或脱，或跃而立，或顿而侧，时手撤鞚，时脚蹙鞦，时身离镫，以为势脱将坠矣，而盘旋益熟，观者无不咋舌，而神色怡然自若也。"[302] 明代冯梦龙（1574 年～1646 年）根据陶辅所著《刘方三义传》改编的《刘小官雌雄兄弟》(《醒世恒言》）则记述了北运河边善良夫妇救死扶伤的感人故事。

三、艺术价值

在大运河沿线的非物质文化遗产中，多种类型的非物质文化遗产均以艺术作品的形式得以呈现，人们首先直观感受到的是其艺术之美。传统音乐，传统舞蹈，传统戏剧，曲艺，传统体育、游艺与杂技等表演类非物质文化遗产，艺术价值是其固有价值，通过演员配合一定的乐器、服装、道具进行演绎，其艺术价值以活态的形式呈现。大运河沿线的表演类非物质文化遗产在音乐、舞蹈、说唱等艺术形式上体现了地域和民族特色，丰富的艺术形式和内容真实再现了运河沿线的生活场景，具有很高的艺术欣赏价值。吴桥杂技享誉全球，具有独特的东方艺术之美；沧州武术一招一式如行云流水，极具艺术观赏价值；沧县狮舞融合了地方特色的杂技、武术动作，彰显地域特色。传统美术最终呈现的是静态艺术作品，大运河沿线的草编、石影雕、剪纸（图4-27）、刺绣等传统美术项目用地方常见的基本材料作为介质，用不同的形式创作出类型各异的美术作品，这些作品题材内容丰富，独具艺术欣

图 4-27 阜城剪纸作品（图片来源 https://www.sohu.coma363582088_516703）

302（清）倪昌燮等修，施崇礼等纂，《吴桥县志》卷十二·艺文录下，成文出版社，1969 年，1218 页。

赏价值。部分传统技艺的产品兼具实用性和艺术观赏性，魏县的蓝印花布、馆陶的黑陶制品（图4-30）、沧县镂空木雕（图4-28、图4-29）、沧州市明式家具等均基于传统技艺进行生产，产品类型丰富、工艺精湛，具有独特的艺术价值。

图 4-28 沧县镂空木雕作品——富贵长寿（王建国摄）

四、科学价值

大运河沿线非物质文化遗产的科学价值主要在传统技艺和传统医药两个类型的非遗项目中得以体现。传统技艺是我国古代劳动人民长期生产实践中独具创造力的智慧结晶，并随着社会发展不断改进，是生产力和科学技术发展水平的真实写照，具有很高的科学价值。泊头生铁冶铸技艺由干模铸造发展到硬模铸造、金属模铸造，再发展到冲天炉冶铸，体现了依据生产力水平不断发展而逐步改进的科学性；馆陶黑陶制作技艺工艺繁重、精细，从选料、制泥、设计、拉坯、雕刻、压光、晾干到烧制，多达十几道工序。每道工序都有严格的要求，制作全部是手工，且需要特殊的专业技术，特别是在烧制环节，因烧制温度受限，采用独特的"封窑渗碳"的技术。传统医药讲究因人制宜、辨证施治，是中国古代科学的瑰宝。大运河沿线的传统医药包含了多种类型，是基于千百年来的实践和总结创造出的不同诊疗方式，将中国传统中医理论与实践相结合，进行融会贯通，灵活应变，积累了丰富临床经验，具有重要的科学价值。

图 4-29 沧县镂空木雕作品——吉祥如意花篮（王建国摄）

图 4-30 馆陶黑陶作品
（图片来源 https://new.qq.comraina20201017a0fsj400）

05

第五章

河北大运河
遗产保护传承

Hebei Grand Canal
Heritage
Protection and
Inheritance

第一节
认识大运河遗产的当代价值

如果说长城是中华民族挺立的脊梁，大运河就是中华民族流动的血脉，是一条承载着密集文化基因的大动脉。2014年，中国大运河申遗成功，这条流淌了千年的古老运河有了新的使命和担当，大运河遗产保护传承的各项工作逐步开展，遗产的保护传承离不开对大运河价值的认知和理解。大运河是活态的，不仅具有空间维度同时也具有时间维度，不仅是历史的也是当代的，如果说，大运河遗产的文物价值是遗产保护的核心，那么大运河遗产的当代价值则为遗产传承利用指明了方向。那么，如何认识大运河遗产的当代价值，笔者从以下几个方面进行简要阐述。

一、以漕运文化为核心的大运河文化承载着中华民族传承几千年的大一统文化内涵，深刻理解这一内涵对于国家统一和安定繁荣有着重要意义。2500多年来，大运河基于漕运的需求不断维护改造，在维护国家统一、推动民族融合方面发挥了不可磨灭的作用。漕运作为一种经济制度，通过水路运输，对全国范围内的粮食、食盐等重要物资进行调配，体现了大一统的文化传统。纵

图 5-1 北运河京冀通航——杨洼闸（图片来源于北京通州发布）

观中国历史，从封建王朝至近现代，国家领导者无不追求国家统一，历史上所创造的繁荣昌盛大都在国家统一时期，古代的诸侯割据和近代的军阀混战，给广大劳动人民带来了深重的灾难。当下，正是基于这种大一统的文化和安定团结的局面，才能实现"南水北调"这一空前规模的水资源调配，才能实现面对各种灾难时物资和人员的快速集中调控。大一统文化是我们国家和民族根深蒂固的文化传统，大运河遗产是这一文化的生动诠释，具有重要的当代价值。

二、大运河遗产中的在用河道和水利工程设施等水利工程遗产依然发挥着重要的水利功能，延续着当代的使命担当。河北大运河遗产河道中，在用河道490余千米，《规划纲要》对河北各段运河的功能定位为：北运河以防洪排涝和生态功能为主，兼顾旅游通航、灌溉功能；南运河近期以防洪排涝和供水功能为主，兼顾生态和景观功能，远期考虑通航功能；卫河以行洪、排涝功能为主，兼顾引水灌溉、旅游通航、沟通周边水系、生态修复、城市景观等功能。2021年至2022年，北运河香河段和南运河沧州市区段先后实现了旅游通航（图5-1）。2022年6月24日，来自通州、香河的游船，相向驶过北运河杨洼船闸，大运河京冀段实现了互联互通，古老的大运河迎来了新的世纪复苏（图5-2）。南水北调工

图 5-2 大运河沧州中心城区段旅游通航（图片来源沧州日报）

程是优化我国水资源时空配置的重大举措，是一项国家的重大水利工程，其中东线是南水北调工程的重要组成部分，南运河河北段是南水北调东线工程一期北延的输水河道，2022年5月完成的南水北调一期北延应急供水工程共向南运河补水1.59亿立方米，为河北境内的地下水压采和生态环境修复提供了宝贵的水资源，为大运河的保护、传承和利用提供了水资源保障。

三、大运河遗产是文化相关产业的重要资源和载体，遗产的传承利用能够极大促进运河沿线区域的产业创新发展，助力河北经济强省建设。河北省大运河沿线是优秀传统文化高度富集的地区，通过文化产业化等形式，推动文化遗产资源转化为符合时代精神与人们喜闻乐见的文化产品，促进文化旅游等第三产业蓬勃发展，带动沿线区域经济发展方式转变和产业全面升级，赋予沿线村镇新的发展使命与协同价值，从而带动河北省运河沿线经济相对落后地区的发展，实现运河沿线城乡带的后发崛起，以文化为引领推进河北省区域发展格局的提质升级。

四、大运河是河北与相邻省市的联系和纽带，传承大运河文化有利于落实京津冀协同发展战略，助力雄安新区建设。作为京津冀协同发展中的重要一环，文化的协同发展尤为关键，同时，文化建设亦是雄安新区建设的基本内容之一。大运河文化带作为京津冀协同发展纽带及雄安新区外拓重要生态文化纽带，其建设有利于区域发展格局的建立与协作发展内涵的拓展。作为一项巨大的活态线性遗产，大运河遗产既具有统一性又各具特色，加强京津冀区域的协同发展和联动机制，共同探索大运河遗产保护传承的理念、思路和方式，有助于推动与落实京津冀文化协同发展和雄安新区的文化建设。

五、大运河开放、包容的文化属性有利于促进国内外的文化交流与合作，展现中华文明，增强文化自信，提升国家文化软实力。大运河自开凿以来就成为全国各族各地区交融互动的关键纽带，也是中外文化交流的前沿地带，对中华民族多元一体文化的形成和发展起着重要的推动作用。河北独具特色的运河文化是中华民族文化的重要组成部分，各类文化遗产是运河文化的灵魂。对运河沿线文化遗产的保护、传承和利用，对其文化内涵进行深入挖掘和诠释，必将进一步推动国内外文化的相互传播和交流，向全国乃至世界展示"燕赵文化"的风采。大运河及其沿线的文化遗产共同记录了中华民族的厚重历史、壮美文化和辉煌成就，见证了中华文明的源远流长和中华民族的勤劳智慧。对大运河文化遗产的保护、传承和利用，建设大运河文化带，有利于坚定文化自信，促进社会主义文化繁荣兴盛，践行社会主义核心价值观，增强国家文化软实力，为新时代建设社会主义强国、实现中华民族伟大复兴的中国梦提供重要支撑。

六、大运河文化是中国优秀传统文化的代表，大运河遗产是大运河文化的直接载体，对于青少年有重要的教育意义。《中华人民共和国教育法》第七条："教育应当继承和弘扬中华优秀传统文化、革命文化、社会主义先进文化，吸收人类文明发展的一切优秀成果。"大运河遗产体现了中华民族的悠久历史、伟大的科学技术成就和丰富的文化内涵，彰显了自强不息的民族精神，能给予青少年以启发，激发青少年克服困难的勇气。保护传承大运河遗产有助于培养青少年对中华优秀传统文化的认同感和自豪感，形成正确的核心价值观；有助于培养青少年的民族精神和爱国情怀，弘扬爱国主义传统，提高民族自信心；有助于培养青少年的人格修养和审美理想，激发奋斗向上的追求精神，锻造真诚和谐的人格魅力；有助于培养青少年的综合素质，提升文化素养和文化品位，增强可持续发展力；有助于树立青少年的责任感和使命感，激励青少年"为中华之崛起而读书"。

七、大运河河道与相关历史文化遗产以其深厚的文化内涵和独特景观形成了生态和文化廊道，深深融入了运河沿线的民众生活。大运河遗产是各类文学艺术创作的素材和源泉，能够激发创作灵感和创作热情，以大运河文化为主题的文学艺术作品类型丰富，数量众多，极大丰富了运河沿线民众的精神文化生活。另外，大运河遗产中很多类型的非物质文化遗产本身就是优秀的文学艺术作品，装点着民众的日常生活，提升了民众的文化品位。同时，大运河河道及相关遗产构成了独特的自然和人文景观，成为民众休闲、游憩以及举办各种文化体育活动的绝佳场所。

第二节
河北大运河遗产保护传承的机遇与挑战

党的十八大以来，习近平总书记对文物保护利用和文化遗产保护传承做出过多次重要指示批示，提出"保护第一""让文物活起来""走出一条符合国情的文物保护利用之路"等一系列重要论述，为新时代文物事业发展提供了根本遵循和磅礴动力。2014 年，中国大运河列入世界文化遗产名录，为大运河遗产的保护传承迎来了新的起点。2017 年 2 月，习近平总书记在通州考察大运河森林公园时指出："保护大运河是运河沿线所有地区共同的责任""要古为今用，深入挖掘以大运河为核心的历史文化资源"。同年 6 月，习近平总书记对建设大运河文化带做出重要指示：大运河是祖先留给我们的宝贵遗产，是流动的文化，要

统筹保护好、传承好、利用好。党的十九大做出了"坚定文化自信，推动社会主义文化繁荣兴盛"的重大部署，并明确提出"加强文物保护利用和文化遗产保护传承"的任务。党和国家对文化遗产事业的空前重视为大运河遗产的保护传承迎来了重大的机遇。"一带一路"建设、京津冀协同发展和雄安新区规划建设等重大国家战略的深入实施，为河北大运河文化带建设和河北大运河遗产的保护传承提供了难得的时代契机。同时，大运河遗产依然存在调查研究不够深入、保护形势严峻、与经济发展和城乡建设存在矛盾、传承利用质量不高、统筹管理机制不健全等诸多问题，大运河遗产的保护传承面临着巨大挑战。

第三节
河北大运河遗产保护传承的方法与实践

河北省大运河遗产的保护传承工作始于 2006 年的大运河遗产资源调查，目前为止，保护传承的相关工作主要集中在申遗阶段和大运河文化带建设阶段。从 2006 年"两会"期间 58 位政协委员联合提交"关于加强大运河申遗保护"的提案开始，大运河申遗工作正式拉开帷幕，沿线各省市迅速开展了相关的调查保护研究工作。在申遗阶段，主要开展了大运河文物资源调查、各级遗

产保护规划的编制、重要遗产的保护修缮、大运河相关遗产申报第七批全国重点文物保护单位、申遗点的遴选和申遗文本编制、《大运河遗产保护与管理办法》的制定等工作，着重解决了遗产的认定和保护方法的探讨。2014 年中国大运河申遗成功，大运河申遗阶段的工作圆满完成。

大运河申遗成功后，各地对大运河遗产的保护传承处于自发阶段，有条不紊地进行，遗产本

体和环境在逐步改善，基础调查和研究工作稳步推进。2017 年 6 月，基于习近平总书记对建设大运河文化带作出的重要指示，大运河文化带的建设正式开展。2019 年 2 月《规划纲要》的印发将大运河文化带建设提升为国家战略，随后各省市、各部门在《规划纲要》引领下迅速编制实施规划和专项规划，并开展了各项相关工作。2019 年 12 月 5 日，中共中央办公厅、国务院办公厅印发《长城、大运河、长征国家文化公园建设方案》（以下简称《建设方案》），第一次提出了"国家文化公园"的概念，同时对大运河国家文化公园建设提出了要求。

大运河申遗阶段更侧重物质文化遗产的保护，参与部门以文物部门和水利部门为主；而大运河文化带建设阶段则是物质文化遗产和非物质文化遗产并重，保护、传承、利用并举，参与部门扩展到发改、文旅、自然资源、生态、交通、住建等几乎所有政府部门。大运河遗产作为一项规模巨大、类型复杂的活态线性遗产，保护传承任务重、难度大。在河北大运河遗产的保护传承过程中，政府和相关部门从顶层设计至具体工作进行了广泛的实践，积累了宝贵的经验，本章就大运河遗产保护传承的方法和实践进行总结以供探讨。

一、构建多层级的大运河规划体系

（一）申遗阶段

在大运河申遗阶段，依据《扬州共识》制定的运河申遗的计划和时间表，2008 年至 2012 年，运河沿线地方政府组织编制了大运河遗产保护的市级、省级规划，在省市级规划的基础上，国家文物局组织编制了《大运河遗产保护与管理总体规划》（以下简称《总体规划》），构成了完善的多层级大运河遗产保护规划体系。

市级规划于 2008 年率先启动，2009 年～2010 年基本完成。以河北省为例，市级规划共涉及廊坊、沧州、衡水、邢台、邯郸五个地市，市级规划首先对大运河河道、水利工程设施及沿线的其他文化遗产资源进行了细致地现状调查（图 5-3、图 5-4），在此基础上进行了遗产遴选认定从而确定了遗产构成，对遗产本体和环

图 5-3 大运河河道现状调查

图 5-4 大运河周边环境调查

境进行了科学评估，划定保护区划并制定管理规定，提出了遗产本体的保护措施，对管理机构机制、制度内容提出了要求，明确了展示要求和方向，提出了考古工作的内容，同时对环境整治、生态保护及景观规划提出了建议。市级规划最重要的亮点一是市域范围内大运河遗产的认定，依据遗存的价值、与运河的关联性及保存状况等综合考虑进行认定；二是针对不同类型遗产依据不同标准划定保护区划制定有针对性的管理规定，尤其对于水利工程遗产，划定了重点保护区和一般保护区，将最能体现水利工程价值和历史遗存丰富的点段划为重点保护区，其他段落划分为一般保护区，依据在用类和遗址类的不同类型制定了有针对性的管理规定，尽可能协调遗产保护与水利功能正常使用之间的矛盾。

省级规划在市级规划的基础上进行，规划框架基本沿用了市级规划的体例，对遗产构成在省级层面进行了整合，并对大运河遗产进行分级分类，其意义是明确重点保护对象，为后续全国重点文物保护单位——大运河遗产构成的确定提供了依据。省级规划增加了省级层面的大运河遗产管理、展示、考古等内容，突出了省级层面大运河遗产保护管理等各项工作的重点。同时鉴于大运河遗产跨度涉及地域和行业广，遗产相关规划复杂，增加了大运河遗产区域相关专项规划衔接的内容，提高了规划的可行性。

《总体规划》基于省市级规划的成果，对大运河遗产进行系统整合，依据历史时期大运河的分段和命名习惯，将河道遗存与其沿线遗产总体上分为 10 个区段，体现了为保护中国大运河遗产各类要素相互关联而构成的整体价值，展现重要历史时期大运河的基本格局的目的。同时，明确主要规划对象"中国大运河遗产"的认定遵循"支撑大运河整体框架、承载遗产核心价值、在

全国层面具有重要价值和保护意义的遗产元素"的原则。《总体规划》在保护区划的划定上，保护范围延续省市级规划分为重点保护区和一般保护区，建设控制地带依据遗产类别分为一类、二类、三类，其中一类建设控制地带为中国大运河遗产的运河水工遗存与附属遗存的紧邻周围环境，对其依据所处环境分别为城镇、村落、郊野三种类型原则上划定了相应的空间范围。《总体规划》从建立法律法规体系、管理及协调机制、遗产监测等方面强化了管理规划的内容。

（二）大运河文化带建设阶段

1. 国家层面的规划体系

2019 年 2 月，中共中央办公厅、国务院办公厅印发《规划纲要》，成为大运河文化保护传承利用的纲领性文件。在《规划纲要》的引领下，国家发展和改革委员会联合国家文物局、水利部、生态环境部、文化和旅游部，分别编制了文化遗产保护传承、河道水系治理管护、生态环境保护修复、文化和旅游融合发展 4 个专项规划，指导运河沿线省（市）编制了 8 个实施规划，形成了大运河文化保护传承利用"四梁八柱"的规划体系。

在国家层面"四梁八柱"的规划体系中，4 个专项规划以文化遗产保护传承为灵魂、以河道水系治理管护为支撑、以生态环境保护修复为保障、以文化和旅游融合发展为关键，是大运河文化保护传承利用各专项领域工作的全局性、支撑性指引。其中，作为灵魂的《大运河文化遗产保护传承专项规划》（以下简称《文化遗产专项规划》）由国家文物局牵头，会同文化和旅游部、国家发展改革委共同组织编制，《文化遗产专项规划》坚持以文化和生态保护为引领，着力强化

文化遗产保护传承能力建设，创新文化遗产传承利用机制，构建大运河国家记忆体系，助力大运河国家文化公园和大运河文化带建设，推动中华优秀传统文化创造性转化和创新性发展，使大运河成为新时代宣传中国形象、展示中华文明、彰显文化自信的亮丽名片。《文化遗产专项规划》还明确了大运河文化遗产全面系统保护的目标，提出了强化文化遗产依法保护、加大文物监督管理力度、改善文物保存保护状况、完善非物质文化遗产保护传承体系、增强遗产传承弘扬能力、加强国际国内宣传推广等主要任务。

8个省市的实施规划是各地推动大运河文化保护传承利用的具体实施依据，既遵循大运河文化保护传承利用基本要求，对《规划纲要》和4个专项规划的主要任务进行了细化分解，又立足地方实际、突出地方特色，明确了各地的发展定位、空间布局、建设目标、主要任务。

2. 河北省级层面的规划体系

为统筹推进河北省大运河文化保护传承利用工作，河北省加强顶层设计，构建了大运河文化保护传承利用的"1+6+1"规划体系，其中包括1个实施规划、6个专项规划及1个景观风貌规划。其中《实施规划》主要明确河北省大运河文化带建设的方向、目标和任务，推进保护传承利用工作。《实施规划》既是国家层面规划体系的"八柱"之一，同时又是我省大运河文化保护传承利用工作的行动纲领，也是我省大运河各级各类规划的总遵循。此后，为加强大运河文化保护传承利用相关领域的工作，结合我省的实际情况，在落实国家4个专项规划的基础上，增加了交通体系建设和土地利用两个省级专项规划，由省直有关部门组织编制并印发了文化遗产保护传承、河道水系治理管护、生态环境保护修复、文

化和旅游融合发展、交通体系专项建设、土地利用6个专项规划及实施方案，各专项规划对《实施规划》提出的重大目标任务在具体领域进行了细化落实。此外，为了指导沿河各市县景观和建筑风貌规划设计，还专门编制了《河北省大运河整体景观和建筑风貌规划》（以下简称《景观风貌规划》），《景观风貌规划》是省级层面对大运河沿线景观风貌进行管控和塑造的指导性文件。

在其中的6个专项规划中，《河北省大运河文化保护传承利用实施规划——文化遗产保护传承专项规划》（以下简称《专项规划》）由河北省文物局组织编制，并于2021年1月印发实施。《专项规划》是《实施规划》中对文化遗产保护传承目标和任务的具体落实，在对大运河沿线文化遗产充分调研的基础上，梳理了河北省大运河文化遗产的资源构成，对其价值及特色进行提炼，对文化遗产保护传承中存在的主要问题进行分析，提出规划目标，明确管控要求，分级分类制定各类遗产的保护传承措施，对增强文化遗产的传承活力和阐发文化遗产的当代价值提出了具体要求。

二、建立健全法律保障体系

大运河申遗启动之初，并没有专门针对大运河遗产保护的相关法律法规，申遗阶段的各级规划编制过程中，管理规定的制定尤为困难，相对于一般类型文物保护规划中管理规定的制定，以水利工程遗产为主体的大运河遗产，除《中华人民共和国文物保护法》及其他文物行业的相关法律法规外，《中华人民共和国水法》《中华人民共和国防洪法》《中华人民共和国河道管理条例》等水利相关的法律法规亦成为主要依据。基于大运河遗产保护的需求和规划编制过程中的认

知和探讨,《大运河遗产保护管理办法》(以下简称《办法》)于2012年7月27日由文化部部务会议审议通过,自2012年10月1日起施行。此后,部分省市在《办法》的基础上,结合本省市大运河遗产保护的实际,陆续出台了省级及地市级的管理办法、管理规定等规章。一系列国家和地方规章的出台为大运河遗产的保护管理提供了支撑,同时也是针对大运河遗产专项立法的尝试和探索。

大运河申遗成功之后,大运河遗产多部门、跨区域协调管理的复杂局面没有改变,运河遗产的保护管理依然十分复杂,而申遗阶段出台的一系列规章法律地位偏低,仅能在文物行政管理部门内部基本得到执行,而对其他相关行业和部门的约束力偏弱,难以满足大运河遗产保护管理的实际需要。另一方面,自2017年大运河文化带建设启动以来,大运河遗产的保护从注重物质文化遗产到物质文化遗产和非物质文化遗产并重,从注重保护到保护传承利用并举,参与主体涉及多个行业主管部门,法律法规的完善迫在眉睫。为此,大运河沿线部分省市探索制定了一系列地方法规。大运河遗产保护管理的法律保障体系正在逐渐形成。目前已经出台的大运河遗产相关地方法规和规章详见表5-1。

表 5-1 大运河遗产相关地方法规与规章

序号	类别	名称	实施时间
1	地方法规	河北省大运河文化遗产保护利用条例	2022年6月1日
2		浙江省大运河世界文化遗产保护条例	2021年1月1日
3		杭州市大运河世界文化遗产保护条例	2017年5月1日
4		绍兴市大运河世界文化遗产保护条例	2020年1月1日
5		嘉兴市大运河世界文化遗产保护条例	2018年8月1日
6		淮安市大运河文化遗产保护条例	2020年6月1日
7		沧州市大运河文化遗产保护若干规定	2022年8月1日
8	规章	大运河遗产保护管理办法	2012年10月1日
9		山东省大运河遗产山东段保护管理办法	2013年10月1日
10		大运河扬州段遗产保护办法	2015年6月7日
11		宁波市大运河遗产保护办法	2013年9月1日(2017年修订)
12		无锡市大运河遗产保护办法	2013年8月29日
13		洛阳市大运河遗产保护管理办法	2012年11月1日
14		淮北市大运河遗产保护管理规定	2012年10月1日

河北省高度重视大运河遗产的立法工作，目前为止已经出台了两部地方法规，分别是省级层面的《河北省大运河文化遗产保护利用条例》（以下简称《条例》）和市级层面的《沧州市大运河文化遗产保护若干规定》（以下简称《规定》）。

《条例》是 2021 年河北省人大常委会、河北省政府的一类立法项目，由河北省文化和旅游厅、河北省文物局负责组织起草。《条例》立足全省大运河文化遗产保护利用实际，力争适应新形势，推动全省大运河文化遗产保护利用工作高质量发展。在立法过程中，起草组认真学习习近平总书记关于加强大运河保护的重要指示批示精神，贯彻落实党中央、国务院和省委重要文件要求，赴大运河沿线市县实地调研，组织召开了立法座谈会，广泛征求了国家文物局、省直部门、各市政府、雄安新区管委会以及省人大代表和文化遗产保护专家的意见，在网上公开征求了社会公众的意见，在省人大常委会教科文卫工委的指导下，顺利完成了条例起草工作。送审稿提交后，起草组配合省司法厅和省人大常委会教科文卫工委不断进行修改完善。2022 年 3 月 30 日，《条例》由河北省人大常委会第二十九次会议表决通过，并于 2022 年 6 月 1 日起开始实施。

在《条例》出台之前，浙江和江苏走在大运河地方立法的前列，出台了多部地市级地方法规和一部省级法规，为《条例》的出台提供了宝贵的经验和借鉴。但是，已经出台的这些地方法规除《淮安市大运河文化遗产保护条例》外，适用对象主要针对"大运河世界文化遗产"，存在着一定的局限性。河北省出台的这部《条例》具有以下突出特点：一是适用对象和范围更广，《条例》中明确了适用对象是"大运河文化遗产"，包括列入大运河文化遗产名录的物质文化遗产和

相关联的非物质文化遗产；二是强调了大运河的系统性和整体性保护利用，明确要将大运河文化遗产保护利用同河道水系治理管护、生态环境保护修复、文化和旅游融合发展、城乡区域统筹协调、历史文化名城名镇名村保护相结合，融入美丽乡村建设，促进乡村全面振兴；三是保护和利用并重，内容更加全面，《条例》分别对物质文化遗产保护和非物质文化遗产保护提出了相关要求，同时提出了大运河文化遗产利用要求；四是提出了"智慧运河"建设的理念，加强大运河文化遗产保护利用数字化、信息化、智能化建设，加强现代科技在大运河文化遗产保护利用工作中的应用；五是明确了政府和相关部门的责任和协调机制的建立，为大运河文化遗产保护利用落地实施提供了坚实的保障。

《条例》是河北省第一部关于大运河的专项法规，填补了本省大运河法治保护的空白，为加强大运河文化遗产保护利用，弘扬中华优秀传统文化，提供了有力法治保障。《条例》更加适应当前大运河国家文化公园、大运河文化带建设的新形势，对促进大运河沿线经济社会高质量发展提供了有力法治支撑，对保护好、传承好、利用好大运河这一祖先留给我们的宝贵遗产，具有十分重要的意义。

沧州市大运河遗产的立法从 2020 年开始启动，由市文广旅局负责起草，过程中多次审议修改，最终形成了《规定》。《规定》于 2022 年 5 月 27 日经河北省第十三届人民代表大会常务委员会第三十次会议批准，由沧州市人民代表大会公布，并于 2022 年 8 月 1 日开始实施。《规定》以上位法为借鉴，立足沧州大运河遗产构成特点和保护利用现状，为沧州市大运河文化遗产保护传承提供了法治保障。

三、统筹物质文化遗产保护

（一）建立健全分级分类保护名录和档案

持续推进大运河沿线及大清河流域物质文化遗产资源调查和认定，广泛搜集与大运河河北段遗产相关的历史文献记载和近年来的研究成果，做好遗产相关资料的整理和研究工作，提高对大运河遗产的综合认知。在相关研究和考古工作的基础上，对大运河物质文化遗产进一步梳理，编制分级分类名录，全面掌握现存文化遗产的数量与分布情况、本体特征与保存状况、周边自然与人文环境状况等，按照文物保护相关要求建立健全记录档案并注重及时更新，为后续的保护传承利用提供科学翔实的基础资料。对相关文化遗产进行数字化信息化的数据采集，建立完备的数字化信息化数据库，纳入河北省文物数字化信息平台，并做好遗产的动态管理和监测工作。推动调查研究充分、遗存范围与内容明晰、价值挖掘深入、保存状况较好的文化遗产适时申报各级文物保护单位。

按照国家大运河文化带建设总体要求，河北省文物局部署开展了大运河文化遗产的调查工作。2017～2018 年，河北省古代建筑保护研究所对大运河（河北段）文化遗产资源进行调查（图 5-5～图 5-8），查阅了大量历史文献，编制了河北省大运河文化遗产调查报告。2018 年，为配合大运河文化带建设，河北省文物考古研究院完成了大清河流域文物资源调查和考古勘探工作。在前期资源调查的基础上，对大运河文化遗产进行了认定，2019 年 12 月 19 日，河北省文物局公布了大运河（河北段）文化遗产名录，共计 74 处物质文化遗产被列入其中。依托河北省文物数字化信息平台，大运河遗产的数字化信息化工作正在逐步推进。申遗前后，多处大运河文

图 5-5 红庙村金门闸现场调查

图 5-6 北运河河道现状调查

图 5-7 沧州旧城现场调查

图 5-8 连镇谢家坝现场调查

化遗产被公布为全国重点文物保护单位，包括大运河（河北段）9个点段，分别为：南运河、北运河、连镇谢家坝、华家口夯土险工、捷地分洪设施、郑口挑水坝、朱唐口险工、油坊码头遗址及险工、红庙村金门闸，以及马厂炮台，沧州旧城，大名天主堂，临清古城遗址，贝州故城遗址等相关历史文化遗产。运河沿线部分市县公布了市县级文物保护单位，将部分大运河文化遗产列入其中。

（二）持续推进考古工作

依据河北段运河有关的历史文献记载和近年来的研究成果，持续推进河北段运河全线整体考古研究工作。做好沿线重要节点的考古勘探和发掘，厘清其分布范围、规模及形制，重点对早期运河故道、重要码头、沉船点、古城址、聚落

图 5-9 大运河考古工作汇报交流

图 5-10 永济渠遗址考古勘探

址、代表性古砖窑遗址等进行研究性考古勘探和发掘，考证河北段隋唐运河（永济渠）走向和位置，挖掘古城址、聚落址的内涵，诠释古代水利工程遗址及古砖窑遗址的价值。对于暂时不具备勘探发掘条件的遗址，推进考古调查工作。位于建成区的遗址，密切关注遗址范围内的基本建设活动，配合基本建设进行抢救性勘探发掘工作。

在大运河遗址类文化遗产中，邺城遗址、沧州旧城及海丰镇遗址等的考古工作启动较早并持续数年，目前均取得了重要的成果。自2017年大运河文化带建设启动以来，在河北省文物局的部署和支持下，邢台市和邯郸市启动了重要遗址的考古工作，主要针对大运河永济渠故道和沿线相关遗址开展，取得了一定的成果（图5-9、图5-10）。针对古河道的考古工作，主要调查了邢台市清河县和邯郸市的馆陶、大名、魏县等县市永济渠古河道分布、走向、文化堆积等。2019年邢台市文物管理处完成了临清古城遗址调查、局部勘探等工作，对临清古城遗址边界、范围、文物遗存有了初步认识；2019～2021年邢台市文物管理处启动贝州故城遗址考古勘探工作，基本弄清了贝州故城的范围边界；2019年～2020年河北省文物考古研究院开展了大名府故城考古勘探工作，基本确定了外城范围、城墙形制，明确了宫城区各城门相对位置，确定了墙体外侧壕沟以及环绕城路的形制等；2019年～2020年邯郸市文物保护研究所完成了徐万仓遗址调查、局部发掘，发现了房址和大量的砖瓦遗物。

配合基本建设的考古工作方面，文物部门亦做了大量工作，2021年南运河进行了全线清淤工程，基层文物工作者实施了清淤全过程的跟进（图5-11）。清淤过程中，南运河吴桥段河道出土遗物2000余件，均得到了妥善的保护（图5-12）。2021年1月，在泊头市区南运河河道清

图 5-11 南运河吴桥段清淤工程中的文物保护
（吴华龙提供）

图 5-12 吴桥县文物工作者整理运河河道出土遗物
（吴华龙提供）

淤过程中，石嵝圐挑水坝附近发现一艘沉船，随后文物部门对其进行了抢救性发掘（图 5-13），发掘面积约 400 平方米，船体保存状况较差，仅余部分东侧船舷和船底木板，船残长 16.5 米，船体为厚 5～6 厘米的松木船板拼接而成。船舱内出土有"宋元通宝""政和通宝""永乐通宝"等宋明时期钱币。根据船舱内的遗物和河道文化堆积的层位关系推断，初步判定为明代沉船。在船的上面和周边堆积的文化层还出土酱釉罐、龙泉窑青瓷罐、黑釉灯盏、定窑白釉碗等 10 余件完整瓷器，以及骨簪、象棋子等元明清时期文物，共计 51 件。此外，还出土青花瓷碗、三彩划花盘等瓷片标本数百件。2021 年 6 月，在沧州市区南运河东岸南川楼建设工程中，文物工作者在例行巡查时发现了沉船遗迹，随即采取了措

施，进行了抢救性考古清理工作（图 5-14），清理发掘面积约 30 平方米，发现沉船一艘，距地表约 7～8 米，船体残，保护状况一般，船残长 11.4 米，船体为厚 4～5 厘米的松木船板拼接而成。船舱由 9 个隔舱组成，隔舱长 0.5～1.9 米不等。船舱内出土有"开元通宝""熙宁重宝""崇宁重宝""皇宋通宝"等钱币和陶瓷器（残）共 20 件。根据船舱内的遗物和文化堆积的层位关系推断，初步推断沉船的年代为宋金时期。

（三）划定保护区划，明确保护要求

根据河北省大运河文化遗产分级分类保护名录，贯彻落实文物保护法及世界遗产保护管理工作要求，划定、调整并及时公布各类物质文化遗产的保护区划，明确保护要求和管理规定。甄别把握线性遗产的关键区和脆弱区，重点保护历史价值较高的大运河关键工程节点、代表性河道、

图 5-13 泊头沉船清理（白素萍摄）

图 5-14 南川楼沉船清理（梁纪想摄）

历史文化遗存。对不符合保护和传承要求、影响文化遗产本体及其周边环境风貌的建设项目予以严格禁止，同时减少水利航运、城乡建设、产业发展、居民活动等对运河水工遗存、运河附属遗存、运河相关遗产及其关联资源的负面影响。建立《大运河文化遗产保护警示名单》并实施滚动管理。

2021年，根据《专项规划》的要求，河北省文物局启动编制《河北省大运河文化遗产保护区划管理规定》（以下简称《管理规定》），《管理规定》公布实施后，能有效指导各地文物部门针对大运河文化遗产采取保护措施，管控大运河及遗产周边建设活动，更好地保护运河生态环境，有利于运河沿线景观风貌协调。

（四）推进大运河遗产文物保护规划的编制和实施工作

继续推进大运河遗产重要点段文物保护规划的编制和实施。对于文物保护规划已经公布的遗产，积极推进规划的顺利实施，并与大运河遗产保护传承利用充分结合；对于正在进行规划编制的遗产，推进规划编制进度，规划内容应充分融入大运河文化保护传承利用的要求；对于考古工作已有一定进展，遗址性质已有明确结论，价值基本清晰的重要遗址，推进启动文物保

护规划编制。目前，邺城遗址、大名府故城等文物保护规划已批准并公布，正在推进实施中；沧州旧城、捷地分洪设施、海丰镇遗址等文物保护规划基本完成。

（五）实施物质文化遗产保护工程

1. 水利工程遗产保护工程

运河水利工程遗产包括在用类遗产和遗址类遗产，其保护工程遵循的原则和方式方法不尽相同。对于河道和水利、航运工程设施等在用类遗产，其原有功能在新的历史时期仍在延续着相关的功能，服务于当代生活，所以在进行保护维修工程时，除遵循文物保护原则外，还要充分考虑其使用功能的延续。在对其进行保护修缮时，后期的增建改建均基于功能需求和当时的材料和技术，各个时期历史信息得以保留，体现了功能延续的过程，不能因为不是始建时的原状即认为是不真实而予以清除。如朱唐口险工存在的多种类型的险工体现了堤坝工程材料和技术的发展变化，连镇谢家坝下部浆砌石护坡虽为后期添加的现代

图 5-15 红庙村金门闸修缮实施后

图 5-16 朱唐口险工修缮施工中

材料和做法，但其同样基于水利功能，对上面的夯土坝起到了重要的保护作用，在保护维修工程中均应予以保留。

对于河北大运河来说，河道的走向和形态是历史价值和科学价值的重要体现，目前河道仍在发挥着重要的水利功能，各种河道工程的实施不可避免。在实施大运河河道相关工程中，应保持河道的总体走向、形态，并保护具有历史价值的堤防系统。在河道清淤清障、河堤加固等工程中，如发现码头、沉船等遗址遗迹，应及时通知文物部门进行保护。

对于遗址类的水利工程遗产，因为不涉及功能的延续，应严格按照文物保护法等相关法律法规的规定，遵循遗址保护原则进行保护，保护其位置、分布、形制及结构，不得随意填埋、拆除和破坏，可以进行适当的局部加固，不得进行大规模修复，当前利用功能应与其价值相符。

作为大运河遗产的主体，水利工程遗产作为运河价值得以体现的直接载体，先后实施了多项保护维修工程。申遗阶段，针对保存状况较差的连镇谢家坝，华家口夯土险工、红庙村金门闸实施了保护维修工程（图5-15），改善了遗产本体

的保存状况，为七批国保的申报和申遗点预备名单的列入奠定了基础。申遗成功后，清河油坊码头遗址及险工保护维修工程实施完成。目前，郑口挑水坝、朱唐口险工、景县安陵桥遗址、青县胡白庄夯土坝等保护维修项目正在实施中（图5-16）。

2. 相关历史文化遗产保护工程

对于相关历史文化遗产，应保护其与大运河河道之间在实体、空间、文化方面的联系，依据不同类型分类实施保护工程。对于建筑类历史文化遗产，应在充分勘察的基础上，依据本体和环境的现状评估结论制定保护措施。其中，保存状况较差的实施保护修缮工程，排除建筑险情，整治环境；保存状况较好的进行现状保护，加强日常保养。对于其中的工业遗产，除本体修缮和环境整治外，还应对体现其合理功能的设备设施、陈列等进行保护，不得随意拆改和破坏。对于遗址类历史文化遗产应根据考古工作情况及保护规划的相关要求，合理制定并实施保护措施，包括回填保护、保护性设施建设等。其中古城址作为遗址中的重要类型，构成要素众多，包括城墙系

图 5-17 青县铁路给水所修缮施工中（马锐摄）

现场主体检查
拍摄时间：2022.10.17 14:02
天　气：晴 15℃
地　点：青县·福泰花园

图 5-18 青县铁路给水所修缮施工检查（马锐摄）

统、道路系统、水系、城内建筑或建筑基址及其他各种类型文化遗存，保护较为复杂，应依据规划要求制定专项保护措施。保护性设施的新建与改建应加强统筹策划和设计，注意把握审美，淡化外观，确保与大运河整体价值及周边历史环境及自然环境相协调。对于碑刻类历史文化遗产进行现状保护，改善保存环境，减缓风化。除本体的保护修缮之外，对重要遗产实施三防工程，消除遗产的潜在风险隐患，优先安排价值高、隐患大的遗产逐步推进。其中，建筑类遗产实施安防、消防及避雷工程，重要的古遗址、石刻类遗产依据保护需要设置安防工程。安防、消防及避雷工程应委托专业机构进行，不得对遗产本体造成保护性破坏。

目前，相关历史文化遗产本体保护工程和三防工程在稳步推进。2022 年启动了泊头清真寺、青县铁路给水所、沧州市面粉厂旧址等本体维修

工程（图 5-17、图 5-18），泊头清真寺、胜芳王家大院和张家大院已经实施完成了消防工程，邺城遗址、沧州旧城部分遗址区域实施了保护性设施建设，旧城内铁狮子的保护性设施建设正在推进，对铁狮子的保护性研究已经列入计划。一系列保护工程的实施消除或减缓了遗产本体的安全隐患，很大程度上改善了遗产的赋存环境。

（六）建立文化遗产安全长效管护机制

建立联络机制，加强与水利、公安机关协作，共同履行好大运河文化遗产安全监管责任。落实日常检查巡查制度，加强区域间和部门间合作，定期组织开展大运河安全检查巡查，对运河遗产带实施密切监控，及时发现并排除不安全因素，查禁违反遗产保护法律法规的活动，制止破坏遗产及其环境的行为。重点做好枯水季、无水段大运河巡查工作，做到安全隐患早发现、早处置、早消除。

加强运河遗产的日常监测，规范与完善日常监测维护制度，日常维护工作中应做准确、详细的监测记录；做好经常性保养维护工作，及时化解遗产所受到的外力侵害，对可能造成的损伤采取预防性措施。启动重点段落安全防护工作，安装视频探头、声光报警驱离系统等安防设施，强化技术防范。

完善遗产保护标识系统，设立风格统一的文化遗产保护、展示标识系统，竖立文物保护界桩，标识内容应科学规范、清晰准确。严格遵照《保护世界文化和自然遗产公约》及其《操作指南》的规定，保护好南运河沧州—衡水遗产区及其周边环境，维护遗产突出的普遍价值、真实性和完整性，全面提升保护、管理、监测的整体水平。

2022 年出台的《条例》明确了建立大运河文化遗产保护利用的协调机制，申遗前后，省、

市、县各级文物部门加大了日常巡查和监测力度，多次对大运河沿线文化遗产进行巡查，确保了文化遗产的安全（图5-19、图5-20）。2019年完成了运河沿线大运河文化遗产和全国重点文物保护单位——大运河的保护标志和界桩等制作、安装工作（图5-21～图5-23），并且实施完成了世界遗产点段连镇谢家坝北段及东光码头遗址安全技术防范工程。

图 5-19 河北省文物局大运河故城段巡查

图 5-20 河北省文物局大运河吴桥段巡查

图 5-21 中国大运河遗产标识

图 5-23 大运河遗产区界桩

图 5-22 大运河国保标志

四、加强非物质文化遗产保护

贯彻落实《中华人民共和国非物质文化遗产法》《河北省非物质文化遗产条例》，尊重非物质文化遗产发展规律，以"见人见物见生活"为保护理念，以"科学保护、提高能力、弘扬价值、发展振兴"为主要任务，坚持创造性转化、创新性发展，坚持尊重主体地位、调动各方积极性，深入推进非遗保护工作，完善非遗传承体系，提升非遗保护传承水平，推动大运河沿线非物质文化遗产不断融入现代生活，服务地方经济社会发展。

（一）加强代表性项目保护

加强大运河沿线各级非物质文化遗产代表性项目的保护，加强非遗保护传承能力建设。推进大运河非物质文化遗产代表性项目名录体系建设。实施大运河非物质文化遗产记录工程，借助信息技术手段，全面、真实、系统地采集记录大运河沿线非遗代表性项目及代表性传承人的情况，妥善保存文字、图片、音频、视频等非物质文化遗产项目记录成果，建立档案，推动记录成果保存、出版和转化利用，鼓励建立大运河非遗资源数据库。目前，大运河沿线已经建立了四级非物质文化遗产的代表性项目名录，代表性项目和代表性传承人的记录工作逐步推进，出版了部分记录成果。

遵循不同类型非物质文化遗产的属性，实施代表性项目的分类保护。对于民间文学，通过编辑、出版、展演等方式，阐释挖掘民间文学的时代价值、社会功用，创新表现形式。提高传统音乐、传统舞蹈、传统戏剧、曲艺、杂技的实践频次和展演水平，深入实施戏曲振兴工程、曲艺传承发展计划，加大对优秀剧本、曲本创作的扶

持力度，增强表演艺术类非物质文化遗产的生命力。推动传统体育、游艺纳入全民健身活动和青少年教育中去，实施传承性保护。加强各民族优秀传统手工艺保护和传承，对具有生产性技艺和社会需求、能转化为文化产品和服务的传统技艺、传统美术、传统医药等代表性项目通过产业化发展方式进行合理开发利用，实行生产性保护。将符合条件的传统工艺企业列入中华老字号名录，支持符合条件的传统医药类非物质文化遗产代表性传承人依法取得医师资格。丰富传统节日、民俗活动的内容和形式，深入实施中国传统节日振兴工程。

（二）强化区域性整体保护

支持吴桥县申报吴桥杂技国家级文化生态保护区，落实建设主体责任，整体保护吴桥杂技及其得以孕育发展的人文环境和自然生态环境，尊重当地居民保护传承非物质文化遗产的主体地位。加强传统村落中的非物质文化遗产保护。支持大运河沿线省级文化生态保护区建设，推动阜城县创建省级文化生态保护区。

加大对大运河沿线贫困地区的非物质文化遗产保护政策和资金扶持力度。结合国家乡村振兴战略，指导衡水依托衡水内画国家级非遗代表性项目，探索省级传统工艺工作站建站工作，以点带面推动一个项目或一个区域传统工艺振兴。指导大运河沿线县（市、区）开展非遗工坊建设，充分发挥非物质文化遗产优势，做好巩固拓展脱贫攻坚成果同乡村振兴的有效衔接，促进非遗保护传承在经济社会可持续发展中发挥更大的作用。

（三）传承人保护与管理

完善大运河沿线省级非遗代表性传承人制度。加大大运河沿线省级非遗代表性传承人扶持

力度，对省级非遗代表性传承人开展传承活动给予补助。鼓励对大运河沿线集体传承、大众实践且技艺性强的非物质文化遗产项目，探索认定代表性传承团体，鼓励各市县对本级非遗代表性传承人开展传习活动给予补助。

落实《河北省省级非物质文化遗产代表性传承人认定与管理办法》，按照属地管理原则，建立大运河沿线非物质文化遗产代表性传承人履行传承义务情况评估机制，实施动态管理。组织大运河沿线非物质文化遗产项目持有者、从业者等传承人群到职业院校、普通高等学校学习专业知识、研究技艺，增强可持续发展能力。逐步扩大大运河沿线非物质文化遗产传承人群研修研习培训计划覆盖范围。鼓励职业院校、普通高等学校与大运河沿线持有非遗的社区、群体及传承人合作，建立非遗教学和实训基地，拓展传承途径。鼓励非物质文化遗产代表性传承人参与职业院校、普通高等学校教学科研。

河北省积极推进非物质文化遗产代表性传承人的申报和认定，2018 年河北省有 43 人被认定为国家级非物质文化遗产代表性传承人，获得国家专项补助资金，省级非遗传承人每年按计划获得省级专项补助资金，各级政府资金的支持为非物质文化遗产的传承活动提供了保障。2017 年河北省非物质文化遗产研究基地在河北美术学院成立，同时举办了首期培训班，截至 2021 年已成功举办了 13 期，涉及河北省多个非物质文化遗产项目，学员从河北省内拓展至省外。2021 年第 12 期曲阳石雕研修班与第 13 期传统棉纺织技艺培训班的学员来自全国 17 个省市共计 70 余人，河北非物质文化遗产的影响力逐渐扩大。培训班的举办为河北非物质文化遗产保护传承培养了大量人才。

（四）推动传统工艺振兴

建立省级传统工艺振兴目录，优先支持将大运河沿线符合条件的非物质文化遗产代表性项目列入省级传统工艺振兴目录。加强传统工艺人才培养，鼓励开展传统工艺科学理论研究和技术攻关，培育发展有民族、地域特色的知名品牌。鼓励具有较强设计研发能力的企业、机构与高校到传统工艺项目集中地区设立传统工艺工作站。鼓励研发绿色环保材料，改进有污染的工艺流程，加强生态环境保护。生产经营、宣传展示活动中具有危险性原料的传统技艺项目，落实国家环保、安全生产、珍稀濒危动植物保护等要求，实现可持续性发展。

2017 年，国务院发布了《中国传统工艺振兴计划》，2018 年，为落实其中"建立国家传统工艺振兴目录"的任务要求，文化和旅游部、工业和信息化部在各地推荐的基础上，制定了第一批国家传统工艺振兴目录，河北省 17 个项目位列其中，包括大运河沿线的传统棉纺织技艺和大名草编。2018 年，河北省出台了《关于河北省传统工艺振兴的实施意见》，提出了建立河北省传统工艺振兴目录、加强非遗传承人队伍建设、实施传统工艺传承人群研修研习培训计划、建立传统工艺产品精准推介、展示、营销体系等九项主要任务，维护和弘扬传统工艺所蕴含的文化精髓和价值，激发传承活力，打造品牌意识，坚持绿色发展，对传统工艺资源进行保护传承和创新利用，促进传统工艺保护可持续发展，实现非遗创造性转化、创新性发展。各地人民政府在传统工艺振兴方面进行了探索，早在 2007 年，魏县人民政府通过了对土纺土织技艺在全县大力宣传、保护、发展的政策，由政府出资订购农民土纺土织产品，注册了"天仙织女"牌商标，印制商品包装，把土纺土织深加工成床上用品、工艺服装、工艺性用品和工艺性装饰品等。目前河北省部分地区已经取得了通过各级非遗项目中带动贫困人口创业、就业的优秀案例。

（五）加强活态传承设施场所建设

加强大运河沿线非物质文化遗产保护利用设施建设，鼓励各地按照传统表演艺术类、传统手工技艺类、传统民俗活动类等不同非遗项目类型，统筹传习所、传承基地、展示中心等保护利用设施建设。鼓励各地因地制宜，建立固定的、具有传承、展示、传播功能的文化设施，如传承所、展示馆（厅）、专题博物馆等。目前，运河沿线各地相继建设了非物质文化遗产传习所，或利用文化馆、博物馆等场馆进行非物质文化遗产保护传

图 5-24 香河非物质文化遗产展示中心（张怀永提供）

图 5-25 故城大运河博物馆的非遗展览（李志勇提供）

承（图 5-24 ～图 5-26），沧州市区中国大运河非物质文化遗产展示中心、吴桥杂技博物馆等大型非物质文化遗产场馆建设顺利推进，将为大运河非物质文化遗产的传播创造更广阔的平台和契机。

图 5-26 河北吴桥线装书博物馆

五、推进文化遗产的传承利用

（一）构建多层次综合展示体系

1. 博物馆展示体系

　　构建体系完整、特色突出、互为补充的综合博物馆＋专题博物馆＋特色博物馆的博物馆展示体系。在大运河沿线设置综合博物馆，综合展示大运河河北段的价值特色。在大运河河北段的五大片区内，设置"京畿辅卫""水乡风韵""侠武商贸""世界遗产""古都家国"5 处大运河文化专题博物馆，在大运河沿线各县市区或重要运河节点设置特色博物馆，包括运河展览馆、遗址博物馆及其他类型的特色博物馆。可利用运河两岸相关建筑改建或新建作为运河展览馆，展览馆要突出价值和特色，可设置水工科技、运河商贸、

军事文化、铁路文化、工业发展等不同主题。内涵丰富的遗址可规划建设遗址博物馆，对现有遗址博物馆进行提升完善，大运河相关可移动文物资源丰富且条件成熟的沿线县区博物馆可开辟大运河展厅。

　　各类场馆应广泛搜集历史上各时代大运河相关重要实物、文献、手稿、档案等珍贵历史文献，丰富展陈内容。充分利用 3D 影像科技、多媒体互动、数字讲解阐释、VR 虚拟展示以及场景模拟等手段，提升大运河文化遗产的整体展示水平。推进"互联网＋"建设，建设虚拟体验平台。

　　目前，运河沿线各类博物馆的建设取得了很大进展。沧州博物馆建设之初即设立了大运河专题展厅（图 5-27、图 5-28），展示大运河基本

图 5-27 沧州博物馆大运河专题展览

图 5-28 沧州博物馆大运河专题展览——历史变迁

知识、历史变迁、水利科技、申遗过程等内容；依托大运河世界文化遗产和全
国重点文物保护单位，大运河谢家坝水工智慧博物馆（图 5-29、图 5-30）、华
家口运河文化展馆（图 5-31、图 5-32）、故城大运河博物馆等相继建成开放
（图 5-33、图 5-34）；依托大运河遗产中的重要遗址，邺城博物馆（图 5-35）、
沧州旧城遗址博物馆（图 5-36）、海丰镇遗址博物馆等遗址博物馆逐步建成开

图 5-30 谢家坝水工智慧博物馆内展览

图 5-29 大运河谢家坝水工智慧博物馆

图 5-31 华家口运河文化展馆

图 5-32 华家口运河文化展馆展览

图 5-33 故城大运河博物馆展览 1

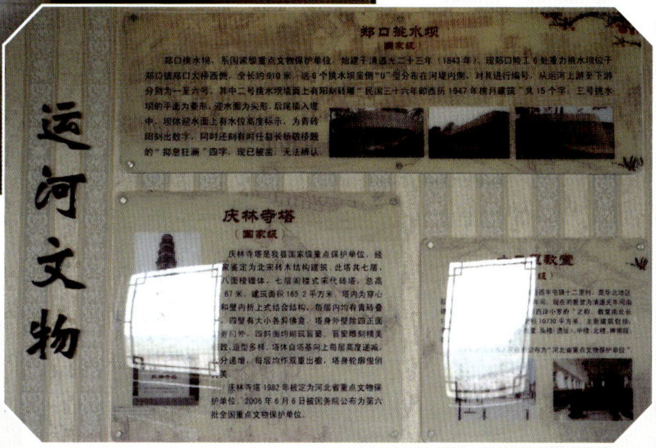

图 5-34 故城大运河博物馆展览 2

图 5-37 馆陶博物馆运河展览

图 5-38 故城县曹口村运河展馆

放。另外，运河沿线的一些县级博物馆开设了运河专题展览，如馆陶博物馆（图 5-37）；在运河沿线一些村落和城市社区，建立了一些小型村史馆、展示馆等文化设施（图 5-38），为大运河文化更广泛的传播提供了平台。

2. 现场展示体系

构建点、线、面相结合的多层次文化遗产现场展示体系。全线开放的运河线路构成展示主线，串联五个片区，选取有代表性的展示节点及段落综合构成大运河文化遗产现场展示体系。展示节点主要包括大运河水利工程遗产重要点段、两岸地上文物遗存、重要遗址遗迹等。

图 5-35 邺城博物馆

图 5-36 沧州旧城遗址博物馆内展览

作为大运河文化遗产的主体，水利工程遗产为现场展示体系的重要部分，综合考虑大运河功能的演变，按照科学、适度、持续、合理利用原则，选取代表性大运河水利工程遗产点段进行展示，主要包括河道及水利工程设施。坚持在保护大运河遗产价值的前提下，保留并继续发挥大运河现有的泄洪和输水功能，充分考虑城市景观作用，完善展示设施，设立统一的文化遗产保护和展示利用标识系统，充分揭示运河遗产的历史文化内涵，阐释遗产价值，提高公众保护意识。可设置古代水利科技和现代水利科技两大主题。古代水工科技可选取"弯道代闸"的代表性段落、减河减闸的代表性节点、糯米灰浆夯筑技术的代表、古代航运功能等代表性节点；现代水工科技可选取大运河上的重要枢纽工程，及体现新中国建设时期水利工程技术和文化的代表性水工设施。目前，河北大运河在沿线的多处重要节点，均设置了展示标识、展示牌等展示设施，使全线开放的运河沿线成为大运河文化展示的开放空间（图5-39～图5-41）。

做好大运河相关历史文化遗产的展示利用，主要包括建筑类和遗址类遗产，展示应明确主题，可设置建筑文化、军事文化、革命文化、商贸文化、教育文化、工业文化、遗址文化、杂技文化等主题，选取代表性节点进行展示。

建筑类遗产作为展示利用的主要类型，应该在保护修缮的基础上进行，应合理确定建筑类遗产的使用功能和展示利用方式。对于文物价值突出或纪念意义重大的，可作为参观游览对象，发挥游憩、纪念功能；对于建筑结构、空间规模等具备条件的古建筑和近现代建筑可作为博物馆、展示馆、美术馆或科研展陈场所进行文化展示；对于书院、祠堂、学校等公共建筑，可开辟为社区书屋、公益讲堂、文化站、研学场所等或作为

图 5-40 华家口运河展示标识

图 5-39 华家口运河文化展示雕塑

图 5-41 连镇谢家坝展示设施

公益办公场所；对于民居和商业建筑，可作为小型客栈、民宿、茶铺和传统工艺作坊等经营服务场所；对于大型的工业遗产，鼓励管理使用单位创新利用模式，可作为文化产业基地；对于革命旧址，可作为爱国主义教育基地、国防教育基地、党史研究基地等，发挥宣传教育功能。历史名人是地域的名片和文化的代表，应充分利用运河沿线名人故居进行宣传展示，展示方式包括原状陈列、复原陈列和各种形式的名人生平展等，展示内容应基于名人及故居的研究成果。

结合考古工作进展适时谋划、积极推进重要考古遗址遗迹的展示阐释项目。通过现场实物遗存和考古工作展示，阐释运河文化对两岸经济社会生活的作用。在遗产地现场通过实地参观、内容介绍、原理解释、互动体验等多种方式重点阐释大运河的文化内涵。

加强大运河沿线革命文物的保护和展示，深化革命文物价值挖掘和利用创新，提升革命文物公共服务水平和社会教育效果。

3. 推进大运河国家文化公园建设

依据《大运河国家文化公园（河北段）建设保护规划》的具体要求，依托独具特色的历史遗存和运河文化，积极推进大运河国家文化公园（河北段）的建设工作。做好入选大运河国家文化公园遗产项目的保护、传承与展示利用工作，全面提升运河遗产保护、功能活化与空间品质，传承大运河文化内涵，阐释大运河的综合价值，弘扬大运河千年文化的当代价值和时代特色。

4. 推进河北省大运河遗产线路建设

选取遗产资源丰富、价值特色突出、周边环境良好、交通条件便利的代表性段落，制定大运河遗产线路建设规划和方案。遗产线路建设应结合沿线的文化文物、自然景观等特色资源，统筹规划建设方案，构建大运河文化价值展示阐释、生态环境保护体验、景观风貌参观游览相结合的公共文化服务空间，满足当地群众的参观体验需求。可首先选择大运河世界文化遗产段，依托已有的场馆和展示点，增加运河村落、特色景观、革命文物等丰富展示体验内容，完善遗产线路展示体系、标识系统和相关配套设施，启动遗产线路建设试点。

5. 规划建设考古遗址公园

积极推进考古遗址公园的规划建设。在遗址类大运河文化遗产中，遴选价值重大、特点突出、考古工作有一定进展、遗产本体及周边环境良好的重要点段，规划建设考古遗址公园。遗址公园规划建设应以价值凝练为核心，严格遵循文物保护原则，合理确定遗址公园的规模与建设强度，科学制定遗址范围内遗存的保护展示措施及考古、研究工作计划，全面展示遗址的保护研究成果，深入阐释作为大运河文化载体的价值内涵。

2017 年 12 月，依托邺城遗址前期深入的考古和研究工作，邺城考古遗址公园被列入国家文物局公布的第三批国家考古遗址公园立项名单。邺城考古遗址公园的定位包括：保护、展示方面具有全国性示范意义的古代都城类型大遗址保护展示园区；魏晋南北朝考古科研基地；能满足日常休闲游憩等多种功能的大型综合性公园和旅游景点；中小学历史文化及爱国主义教育基地；文化产业示范基地。公园建设的核心目标，是通过多种方式充分展示与阐释邺城遗址的历史价值、都城形制价值、文化艺术价值、考古与保护价值，同时为邺城考古工作持续、顺利开展提供保障。公园建设主要包括遗址本体保护展示、遗址格局标识、保护与展示设施建设、相关基础设施建设与提升、环境整治工作、管理体系建设等内容，通过对金凤台、铜雀台、冰井台、城墙一角、广德门、潜伏城门、朱明门、古战场遗址、汉魏古柏、佛寺塔基、皇家寺院、千佛出世处、曹村窑遗址、地下潜伏城门、漳河水利文保景观等重要节点和整个邺北城和邺南城的城墙、宫殿区、祭祀区和主要街道、花园等主要节点风貌的展示，将其打造成为集教育、科研、游览、休闲于一体的文化圣地和知名景区。目前，邺城考古遗址公园已经建设完成，并于 2022 年 12 月列入了第四批国家考古遗址公园名单。

（二）开展非遗宣传活态展示

开展大运河非物质文化遗产主题传播和展览展示展演活动，支持举办特色文化博览会、中原文化艺术节、全国杂技类非遗项目区域性展演等活动。鼓励主流新闻媒体、新媒体和相关机构开展非物质文化遗产传播，鼓励设立专题网站和栏目，策划推出专题宣传片、纪录片、公益广告。充分发挥各级文化馆、图书馆、博物馆、美术馆等公共文化机构的作用，依托公共文化服务场所开展传统工艺的展览、展演、体验、传习、讲座、培训等各类活动，使各级公共文化机构成为普及推广宣传非遗的重要阵地，丰富民众文化生活，增强社会认同。支持大运河沿线开展非物质文化遗产进校园和教学实践活动，鼓励有条件的地区开设非物质文化遗产校本课。

2020 年 9 月，"匠心华韵 运河传承 流动的文化——大运河非遗大展暨第六届京津冀非遗联展"在河北沧州大运河生态修复展示

图 5-42 学生体验固安柳编非遗联展（新华社，范立伟摄）

图 5-43 非遗联展沧州黄骅麒麟舞表演（新华社，范立伟摄）

区开幕，在为期三天非遗联展中，来自京津冀的 186 个特色非遗项目和精美作品为观众献上一道丰盛的非遗文化大餐（图 5-42、图 5-43）。吴桥国际杂技节至今已经举办 17 届，成为世界著名杂技艺术的盛宴，在国际上负有盛名。各地陆续开展了非遗进校园的探索与尝试，如泊头六合拳已进入校园成为体育课上的一道靓丽风景（图 5-44）；杨家将传说故事的传承人多次走进校园为学生们讲述杨家将保家卫国的故事，激发学生的爱国情怀（图 5-45）；沧县将传统非遗项目木板大鼓纳入了当地试点学校的教学中，让学生了解传统曲艺的魅力（图 5-46）；青县建立了"哈哈腔"传承示范基地，小学员们经常利用假期进行学习，传承传统戏剧（图 5-47、图 5-48）。

图 5-44 泊头六合拳进校园

图 5-45 传承人张耀增为小学生讲杨六郎抗辽故事
（王思琮提供）

图 5-46 木板大鼓进校园（新华社，朱旭东摄）

图 5-47 青县传承基地哈哈腔传承（新华社，范立伟摄）

图 5-48 青县传承基地传承人刘宗发给小学员说戏（新华社，范立伟摄）

图 5-49 一船明月过沧州——河海相济（凤凰网）

六、阐发文化遗产当代价值

（一）深化文化价值研究

在京畿辅卫、水乡风韵、侠武商贸、世界遗产、古都家国五大文化主题的基础上，从水利规划、水工技艺、原生态风貌等多个角度，深入开展五大核心价值的保护研究工作，开展运河水工遗存和附属遗存科技保护研究，提高大运河遗产保护技术水平。各级文化文物部门应把大运河历史文化研究工作作为一项重要任务，集中文物保护、非遗保护、考古、历史、地方志编纂等方面的专业人才，全面开展系统的文化价值研究工作，挖掘和弘扬大运河千年文化的当代价值和时代特色，为文物资源调查、保护、考古、展示工作提供坚实支撑。组织实施一批重点研究课题，推出更多优秀科研成果，加快研究成果转化，为展示推广大运河文化提供坚实支撑。建立与京津鲁豫等相邻省市的大运河研究力量的联络机制。目前，大运河沿线部分区域相继成立了大运河文化研究会等专门的运河研究机构，同时积极组织各类大运河文化的研讨交流，运河文化的深入研究在逐步推进中。2022 年 7 月 3 日，首届"大运河河北段"学术研讨会在河北省故城县举行，本次研讨会旨在共同探讨大运河文化，不断探索大运河文化保护传承利用的方式创新、模式创新，为大运河文化创新发展贡献力量。

（二）加强专题文艺创作

深入挖掘大运河沿线历史人文资源，通过戏曲、音乐、舞蹈、话剧、音乐剧、美术等多种艺术形式创作一批反映大运河悠久历史、灿烂文化和美好未来的艺术作品，通过芦苇画、石影雕、阜城剪纸等艺术形式，开展新时代大运河主题美术作品、摄影作品等各类体裁的采风创作活动；通过河北特有的哈哈腔、民间音乐会等艺术形式，创作讲述运河故事的曲艺作品，传承运河文脉，生动展现运河历久弥新的生产生活故事。

2019 年 11 月 6 日，依托大运河沿线优秀的非物质文化遗产吴桥杂技，中国首部运河题材大型杂技诗剧《一船明月过沧州》的首次演出在河北省沧州市荀慧生剧院拉开帷幕。该剧以诗词为依托，以诗性的艺术语言勾勒描绘出一幅幅唯美景象，使观众在诗的意境中感受北方运河之美，体会杂技的独特魅力。这次演出包括单手顶、转碟、弹球、空竹等多个节目，形式非常多样，演出共分为《日落河空舟自流》《倦客归来沐清风》《身近海天依日月》《又闻长笛起苍穹》四个篇

章，用历史名人"纪晓岚"串联节目，使整个演出巧妙地结合在一起，给观众描绘一幅完整的北方山河锦绣图，展现了运河沿岸风土人情（图 5-49、图 5-50）。该剧是杂技与戏剧结合的成功范例，入选 2020 年度省委宣传部文化产业引导资金重点文艺精品扶持项目，在河北运河沿线具有很大的影响力。

2020 年 6 月，为服务大运河国家文化公园建设，深入挖掘大运河丰富的文化内涵，由河北省文化和旅游厅主办，河北美术馆（河北画院）、河北省艺术研究所联合承办了"河北美术家大运河采风、写生、创作、展览活动"，组织部分河北美术家、大运河文化专家深入河北大运河进行采风、写生、考察，搜集素材，结合当代社会现实进行美术创作，同时举办大运河研讨会，确立 100 个关于河北段大运河文化历史的创作选题，面向全省范围进行创作征稿，全省美术工作者及各大高校的老师和同学精心创作出了一大批体现运河文化精神的美术作品，最终评选出 161 幅作品入选本次展览。本次活动以各种平面美术作品的形式呈现了河北大运河的文化内涵，带动了艺术界对传统文化传承与创新的思考。

（三）讲好大运河故事

加大对运河商贸、历史名人、传统技艺、民间戏曲、宗教文化等的研究阐释，从漕运盐运历史、南北文化交流、运河商帮文化、镖局票号、水乡风韵、码头城镇兴衰、中外文化交流等方面，讲述大运河河北段水上文明史，展示大运河在融合多元文化发展、推动南北经济交流、促进沿线城市繁荣中的积极作用。加强对大运河人工弯道、险工、减河等水利工程科学文化价值的挖掘整理，讲述传播中国古代水工智慧与天人合

图 5-50 一船明月过沧州——肩上芭蕾（凤凰网）

一的自然生态理念。通过文学、绘画、舞蹈、话剧、纪录片及电影等多种文艺形式讲述运河故事，深化全社会对大运河文化的认知，切实增强文化自信，弘扬运河文化精髓。搜集与运河相关的见闻、回忆、民谣、传说、风俗民情、民间文学、民间艺术等历史故事。运用新观念、新思路、新方法，多层次、多角度开展运河故事研究，挖掘大运河千年文化在现代社会的价值，焕发大运河的"时代特色"。2019 年～2020 年，河北省文物局主导拍摄了河北大运河的纪录片《大运河北》，纪录片共五集，主题分别是千载水路、盛世流淌、大美河道、两岸风情、遗址风云，展示了河北大运河的多元价值、景观风貌及文化内涵。2022 年春节，河北广播电视台拍摄的大型人文纪录片《大河之北·世界文化遗产》推出，呈现了河北的岁月之美、历史之美和文明之美，其中第六集《大运河》再一次向观众展示了河北大运河的悠久历史、伟大成就及丰富的文化遗产，广泛普及和宣传了内涵深厚的河北大运河文化。

第四节
河北大运河遗产保护传承的思考与展望

　　在各方面的共同努力下，河北大运河遗产的保护传承工作已经取得了重大进展。各级政府加强顶层设计，推进立法工作，加大资金投入，协调相关部门，推进区域协同，为大运河遗产的保护传承提供了有力的支撑和保障。大运河沿线政府、文化遗产主管部门及相关从业者积极推进大运河遗产保护传承的具体工作，制定了大运河文化遗产保护传承的各种规划、计划、实施方案等，部分项目得以实施，遗产保护传承工作积极推进，遗产的展示利用取得了长足的进展。运河沿线政府和相关部门对遗产环境的治理逐步推进，影响文化遗产安全和历史环境风貌的违规建设项目得到了很大程度的遏制，同时，大运河沿线实施了多处生态修复及环境治理工程，生态环境质量大大提升，成为民众休闲游览的绝佳去处。各部门对大运河文化遗产的保护传承非常重视，运河沿线政府及相关部门依托各级政府和相关部门的广泛宣传，民众对遗产的价值逐渐认知，遗产保护传承工作得到了公众认可，公众参与度逐步提高。

　　当前，大运河文化带、大运河文化公园的建设如火如荼地进行，大运河遗产是大运河文化的直接载体和资源，依托大运河遗产进行的相关建设项目逐步推进，为大运河遗产的保护传承注入了新的活力。在大运河遗产保护传承的过程中，我们必须清醒地认识，文化遗产不同于一般的旅游资源，对其进行展示利用必须遵循遗产保护的原则。大运河遗产保护传承应坚持以价值保护为核心，以不破坏遗产及其环境风貌为前提，以文化和生态保护为引领，突出大运河文化遗产的文化和社会属性，贯彻"共抓大保护、不搞大开发"的保护传承理念，注重大运河活态线性遗产的特点。同时，应加强周边历史文化风貌保护，不断健全相关法律法规和执法监管措施，构建大运河各类遗产保护的整体格局。

　　大运河遗产传承利用方面，应深入挖掘大运河文化遗产承载的整体价值及优秀传统文化精神内涵，全面诠释和提升其当代价值和时代精神。在对大运河遗产进行展示利用时，其内容和形式应符合其价值和内涵，展示设施的设计应与所处的环境相协调。应结合经济社会发展和人民美好生活的现实需要，多渠道、系统性传承大运河优秀传统文化，充分激活大运河遗产的文化基因，发挥大运河在增强文化自觉和文化自信方面的积极作用，推动大运河文化创造性转化、创新性发展，推动成果共享，惠及人民生活。

　　不久的将来，依托大运河文化带和大运河文化公园建设，河北大运河遗产的保护传承必将取得更辉煌的成绩，各类大运河遗产将成为大运河文化带和国家文化公园上一颗颗璀璨的明珠，展现着其深厚的文化内涵，深深融入沿线民众的精神文化生活。河北大运河沿线将成为东部平原上的遗产保护示范之廊、优秀文化传承之带、生态文明示范之河、创意产业聚集之地、流域协同发展之梦、沿岸民众安居之家。

乾隆御书《捷地、兴济坝工纪事诗碑》碑文

碑阳：

泄涨图为坝芥园，近城揖盗虑开门（杨廷璋因去夏南运河涨溢，议于天津城外芥园左近建减水坝以备宣泄。昨亲莅相视，以其地逼近津城，若于此泄涨无异开门揖盗，因命于上游另择善地施工，俟回銮再为阅定。后阅捷地、兴济二处，可改闸为坝，则上游已得畅消，芥园之工竟可罢矣）。上游拟减豫则立，众议仍资周度爰。（前阅兴济闸工，以其地河流深通，御舟足资浮送，则重运粮艘无虞阻滞，何籍闸为节蓄？自宜改作减水坝，俾得畅流；并宜低落数尺，令盛涨早泄，不致骤溢为患。捷地亦然，但是否可行，未能自信，因命袤曰修至其地，会同杨廷璋、周元理履勘集议，皆亦为宜，坼去闸墙改为减水石坝，并将坝底龙骨石拆低一尺，则河水不待平槽即可预杀其势，并疏下流引河至岐口归海处，一律深畅，以期久远。兹复莅相度，其议遂定）。具曰予圣予岂敢，亦因其势其弗谖。年来清口颇收效（壬午南巡，阅视河湖形势，定五坝水志，随时展拆清口使湖水畅消，自后下河不受涝患，频岁有收，实釜底抽薪之长策。兹捷地、兴济既改为坝，则上游无壅积之虞，其下自不烦更治，亦犹开拓清口之意也）。例此吾为慎本根。

定捷地兴济二闸为减水坝因罢芥园减水坝工诗以志事

乾隆辛卯季春月下瀚御笔

321

碑阴：

置闸缘蓄流，设坝因减水。其用虽曰殊，同为漕运起。弱则蓄使壮，盛以减其驶。操纵固由人，其要在明理。异其闸为坝，实至辛卯始。忆从河决北，几致运废矣。因之河流微，迥空逮冬底。漕川常不满，那更言及此。竭力督饬之，昨秋复旧美。驻舟兹一观，坝下凝波酾。是亦见一徵，事在人为耳。

阅捷地减水坝作

乾隆庚戌孟夏月上瀚御笔

清代宪示碑碑文

钦加布政使衔遇缺，题奏按察使统领乐字马步等营分巡直隶天津、河间兵备道西林巴图鲁丁，为晓示事。照得沧州捷地减河石坝以及南运河堤均蒙督宪念切民瘼，多方筹画经费，由本道委员分投督率夫匠挑挖修筑，为民保卫田庐，永免水患，兹已一律工竣，诚恐河兵惰于修防，无知小民任意糟践伤损要工，所关非细，各汛员弁固皆责无旁贷，地方印官亦当勤查严禁，除详明分札饬遵并出示外，合亟刊立碑碣，永远谕禁。为此，示仰各汛员弁河兵及四近各村军民人等一体查照条约，均各遵守，互相爱惜保护，倘敢故违禁令，兵即斥革重惩，民由地方官提案讯究，均勿姑容，慎无尝试，切切特示。计开：

一、捷地把总讯早经坍坏，现将坝口河神庙修葺，重新于庙内盖屋四间，为汛弁字诚人等办公居住。又于庙外盖屋三间，旧讯署旁盖屋两间，给本汛河兵韩成等居住，看管石草土各工随时修补。

一、运减两河缕堤、月堤、遥堤靠近堤跟二十丈内，无论兵民概不准取土造做土坯。

一、运减两河草工苇料绳橛并两岸种植树木，无论兵民概不许侵动。

一、减河石坝上下四旁，无论兵民盖不许钉橛下网捕鱼。

一、石坝铁锭扣不许摇动窃取。

一、减河下游尾闾李青门、张金沟，祇许开挖，不准堵塞。

一、捷地附近坝埽堤庙各工，凡遇雨水冲灌，蛰陷开裂，均由专汛员弁督率河兵韩成等随时加工夯筑结实，修补完整，并照例种柳。其余各汛地面知会该管员弁督兵一体照办。

以上七条，均责成捷地、风化店专汛员弁随时督办查禁。倘该兵不勤修补或受贿舞弊，即斥革重罚。若无知之徒违禁糟践侵毁，立即拿获，送州讯究，并由该州于因公赴乡之便，留意稽查。如不遵办，咎在专汛员弁，据实禀请撤参，务期各保要工，永远遵行。

右谕通知

同治拾壹年捌月初拾日

告示

　　督办捷地减河工程，即补直隶州正堂翟三品衔，即补府特授天津府沧州正堂项，为晓谕事。照得本年十月初九日，蒙阁爵都宪李，亲验捷地减河石坝工程，察酌善后事宜，谕饬将坝口主埝、河身偷种及一切有碍河道各弊严行禁止，出示立碑以垂永久。等因奉此除详明立案并出示外，合亟刊立碑碣，永远谕禁。为此，示仰捷地、风化店两汛员弁河兵及减河两岸附近各村军民人等一体查照后开条约，永远遵守勿违，切切特示。计开：

　　一、减河坝口本来任水长流，不许拦筑土埝，后因减河淤坏，禁防渐弛，每年秋后，在坝口筑埝挡水，私自占耕，以致河底阻梗，两坡松浮，日淤田高，常遭溃决之患。今减河已修，自应复循旧章，永远不许筑埝占种。如敢故违，一经查出或被告发，定即从严究治。

　　一、减河南北两堤，本皆不许兴种，从坝口起至河尾壹百余里，均系宽平坦途，通行车马。后来减河淤坏，土民私自偷种，高厚之堤掘削窄矮，又有阻塞蒙蔽，人迹不至，獾狐窟穴渐多，即有险工亦难觉察，以致危险叠出，防护愈难。今将北岸废墙划平帮厚，南堤加高加宽，一律夯打结实，以期通行车马，堤身愈可坚凝，狐鼠自然遁迹，嗣后永远不许兴种，掘坏堤顶堤根。如敢故违，一经查出或被告发，无论兵民定即从严究治。

　　一、南北两堤本可通行无阻，后因减河淤坏，凡临河庄村桥口及险工处所，间有私盖屋棚，阻碍行路。今一律查明，分别帮宽拆移，从坝口至河尾均可通行车马，毫无阻塞，嗣后不准再在堤身私自盖造，侵占官基。如敢故违，一经查出或被告发，无论兵民，除勒令拆移外，定即从严究治。

右谕通知

同治拾壹年拾壹月初拾日

告示

南运减河靳官屯闸记

靳官屯曷为而设闸也，以有减河故。南运河又曷为而开减河也，津郡处九河下游，三淀既湮，有川而无泽，三岔河为诸水交汇之区，每当伏秋盛涨，众流会萃，数百里浩淼汪洋，一望无际，不有河以分之，其患不止。余于上年曾在三岔河以北之陈家沟添开减河一道，别通北塘以入海，亦止可稍杀北运河之水势。而南运河上承山东、河南、山西汶、卫、漳诸大川之水，源远流巨，泛滥湮没，往往有害民生，其患尤倍于他水。从前，如四女寺、哨马营、直境捷地、兴济等处，共开有减河四道，以资分泄。无如岁久失修，河道多废，仅存捷地一减河，水患更甚。光绪五年，饬天津道等勘察水利，往复相度。据查，津城东南由青县之靳官屯，经盛军所驻之新农镇，至西大沽以出海，最为顺轨。非特山东之德州以下如交河、东光、沧州各处均免水患，而盛流畅泄，即大清、子牙诸水涨时，亦由此掣泻。是减河之开，较前此四女寺、哨马营各处，尤为因势利导而出水益便。其下游津、静之交俗所称南洼，弥望百里内外，尽为石田，亦可引淡刷碱，俾囊时不毛之地得以繁其生植。盖南运河会漳河之浊流，本有石水斗泥之喻，俾得导引以资灌溉，其肥自能化碱以成腴，既杀盛涨，亦涤积卤，均于减河是赖。不独此也，津地迤西至东，仿南方稻田之制，广为开辟，其阡陌纵横，河渠复绕，尤堪限戎马之足，于海防局势亦不无裨益，所谓一举而三善备焉。规画既定，爰集淮练军三十余营，分段挑浚。盛军既列戍青县之马厂，迤逦至津属之新城。即饬周提督盛传统率该领袖其事，通力合作，至六年夏间工竣。于是建石质双料五孔大桥闸于靳官屯河头，以资启闭。沿河分建石铁柱板桥四道，以便行人。计河长一百五十余里，其下游横河六道，各长数里，沟渠左右萦带，旁流分注，使入海之尾闾益畅，均归盛军始终经营。此地方百世之利也，独是有其举之，莫之敢废。此闸为全河关键，尤在后之人修葺以时，无使圮坏。承乏是邦者，尚其念畿辅之水灾，农田之乐利，与夫海防之形要，无令此河此闸等于四女寺各处之减河，日久淤塞，而失前人创始之美意，则幸甚。是为记。

钦差大臣、太子太傅、文华殿大学士、会办海军、督办北洋海防兼通商事务、兵部尚书、都察院右都御史、直隶总督兼理河道、一等肃毅伯、加骑都尉世职，合肥李鸿章撰并书。

光绪十七年十二月

一、古籍

1. （西晋）陈寿撰，《三国志》，收录于《四库全书荟要》。

2. （北魏）郦道元，《水经注》，收录于《四库全书荟要》。

3. （唐）魏征等撰，《隋书》，收录于《四库全书荟要》。

4. （后晋）刘昫撰，《旧唐书》，收录于《四库全书荟要》。

5. （宋）欧阳修撰，《唐书》，收录于《四库全书荟要》。

6. （宋）司马光编著，《资治通鉴》，中华书局，1956 年。

7. （唐）李吉甫撰，贺次君点校，《元和郡县图志》，中华书局，1983 年。

8. （宋）乐史撰，王文楚等点校，《太平寰宇记》，中华书局，2007 年。

9. （宋）王存等撰，《元丰九域志》，中华书局，1984 年。

10. （元）脱脱等著，《宋史》，武英殿本。

11. （元）脱脱等撰，《金史》，武英殿本。

12. （元）苏天爵撰，《元朝名臣事略》，收录于《四库全书》。

13. （明）宋濂等撰，《元史》，武英殿本。

14. （清）张廷玉等撰，《明史》，武英殿本。

15. （明）陈邦瞻撰，《元史纪事本末》。

16. 《明实录·太祖洪武实录》《明实录·太宗永乐实录》。

17. （明）王琼著，谭徐明整理，《漕河图志》，收录于《中国水利史典·运河卷一》，
    中国水利水电出版社，2015 年。

18. （明）谢肇淛著，邓俊整理，《北河纪》，收录于《中国水利史典·运河卷一》，
    中国水利水电出版社，2015 年。

19. （明）杨宏、谢纯撰，旬德麟整理，《漕运通志》，收录于《中国水利史典·运河卷二》，
    中国水利水电出版社，2015 年。

20. （清）阎廷谟著，周波整理，《北河续纪》，收录于《中国水利史典·运河卷一》，
    中国水利水电出版社，2015 年。

21. （清）王履泰编撰，《畿辅安澜志》，武英殿聚珍版。

22. （清）和珅等撰，《大清一统志》，乾隆五十五年武英殿刊行本。

23. （清）张鹏翮，《治河全书》。

24. （清）傅泽洪撰，《行水金鉴》。

25. （清）黎世序，《续行水金鉴》。

26. （清）《户部漕运全书》。

27. （清）董恂，《江北运程》。

28.（清）《皇朝经世文编》。

29.（清）傅云龙著，《游历各国图经余记》，朝华出版社，2016 年。

30.（清）谈迁著，《北游录·纪程》。

31.（清）纪昀撰，《阅微草堂笔记》。

32.（民国）赵尔巽主编，《清史稿》。

33.（民国）郑肇经著，《中国水利史》，民国二十八年。

34.（民国）汪胡桢著，吕娟、朱雲枫整理，《整理运河工程计划》，收录于《中国水利史典·运河卷二》，中国水利水电出版社，2015 年。

二、方志

1.（明）樊深撰，嘉靖《河间府志》。

2.（清）庄日荣等纂修，胡淦总修，《沧州志》，乾隆八年刊本。

3.（清）刘深、黄良佐等修《续修香河县志》，康熙十七年刊行。

4.（民国）王葆安等修，马文焕等纂，《香河县志》，成文出版社，1968 年。

5.（民国）孙毓琇修，贾恩绂纂，《盐山新志》，成文出版社，1976 年。

6.（民国）万震霄等修，高遵章等纂，《青县志》，成文出版社，1967 年。

7.（民国）张坪等纂修，《沧县志》，民国二十二年铅印本。

8.（民国）高布青等修，苗毓芳等纂，《交河县志》，成文出版社，1968 年。

9.（民国）王德乾等修，刘树鑫等纂，《南皮县志》，成文出版社，1968 年。

10.（清）周植瀛等纂修，《东光县志》，清光绪十二年。

11.（清）倪昌燮等修，施崇礼等纂，《吴桥县志》，成文出版社，1969 年。

12.（民国）耿兆栋监修，张汝漪总纂，《景县志》，成文出版社，1976 年。

13.（清）丁灿等纂修，张焼等续修，《故城县志》，成文出版社，1976 年。

14.（清）黄汝香等纂修，《清河县志》，成文出版社，1969 年。

15.（民国）张福谦修，赵鼎铭纂，《清河县志》，成文出版社，1976 年。

16.（民国）张自清、张树梅、王贵笙纂修，《临清县志》，民国二十三年铅印本。

17.（明）正德《大名府志》，天一阁藏明代方志选刊。

18.（民国）程廷恒等修，洪家禄等纂，《大名县志》，成文出版社，1968 年。

19.（清）雍正《魏县志》。

20.（清）刘家善等纂修，《馆陶县志》，成文出版社，1968 年。

21.河北省泊头市地方志编纂委员会，《泊头市志》，中国对外翻译出版公司，2000 年。

22.河北省清河县地方志编纂委员会，《清河县志》，中国城市出版社，1993 年。

23.临西县地方志编纂委员会，《临西县志》，中国书籍出版社，1996 年 。

24. 魏县地方志编纂委员会，王学贵主编，《魏县志》，方志出版社，2003 年。

25. 大名县地方志编纂委员会，《大名县志》，新华出版社，1994 年。

26. 河北省馆陶县地方志编纂委员会，《馆陶县志》，中华书局，1999 年。

27. 河北省水利厅水利志编辑办公室，《河北省水利志》，1996 年。

28. 海河志编纂委员会，《海河志》，中国水利水电出版社，1997 年。

29. 杨杰主编，《廊坊地区水利志》，河北人民出版社，1998 年。

30. 清河县水利志编写组，《清河县水利志》，河北科学技术出版社，1991 年。

31. 徐登阶主编，《临西县水利志》，天津大学出版社，1994 年。

32. 大名县水利志编纂委员会，《大名县水利志》，1993 年。

33. 馆陶县水利志编纂委员会，《馆陶县水利志》，光明日报出版社，2006 年。

34. 阜城县水利志编纂委员会，阜城县水利志，中国水利水电出版社，1996 年。

三、今著

1. 姚汉源著，《京杭运河史》，中国水利水电出版社，1998 年。

2. 陈桥驿主编，《中国运河开发史》，中华书局，2008 年。

3. 陈璧显主编，《中国大运河史》，中华书局，2001 年。

4. 王树才主编，《河北省航运史》，人民交通出版社，1988 年。

5. 中国水利史典编委会办公室整理，《中国古代河工技术通解》，中国水利水电出版社，2018 年。

6. 夏征农等编，《辞海》第五版彩图本，上海辞书出版社，1999 年。

7. 钟行明著，《经理运河——大运河管理制度及其建筑》，东南大学出版社，2019 年。

8. 姜师立编著，《中国大运河文化》，中国建材工业出版社，2019 年。

9. 田林著，《大运河遗产保护理论与方法》，文化艺术出版社，2021 年。

10. 《申报世界遗产文本——中国大运河》，国家文物局，2013 年。

11. 《中国文物古迹保护准则（2015）》，国际古迹遗址理事会中国国家委员会制定。

四、期刊论文

1. 张宝刚，《黄骅市海丰镇遗址出土的金代定窑瓷片》，《文物春秋》2011 年第 3 期。

2. 中国社会科学院考古研究所、河北省文物研究所邺城考古队，《河北临漳县邺城遗址核桃园一号建筑基址发掘报告》，《考古学报》2016 年第 4 期。

3. 中国社会科学院考古研究所、河北省文物研究所邺城考古队，《河北临漳县邺城遗址核桃园 5 号建筑基址发掘简报》，《考古》2018 年第 12 期。

4. 钟敬文，《民间文学的地位与作用》，《杭州大学学报》第 13 卷第 3 期。

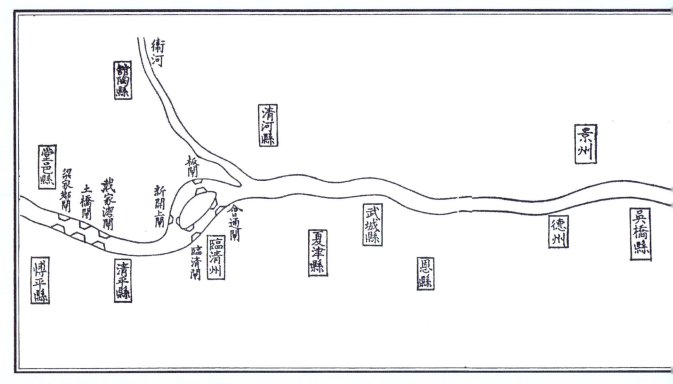

1 明代河北境内漕河图（王琼《漕河图志》）

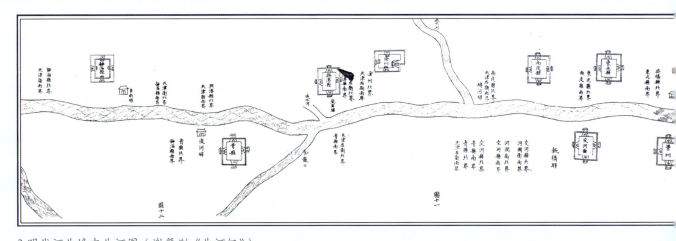

2 明代河北境内北河图（谢肇淛《北河纪》）

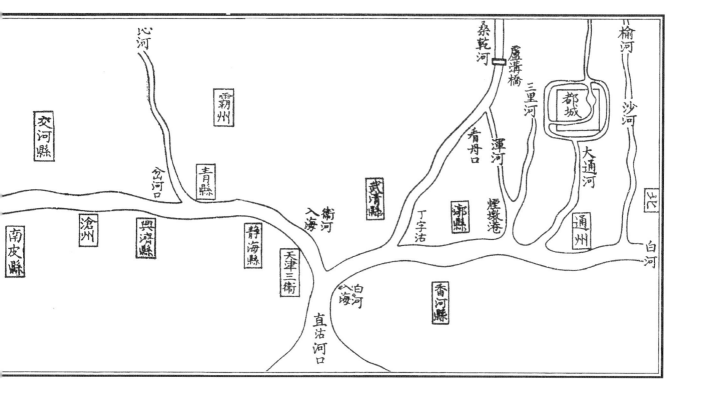

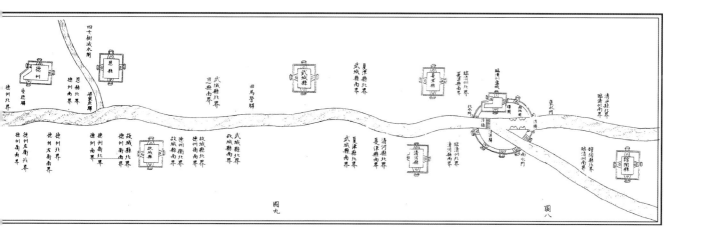

图九

图八

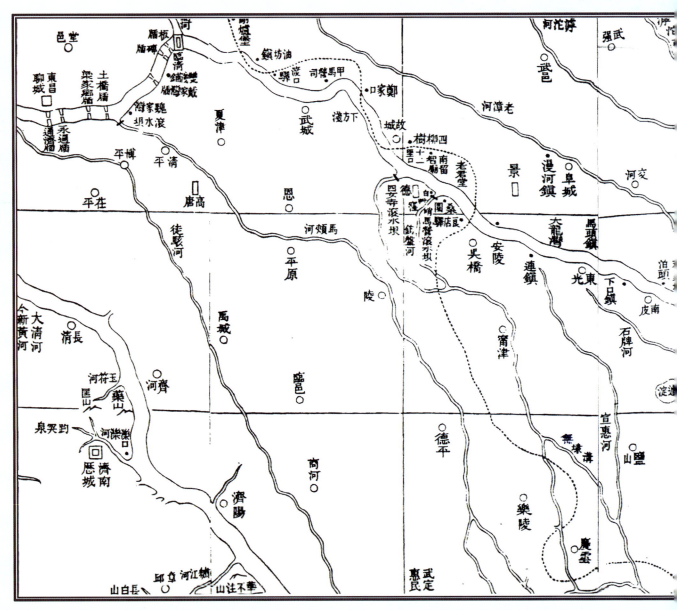

3 清代河北境内运河及减河图（董恂《江北运程》）

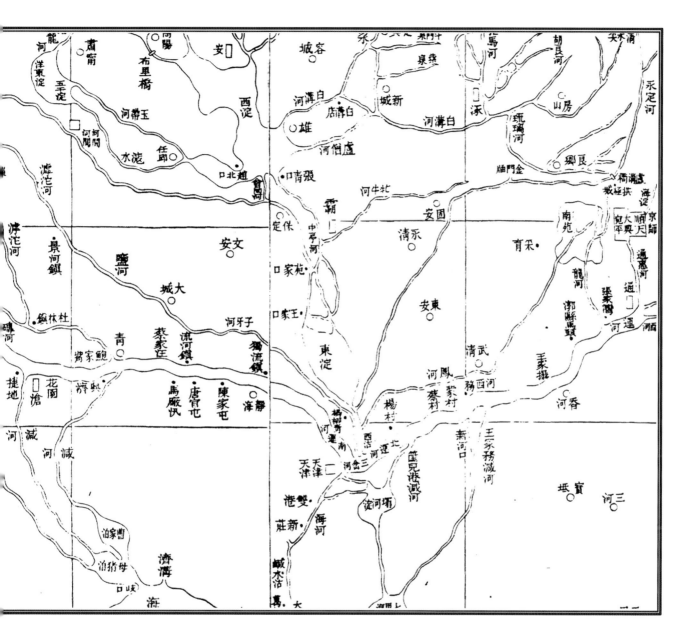

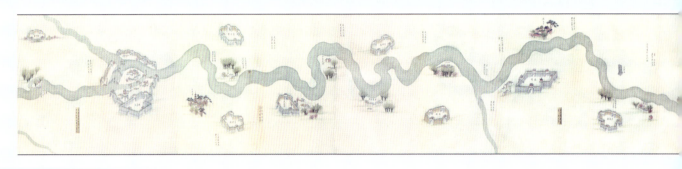

4 清代河北境内运河图（张鹏翮《运河全书》）

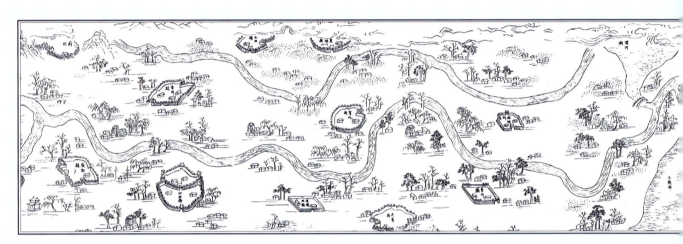

5 清代河北境内运河图（傅泽洪《行水金鉴》）

与大运河初次相识是在 2008 年的深秋，当时为配合大运河申遗，河北省文物局成立了大运河遗产保护规划项目组，组织开展大运河遗产的省市级保护规划编制工作，自己有幸成为项目组的成员之一，从此与大运河结下了不解之缘。承担项目之初，对大运河的认识仅仅是历史课本里的一个概念，对所承担项目的理解也仅仅局限于一项遗产保护规划项目。然而，开始工作以后才真正体会到项目的重要性和复杂性。作为一项大型的线型遗产，大运河遗产体量巨大、类型众多，与其他类型遗产不同的是，大运河具有一直在用的活态特征。面对如此巨大的挑战，我们从翻阅文献查阅、实地现场调研等基础工作开始，从大运河遗产的遴选认定到科学评估，从提出问题到确定措施，最终保护规划顺利完成并分别由省市政府公布实施，为大运河申遗奠定了坚实的基础。2014 年，中国大运河被列入《世界文化遗产名录》，其中包括河北的两点一段。在申遗阶段的工作过程中，就有整理出版河北大运河遗产的想法，终因自己对大运河认知的浅陋而未能提笔。

2017 年，大运河文化带建设启动，再次有幸参与了大运河遗产保护传承的相关工作。沉浸在浩瀚的古籍里，我认识了历史上的大运河；行走在大运河沿线，我了解了今天的大运河。十几年来从事与大运河遗产相关的工作，使我对河北大运河的悠久历史、文化内涵、价值特征及遗产保护传承等均有了认知上的升华。于是，再次萌生了整理出版河北大运河遗产专著，向公众展示河北大运河的想法。这一想法得到了省文物局和省古建院领导的鼓励和支持，并迅速组织了相关人员参与编写。在大家的不懈努力下，终于完成书稿。本书的出版旨在引发大运河研究领域的专家学者和公众对河北大运河遗产的历史文化内涵及保护传承工作的探讨研究，由于查阅的文献和写作水平有限，书中内容难免有偏颇和疏漏，敬请广大读者批评指正。

在本书即将出版之际，感谢所有为此书付出辛勤工作的同仁。

感谢参与编写本书的所有老师给予的指导和审阅。

感谢张建勋、孙荣芬、张枫、张洪英几位老师，共同讨论了本书的框架和内容，并对书稿全文进行了细致的修改，其中孙荣芬老师撰写了第三章的部分内容并整理了大部分照片，张枫老师带队多次进行大运河遗产调研和照片拍摄。

感谢运河沿线各地文旅和文物部门的老师在调研过程中给予的配合和帮助。

感谢所有为本书的出版拍摄和提供照片的老师。

是以为记。

赵玲

2022 年 9 月 26 日